나쁜
보스

나를 키우는 독종

나쁜 보스

최경춘 지음

위즈덤하우스

Prologue

보스와의 관계가
운명을 좌우한다

평범한 직장인들에게 가장 큰 영향을 미치는 사람은 자신의 직속 상사, 즉 보스다. 부모를 통해 세상 보는 법을 익히고 은연중에 다른 사람들을 판단하는 법을 배우는 것처럼, 입사하자마자 직장생활 하는 법을 가르쳐주는 사람은 보스다. 보스는 어떻게 일해야 하는지 어떻게 일하면 안 되는지를 알려주는 사람이다.

어떤 보스는 적극적으로 알려준다. 기안은 어떻게 하고, 보고는 어떻게 해야 하며, 지시를 받을 때는 어떤 자세로 임해야 하는지 세심하게 지시한다. 물론 대강 알려주는 보스도 있다. 입사 첫날, 업무 소개를 하는 날에도 아랫사람에게 오리엔테이션을 시키고, 보스 자신은 간단하게 인사말만 하고 나간다. 직접 가르쳐주기보다는 스스로 알아서 배우고 살아가는 법을 터득해나가라는 암시다.

첫 직장, 첫 보스일수록 그 만남은 운명적이다. 첫 보스가 보여주는 세상이 곧 나의 세상이 되고, 첫 보스가 알려주는 것이 곧 진실이 되어버리기 때문이다. 첫 보스는 내가 직장생활을 하는 가이드라인이 되어, 그와 헤어진 이후에도 그가 심어준 '프레임'으로 일하는 자신을 발견하곤 놀라게 될 때가 많다. 보스는 모든 것을 일일이 설명하지 않는다. 보스는 모든 사안에 대해 하나하나 지시하지도 않는다. 그런데도 눈치 빠른 사람들은 그가 무엇을 원하는지 순식간에 파악하고, 무엇을 하면 안 되는지 금방 알아차린다. 당연히 보스는 자신의 의중을 빨리 읽는 사람을 유능하다고 믿는다. 반대로, 자신이 원하는 것을 빨리 읽어내지 못하는 사람은 무능한 사람이 되거나 최소한 믿지 못할 사람이 되어버린다.

그렇게 한 번 형성된 보스의 판단은 인사고과에 그대로 반영된다. 보스가 어떻게 보는가에 따라서 그 사람에 대한 평판은 꼬리표가 되어 평생을 따라다닌다. 직장을 옮기면 잘못 형성된 평판이 바뀔 거라고 생각하는 건 큰 오산이다. 세상은 거미줄처럼 엉켜 있다. 사내의 누군가를 통해 모든 비밀은 전달되게 마련이다. 잘못된 평판으로부터 빠져나오려고 애쓰면 애쓸수록 더 깊은 수렁에 빠질 수도 있다.

직장생활에서 보스와의 관계는 이처럼 치명적이다. 그런데도 불구하고 우리는 취업만 하면 모든 것이 해결되는 양 취업 후의 삶에 대해서는 무관심하고 무지하다. 마치 대학에 들어가기 위해 엄청난 시간과 사교육비를 들이다가 막상 대학에 들어가면 공부를 등한시하는 경우와 같다. 직장생활은 수많은 고비를 넘고 수많은 함정을 피해야 마침내 도달하는 곳이다. 그리고 직장보다 더 중요한 것이 바로 '보스를 제대로 아는 것'이다. "직장 보고 들어갔다가 상사 보고 나온다."는 말이 있을 정도니까.

몇 년 전, 갤럽의 연구에서도 동일한 사실이 밝혀졌다. 사람들은 직장이 좋은 곳보다 보스가 좋은 곳에서 더 신나게 일하고, 실제로 업무 생산성도 훨씬 높다고 한다. 앞으로는 매출 규모만으로 직장 순위를 가릴 것이 아니라, 좋은 보스들이 많은 순서대로 직장 순위를 매겨야 할 날이 올지도 모른다.

대학생들이 가장 입사하고 싶어 하는 회사는 브랜드 가치가 높고 연봉도 많고 성장 가능성이 큰 회사라고 한다. 그러나 치열한 경쟁을 뚫고 들어간 회사에서 그들을 반겨주는 것은 직장 전체가 아니다. 직장에서 그들은 한 사람의 직원에 불과하며, 단지 나쁜 보스들이 그들을 기다리고 있을 뿐이다.

그리고 운명은 시작된다.

Contents

Prologue 보스와의 관계가 운명을 좌우한다 ·················· 4

Part 1
Read Bad Boss

나쁜 보스와의 만남은 직장인의 숙명이다

1 좋은 보스는 없다 ·················· 14
직장인은 복수를 꿈꾼다
좋은 보스, 이상한 보스, 나쁜 보스
피도 눈물도 없는 조직의 선봉에 나쁜 보스가 있다
친분이 있다고 안심하지 마라. 아는 사람이 더 무섭다

2 나쁜 보스는 피할 수 없다 ·················· 30
나쁜 보스는 유비쿼터스, 언제 어디서나 만날 수 있다
미운 오리 새끼는 나쁜 보스를 더 자주 만난다
한 번 찍히면 10년은 간다
악연일수록 질긴 법, 도망가도 소용없다

3 나쁜 보스는 만들어진다 ·················· 44
나쁜 보스들의 서식지, 조직 정치
나쁜 보스는 절대 '남의 새끼'를 키우지 않는다
회사는 양보할 수 없는 치열한 전쟁터다
독해지지 않으면 살아남을 수 없다

4 나쁜 보스는 '고객'이다 ·················· 58
"No!"라고 말하지 마라
무엇을 원하는지 재빨리 감지하라
반복해서 확인하라
보스가 기댈 수 있는 사람이 되라

5 나쁜 보스의 '밥'이 되지 마라 ·················· 72
순수한 열정으로 일하라. 그러나 순진해서는 안 된다
확고한 자기주장으로 보스의 지배 본능에 맞서라
변화무쌍한 이해관계를 잘 파악하라
능력이 부족하면 친화력이라도 발휘하라

Part 2
Go With Bad Boss

나쁜 보스와 현명하게
공존하는 노하우

1 눈치 빠른 부하가 인정받는다 ········· 88
보스의 뒷담화에 휘말리지 마라
다른 보스와 비교하지 마라
유능함을 앞세워 보스를 위협하지 마라
눈치지능을 발휘하라

2 일만 잘하는 바보가 되지 마라 ········· 101
보스가 어려워하는 일을 대신 처리하라
보스의 인맥을 파악하라
가끔은 허점을 보여라
무조건 일만 하는 사람은 도태된다

3 충성심은 보스의 마음을 얻는 열쇠다 ······ 113
보스가 원하는 건 충성심이다
보스를 바꾸고 싶을수록 더욱 더 충실하라
'고문관' 시절을 잘 견디면 기회는 온다
세 치 혀를 잘 놀려야 낭패를 면한다

4 아부의 기술을 터득하라 ········· 126
나쁜 보스도 듣기 좋은 소리에는 약하다
아집을 버리면 아부의 공간이 열린다
아집을 버리면 사람이 모여든다
직장은 잃어도 사람만은 잃지 마라

5 괘씸죄를 피하는 최소한의 가이드라인 ······ 139
절대로 보스의 뒤통수는 치지 마라
보스의 약점을 조용히 커버하라
지나친 공치사는 괘씸죄를 부른다
권한 밖의 일에는 관여하지 마라

Part 3
Win Over Bad Boss

나쁜 보스와 싸우지 않고
이기는 노하우

1 사이코패스는 피하는 게 상책이다 ········ 154
나쁜 보스는 사이코패스다
나쁜 보스는 자기 잘못을 모른다
조직은 나쁜 보스 편이다
무거래 원칙으로 이겨라

2 보스의 보스를 내 편으로 만들어라 ········ 167
보스의 보스에게 좋은 인상을 심어라
어설픈 시도는 화를 부른다
객관적인 시각으로 비전을 제시하라
도화살의 저주를 경계하라

3 후배를 내 편으로 만들어라 ········ 180
후배의 신임은 보스의 신임으로 이어진다
위기에 빛을 발하는 동지애로 포섭하라
후원군은 침묵하지 않는다
'삼인성호'의 진리를 기억하라

4 영리하게 맞서기 위한 4가지 조건 ········ 193
심증의 함정에 빠지지 말고 사실을 확인하라
동료에게조차 내 패를 다 보여주지 마라
불쌍 모드를 전략적으로 활용하라
자기감정을 적절히 표현하라

5 나쁜 보스 유형에 따른 실전 노하우 ········ 206
똑부형: 똑똑하고 부지런한 보스에게 맞서는 법
똑게형: 똑똑하지만 게으른 보스에게 맞서는 법
멍부형: 멍청하고 부지런한 보스에게 맞서는 법
멍게형: 멍청하면서 게으른 보스에게 맞서는 법

Part 4
Learn From Bad Boss

나쁜 보스와의 불운을 학습으로 전환하는 노하우

1 조직의 생리를 배워라 ········ 218
이타적인 이기주의자가 되라
보스 가까이서 자주 눈도장을 찍어라
옳은 사람이 아니라 필요한 사람이 되라
보스의 신임으로 능력을 증명하라
토사구팽은 숙명, 누구나 버림받을 수 있다

2 은근과 끈기를 배워라 ········ 235
나서지 않고 인정받는 길을 찾아라
못생긴 나무가 산을 지킨다
보스의 비굴 모드를 비웃지 마라
최후의 승자는 결국 조직이다

3 상처를 통해 스스로 터득하라 ········ 248
모든 직장인은 상처를 안고 살아간다
1단계: 화가 나면 화를 내라
2단계: 새로운 사람들과 교류하라
3단계: 새로운 일을 시작하라

4 나쁜 보스가 되는 법을 배워라 ········ 261
나쁜 보스는 우리의 미래다
보스는 실적으로 말한다. 절대로 양보하지 마라
나쁜 보스는 결코 평판에 흔들리지 않는다
부하를 잘 쪼는 3가지 원칙

Epilogue 보스와의 전쟁은 계속된다 ········ 274
Book Review 《나쁜 보스》를 먼저 읽은 독자들의 찬사 ········ 278

Part 1
Read Bad Boss

나쁜 보스와의 만남은 직장인의 숙명이다

좋은 보스는 없다

보스는 기본적으로 자기 이익을 추구하는 사람이다. 당신이 인격적으로 좋아서, 당신의 능력이 탐나서, 당신의 생각에 감동해서 잘해주는 것이 결코 아니다.

직장인은 복수를 꿈꾼다

대부분의 사람들은 보스를 싫어한다. 보스는 끝없이 지시하고 나를 평가하며 한없이 까칠하게 군다. 가끔 원수처럼 느껴질 때도 있다. 직장을 떠나면 길거리에서 흔히 만나는 아저씨나 아줌마에 불과한 사람이 왜 나를 이토록 힘들게 하고 유독 나에게만 심하게 구는지 알 수가 없다. 그래서 직장인들은 언젠가 저 인간을 보기 좋게 한 방 먹일 수 있는 날이 올 거라고 생각하며 마음속의 칼을 갈기 시작한다. 칼을 가는 사람이 한두 명이라면 문제가 안 되지만, 90퍼센트가 넘는 직장인들이 복수를 꿈꾸고 있다고 한다.

아주 평범한 직장인이었던 내 친구 고만해의 이야기다.

그는 지방대를 졸업하고 운 좋게 국내 대기업에 취직하여 IT부서에서

15년째 근무하고 있었다. 그런데 괴팍한 팀장을 만나면서부터 그의 인생은 하루하루 고달파지기 시작했다. 팀장은 도무지 알 수 없는 이유로 고만해를 노골적으로 미워하고 차별했다. 견디다 못한 고만해는 인사팀에 부서 이동을 신청했고, 다행히 신청이 받아들여져 다른 부서로 옮겨 2년 동안 편안하게 직장생활을 할 수 있었다.

그런데 2년이 지난 어느 날, 그 원수 같은 팀장이 고만해의 부서로 다시 발령을 받아 온 것이 아닌가. 그때부터 새로운 시련이 시작되었다. 그리고 이후 2년 연속, 고만해는 인사고과에서 최하등급을 받았고, 급기야 회사가 최악의 경영 실적을 기록한 해에 인사고과 최하위자라는 이유로 권고사직까지 당하게 되었다.

"내가 자기와 같은 지역 출신이 아닌 데다, 고분고분하지 않다는 이유로 나보고 나가 달란다. 네가 우리 회사 인사담당 이사를 잘 안다고 했던 기억이 나는데, 어떻게 좋은 방법이 없을까?" 나에게 하소연을 하던 고만해는 이미 모든 것이 늦었다는 것을 잘 알고 있었다. 회사가 한 번 내린 인사 결정을 번복할 리 없었기 때문이다. 하지만 이제 갓 마흔을 넘긴 그로서는 다시 직장을 구하는 것 역시 쉽지 않았다. 도리 없이 6개월간 실업자 생활을 한 고만해는 천신만고 끝에 친척의 소개로 중소기업의 IT부서에 팀장으로 취직을 할 수 있었다.

그리고 5년여의 세월이 흐른 어느 날, 고만해는 IT 소프트웨어를 구매하기 위해 전문업체 몇 곳에 연락하여 제품 소개를 요청했다. 다섯 개 업체가 시차를 두고 그를 방문하여 설명을 하기로 되어 있었다. 그런데 맨 마지막에 방문한 회사의 영업사원을 보고 그는 소스라치게 놀라지 않을 수 없었다. 두 명 중 한 명은 젊고, 한 명은 나이가 좀 들어 보였는데, 나이 들고 머리가 희끗한 사람이 바로 전 직장의 팀장이었던 것이다. 두 사람은 어색하게 악수를 나눴다. 2년 전 직장을 그만둔 그 팀장은 3개월 전에 조그마한 IT 소프트웨어 업체에 영업담당 이사로 입사했다고 했다. 고만해는 속으로 쾌재를 불렀다. '그래, 원수는 꼭 만나게 되어 있구나.' 고만해는 그 팀장이 만들어 온 제안서를 한 번 쭉 훑어보고 나서, 조금만 더 보완하면 선정될 가능성이 있다고 말한 후 두어 번 더 일을 시키고는 보기 좋게 다른 업체를 선정해버렸다.

어느 날, 고만해는 혀가 꼬부라진 목소리로 나에게 전화해 이렇게 말했다. "내가 말이야. 보기 좋게 한 방 먹였어. 이렇게 만날 줄 누가 알았겠냐? 근데 말이야, 속은 좀 후련해졌는데 기분이 그리 유쾌하지는 않아."

정도의 차이는 있지만, 대다수 직장인들은 상처를 안고 살아간다. 나이가 들수록 직위가 올라갈수록 자리는 한정되어 있고 누군가는 희생양이 되어야 하는 일들이 끝없이 벌어지는 곳이 직장이다. 너무 자주 일어나는 일이기도 하고, 또 말하자니 창피하기도 해서 희생양이 된 사람들은 대개 그냥 묻어두고 지내는 경우가 훨씬 많다. 그러나 주위를 둘러보면 누가 누구랑 코드가 안 맞고, 누가 누구에게 찍혔기 때문에 오래가기 어려울 거라는 얘기는 공중에 떠다니는 먼지보다 더 흔하다. 그러니 잔뜩 쌓여 있는 업무보다도 사람이 힘들어서 출근하기 싫은 날이 하루 이틀이 아니다.

아무 생각 없이 바라보면 평화롭기만 한 곳이 사무실이지만, 그 속을 찬찬히 들여다보면 결코 평화롭지 않다. 오히려 매일 매시간 보이지 않는 엄청난 전쟁이 벌어지고 있다. 눈에 보이는 전쟁에는 대응하기 쉽지만, 각자의 마음속에서 소용돌이치듯 일어나는 전쟁은 실체를 파악하기도 어렵고 언제 어떤 모양을 하고 나타날지 예측하기도 힘들다. 그러나 눈에 보이지 않는다고 없는 것은 아니듯, 사무실에서 일어나는 전쟁은 직장인들의 삶 속에 뚜렷이 존재하는 실체다.

실제로 대부분의 직장인들은 복수를 꿈꾼다. 겉으로는 점잖고 교양 있는 사람처럼 보일지라도 누구나 마음속에는 '복수하고 싶은 감정'을 품을 수밖에 없는 모양이다.

〈헤럴드 경제〉가 2009년 12월에 소개한 '인크루트'의 설문조사 결과에 따르면, 응답자의 96퍼센트가 "직장에서 복수를 꿈꿔본 적이 있다."라고 답했다. 더구나 복수의 1차 대상은 "직장 상사"라는 응답이 80.9퍼센트로 가장 높았다. 10명 중 8명이 직장 상사에게 복수를 꿈꾸는 셈이니, 직장이 아니라 전쟁터라고 불러도 무방하지 않을까. 또한 직장 상사에게 복수하고 싶은 마음이 드는 순간은 "무시당할 때"란 응답이 많았다는 점도 주의 깊게 살펴볼 대목이다. 무시당하는 것을 즐거워하는 사람은 없다. 무시당한다는 것은 단순히 자신의 의견이 받아들여지지 않는다는 차원을 넘어서, 존재 자체를 부정당할 정도로 인격적 모독을 경험한다는 의미다.

보스에게 복수를 꿈꾸는 직장인이 80퍼센트라는 말은 반대로 보스의

80퍼센트가 나쁜 보스라는 의미도 된다. 좋은 보스를 만날 확률은 거의 없고, 우리가 만나는 대부분의 보스는 나쁘다. 그러니 나쁜 보스를 제대로 알지 못하면 성공적인 직장생활은 어렵다고 봐야 한다.

좋은 보스, 이상한 보스, 나쁜 보스

순진한 직장인들은 가끔 보스에 대한 환상을 갖는다. 이 세상 어딘가에 나의 진가를 한눈에 알아봐주는 좋은 보스가 있을 거라고 생각한다. 비록 지금은 나쁜 보스를 만나서 생고생을 하고 있지만 그건 잠시 운이 나빠서 그럴 뿐이다. 언젠가 합리적이고 공정한 보스를 만나기만 하면 나도 대운이 트일 것이다. 그래서 많은 직장인들은 오늘도 좋은 보스와의 만남을 꿈꾸며 하루하루를 버텨내고 있다.

사당포럼이라는 정기 모임에서 좋은 보스에 대한 토론을 진행할 때 한 연사가 자신의 경험을 들려주었다.

그 연사가 다니는 모 기업에는 10년째 같은 부서에서 함께 일하고 있는 김이상이라는 팀장이 있었다. 그는 상사와 부하, 선배와 후배의 관계는 철저하게 민주적이어야 한다고 믿는 사람이었고, 팀장보다는 선배나 형이라고 불리기를 더 좋아했다. 김이상 팀장은 업무에 관한 의사 결정을 할 일이 생기면 항상 후배들에게 먼저 조언을 구한 다음, 보스에게 올리는 기획서를 작성하는 스타일이었다. 실무자의 의견이 반영되어야 공정한 보고서가 작성된다고 믿었기 때문이다. 게다가 기안을 잘하지 못하는 후배들은 세심하게 지도해주어 김이상 팀장의 손만 거치면 임원으로부터 쉽게 결재를 받아 내는 것으로 정평이 나 있었다.

그뿐만이 아니었다. 어느 해인가는 사내 주택자금 대출의 최고 금액을 줄이자는 공청회가 열렸는데, 그 자리에서 사내 복리후생제도가 후퇴하게 되면 득보다는 실이 많다는 근거를 제시함으로써 그 제도를 존속시킨 전설적인 인물이기도 했다. 덕분에 여직원을 포함해 사원들로부터 굉장한 인기를 얻었다. 하지만 그룹의 상위 부서인 기획조정실의 인사팀장으로 발령받고 6개월이 지나자 그의 입장은 180도로 달라졌다. 자신이 존속시켰던 바로 그 주택자금 대출제도를 아예 폐지해버린 것이다.

김이상 팀장이 좋은 보스인지 나쁜 보스인지를 두고 한동안 격론이 벌어졌다. 한쪽에서는 김이상 팀장의 뛰어난 능력과 후배들에 대한 순수한 의도를 인정해줘야 한다고 주장했다. 그 정도면 좋은 보스이며 일개 월급쟁이가 그 이상 뭘 할 수 있겠냐는 것이었다. 또 한쪽에서는 김이상 팀장이 아주 나쁜 보스라고 주장했다. 자신의 이익을 위해 일시적으로 후배들에게 잘해주었을 뿐 결코 진심이 아니라는 것이다. 하위 부서에 있을 때와 상위 부서로 갔을 때를 비교해보면 일관성이 전혀 없다는 의견이었다. 양론이 대립하는 가운데 한 연사가 간명하게 이 사태를 정리해주었다. "그 인간, 결국 이상한 보스라고 할 수 있어요. 처음엔 좋았다가 나중엔 자기 이익을 위해 입장을 180도 바꾼 거 아니에요? 그건 좋은 것도 아니고 나쁜 것도 아니고 한마디로 이상한 거죠!" 여기저기서 킬킬거리며 웃는 소리가 들려왔다.

좋은 보스를 만나고 싶어 하는 직장인들의 기대 심리는 현실을 왜곡시킨다. 그들은 마음속에 이미 좋은 보스는 이런 사람이어야 한다는 이미지를 구축하고 있다. '좋은 보스'는 부드러운 인상을 가져야 하며 친절해야 하고, 그러면서도 중요한 사안에 대해 엣지 있는 결정을 내려야 한다. 보스의 보스에게는 능력으로 인정받아야 하며 후배들에게는 인자한 사람이어야 한다. 그도 저도 안 되면 인맥이라도 있어서 부하들의 보호막이 되어주어야 한다. 그렇지 않고서야 좋은 보스라고 할 수 없다.

반면 '이상한 보스'에 대한 이미지도 있다. 이도 저도 아닌 것이 늘 적당한 상태를 유지하는 사람이다. '이상한 보스'는 능력도 특출나지 않고 그렇다고 위, 아랫사람들과 뛰어나게 좋은 관계를 맺는 편도 아닌데 이상하게 중간은 한다. 특별히 잘나서 누군가의 견제도 받지 않고, 아주 부족해서 퇴출 대상에 오르지도 않는다. 모든 것을 적절하게 관리하는 사람이라서 얄미울 때가 많지만, 누구도 내치지는 못하는 사람이다.

마지막으로 '나쁜 보스'에 대한 이미지는 더욱 강렬하게 각인되어 있다. 나쁜 보스는 우선 성질이 더럽다 못해 야비하다. 부하들이 자기를 섬기기를 바랄 뿐 아랫사람에 대한 배려는 전혀 없다. 잘되면 자기 덕이고 못되면 부하 탓이다. 사내 정치에 밝아 자신에게 득이 될 만한 사람에게는 간이라도 빼 줄듯이 행동한다. 상황에 따라 말을 바꾸는 것은 식은 죽 먹기보다 쉽고 그것을 부끄럽게 여기지도 않으며, 심지어 당당하게 행동한다.

당신의 보스가 처음에 어떤 모습으로 다가오는지는 중요하지 않다. 매우 능력 있고 친절한 좋은 보스일 수도 있고, 얄미울 정도로 적당하게 행동하는 이상한 보스일 수도 있고, 최악의 경우 야비하고 권위적인 나쁜 보스일 수도 있다. 외부로 비춰지는 그 모습이 어떻든 간에 대다수의 보스는 '당신에게' 나쁘다. 보스는 기본적으로 자기 이익을 추구하는 사람이지 당신이 인격적으로 좋아서, 당신의 능력이 탐나서, 당신의 생각에 감동해서 잘해주는 것이 결코 아니다.

대부분의 보스는 나쁘다고 생각하는 것이 훨씬 현실적이다. 그렇지 않고서야 직장인의 96퍼센트가 복수를 꿈꾸고 있을 리가 없다. 간혹 처음부터 끝까지 좋은 보스가 존재하는 것은 사실이지만, 그런 경우는 가뭄에 콩 나듯이 드물다. 이상한 보스 또한 이상한 행동을 지속하기는 어렵다. 특별한 경우에 한해 적당한 포지션을 취할 수는 있어도 대개의 경우 어느 한쪽을 택하도록 요구받기 마련이므로, 계속해서 어중간한 입장을 고수하기란 현실적으로 쉽지 않다. 그런 측면에서 세상의 모든 보스는 나쁜 보스 90퍼센트, 이상한 보스 5퍼센트, 좋은 보스 5퍼센트로 구분하면 틀림없다.

그림1 좋은 보스, 이상한 보스, 나쁜 보스의 비율

피도 눈물도 없는 조직의 선봉에 나쁜 보스가 있다

좋을 때는 누구나 좋다. 그러나 한 번 상황이 뒤틀어지면 걷잡을 수 없이 나빠지는 것이 세상사다. 나쁜 보스가 한 번 밉보인 부하를 처리하는 방법은 단 한 가지다. 결정적인 때가 올 때까지 기다리는 것이다. IMF 사태나 국제적인 금융위기와 같은 불황일수록 나쁜 보스들에게 절호의 찬스가 된다. 남들이 수긍할 만한 외부적 환경이 조성되거나, 밉게 본 부하

의 업적이 나쁘면 나쁠수록 한 방을 먹일 수 있는 좋은 명분을 만들 수 있기 때문이다.

국내 모 보험회사의 사례가 이를 여실히 보여준다.

세계적인 경기 불황으로 회사의 실적이 급감하자 이 보험회사는 전체 인원의 3분의 1 가량을 구조조정하기로 결정했다. 구조조정 대상자 명단에 포함된 나강철 씨는 보스의 사직 권고에도 불구하고 회사에서 버티기로 결심했다. 1, 2차 구조조정 대상자들이 1억 원에 가까운 위로금을 받고 조용히 물러나는 것을 보면서도 그는 이를 악물고 버텼다.

어느 날, 나강철 씨는 나쁜 보스로부터 "언제까지 버틸 참이야? 이래가지고 가족들이 무사할 것 같아?"라는 무시무시한 협박과 함께 "2천만 원 더 얹어줄 테니 순순히 물러나!"라는 회유까지 받게 되었다. 강철 같은 성품을 가진 나강철 씨는 단호히 "그럴 수 없다."고 대항했다. 그렇게 6개월이 흐른 후, 그는 지방사업소로 발령을 받게 되었다. 지방사업소는 직원이 3명뿐인 작고 초라한 곳이었지만, 별 도리가 없었던 그는 아이들과 부인, 노모까지 모시고 생전 처음 가보는 지방으로 내려갔다. 그곳에서 나강철 씨는 죽을힘을 다해 영업 루트를 뚫기 시작했다. 그리고 1년 만에 전국 지점 1000개 업소 중에서 30위 안에 드는 실적을 기록했다. 실력으로 보여주면 그만이라는 나강철 씨의 오기가 이루어 낸 쾌거였다.

문제는 1년이 지난 어느 날부터 시작되었다. 그 지방에 뿌리를 박고 일하던 3명의 직원들이 월급이 적다는 이유로 하나 둘 경쟁사로 이직을 해 버린 것이다. 그 지방사업소의 실적이 곤두박질치는 데는 그리 오랜 시간이 걸리지 않았다. 그해 말 업적 평가에서 최하등급을 기록했고 또다시 구조조정 대상자 명단에 이름을 올리게 되었다. 나쁜 보스는 기다렸다는 듯이 한 달간의 말미를 줄 테니 거취를 결정하라고 통보해왔다. 얼마 전, 그는 지방간과 위궤양 그리고 심각한 우울증 진단까지 받은 상태였다. 우울증의 원인은 당연히 나쁜 보스와의 신경전 때문이었지만, 산재 처리를 하려면 이 모든 병이 업무상 재해라는 인과관계를 입증해야 했다.

나강철 씨는 나쁜 보스와 면담하기 위해 서울 본사를 찾아갔다. "팀장님, 한 번만 선처해주시면 안 되겠습니까? 작년 실적을 보시면 아시겠지만, 제가 영업 능력이 없는 것도 아니고 열심히 안 하는 것도 아니지 않습니까? 그 지방 사정에 익숙하지 않아서 좋은 사람들을 제대로 채용하지 못한 것이 원인인데, 한 해만 더 기다려주시면 안 되겠습니까?" 팀장은 비웃으며 말했다. "꼴좋군. 작년에 그렇게 잘난 척을 하더니 이게 무슨 꼴인가? 이쯤해서 그냥 순순히 물러나는 게 좋지 않겠어?" 나강철 씨는 팀장이 도저히 대화가 통하지 않는 사람임을 다시 한 번 절감하고 내려갈 수밖에 없었다.

집으로 향하는 길, 운전대를 잡고 있던 나강철 씨의 손등으로 뜨거운 눈물이 뚝뚝 흐르기 시작했다. 옳지 않은 일에 당당하게 대응했다고 자부했던 지난 몇 년간의 생활이 눈앞을 스쳤다. 차라리 그때 그만두었더라면 퇴직 위로금이라도 챙겼을 텐데 하는 후회가 밀려왔다. 여든을 넘긴 노모는 이제 막 치매를 앓기 시작했고, 초등학교에 갓 입학한 아들은 이제 겨우 그 지역의 친구들을 사귀어 자리를 잡아 가고 있었다. 철없는 아내는 남들 다 가는 해외여행이라도 한번 가자고 조르는 참이었다. 그러나 나강철 씨는 가족보다 먼저 자신이 살기 위해 투쟁해야 했다. 그러려면 자신을 한없이 무기력하게 만들고 자살 충동까지 불러일으키는 우울증부터 극복해야 했다. 이대로 앉아서 당하기는커녕, 자신의 우울증이 나쁜 보스의 퇴사 압력 때문이라는 것을 입증하기 위해 나강철 씨는 소송을 결심했다.

누가 봐도 명백한 업무상 재해라면 산재 처리에 큰 문제는 없다. 그러나 백혈병이나 위암 또는 우울증과 같은 병은 업무로 인해 발생한 질병인지 아닌지를 입증하기가 쉽지 않다. 이런 경우 회사 측은 산재 처리를 꺼리는 경우가 비일비재하다. 우선은 보험료가 할증되기 때문이다. 산재 보험료는 100퍼센트 사업주 부담이기 때문에 재해 위험이 높으면 보험료가 올라갈 수밖에 없다. 산재가 잦으면 정부로부터 관리대상 업체로 지정되고, 무재해 기록 달성에도 차질이 생긴다. 그렇게 되면 회사의 대외 이미지도 추락하지만, 1차적으로 보스의 업적 평가에 치명적 하자로 기록된다.

나강철 씨는 소송으로 맞섰지만 결국 피도 눈물도 없는 조직에 승소하지는 못했다. 그만큼 냉정한 것이 사회고, 조직이다. 그리고 조직의 이익을 대변하는 그 선두에 나쁜 보스가 있다.

친분이 있다고 안심하지 마라
아는 사람이 더 무섭다

사람들은 쉽게 착각한다. 흉금을 터놓고 이야기하는 사람은 완전히 믿어도 된다고 생각한다. 처음에는 당연히 그렇다. 시작은 누구나 순수하고 아름답다. 하지만 시간이 흐르면서 주위의 모든 것이 변한다. 세상이 변하고 직장도 변하고 분위기도 변한다. 사람들 사이의 역학관계도 무섭게 변한다. 결국 절친이라고 믿는 사람이 변하는 것도 당연한 일일 텐데, 사람들은 이 사실을 쉽게 인정하려 들지 않는다.

그래서 친한 사이일수록 동업은 피하라고 했다. 호형호제하며 죽고 못 살던 두 사람이 동업을 하다가 원수처럼 헤어지는 경우는 수없이 많다. 주목할 것은 똑같은 현상이 직장 내에서도 벌어질 수 있다는 사실이다.

직장생활 13년째가 되던 해 첫날, 김기대 팀장의 보스로 장영리 이사가 부임해왔다. 김기대 팀장은 내심 무척 기뻤다. 장영리 이사는 김기대 팀장이 오래전부터 알고 지내온 사람이었기 때문이다. 둘째 형의 친구이기도 했고, 전공은 달랐지만 같은 대학 출신으로 사석에서 몇 번 술잔을 나눈 기억도 있었다. 그는 올해부터 대운이 트이는구나 하는 예감이 들면서 장영리 이사를 발판 삼아 남보란 듯이 멋진 업적을 내보리라 조심스레 다짐해보았다. 더구나 둘째 형이 "동생 잘 부탁한다."는 전화까지 해두었다니 마음이 한결 푸근해졌다. 그러니 장영리 이사 방에 결재를 받으러 갈 때도 어쩐지 어깨에 힘이 들어가고 말 한마디 한마디에 자신감이 넘쳤다. "팀장님, 요즘 좋은 일이 있으신가 봐요. 작년과 달리 싱글벙글하시네요." 팀원들이 부러운 눈빛으로 이렇게 물어오면 그는 대답했다. "응. 올해 우리 팀에 좋은 일이 많을 거니까 두고 봐. 그러니 조금 더 열심히 해보자고." 그러면서도 속으로는 '자식들, 너희들이 어떻게 내 속을 알았냐.' 하며 빙긋이 웃었다.

처음 3개월 동안에는 장 이사도 김 팀장을 각별하게 대했다. 말 한마디를 해도 따뜻하게 했고 새로운 업무를 지시할 때에도 부탁하는 말투였다. 그런데 6월 말 반기별 실적 회의를 진행할 무렵부터 균형이 깨지기 시작했다. 김 팀장이 맡고 있는 팀은 총 7개 팀 중 3위를 차지하여 무사히 넘어갈 수 있었지만, 업무 목표를 달성하지 못한 하위 4개 팀에 대해서는 장 이사의 엄한 질책이 뒤따랐다. "상위 3개 팀은 상반기 실적 부족분에 대해서만 좀 더 상세한 이유를 적어 오시는 것으로 합니다. 그리고 하위 4개 팀은 하반기 목표 달성 계획을 완전히 새로운 안으로 작성해서 보고하세요." 하위 4개 팀의 팀장들로부터 불만이 터져나왔다. 장 이사가 부임한 지 얼마 안 되어서 상황 파악이 안 된다는 것이었다. 상위 3개 팀의 실적이 무난한 것은 오래전부터 영업을 해오던 제품이기 때문에 가만있어도 팔리게 되어 있는 것이고, 하위 4개 팀의 제품은 출시된 지 길어야 2년밖에 안 된 제품이기 때문에 이번 결과는 당연한 것이라고 항변했다. 연말까지 이대로 밀어붙여야 결실을 볼 수 있는데 이제 와서 가격 정책을 바꾸면 죽도 밥도 안 된다는 것을 뻔히 알면서 새로운 안을 만들라는 지시는 무리라고 항변했다.

얼마 후 몇몇 팀장들이 김 팀장을 찾아와서 말했다. "김 팀장이 장 이사에게 가서 얘기 좀 해주면 안 되겠어? 우리 중에 장 이사가 김 팀장을 가장 신임하잖아. 그리고 꽤 친해 보이던데. 어차피 누군가 한 번은 얘기해야 하는 일이야." 무식하면 용감하다고, 김 팀장은 "그래? 내가 한번 말해보지 뭐."라며 의기양양하게 장 이사의 방문을 두드렸다. 이런저런 자초지종을 말하며 다른 팀장들의 의견을 전달하던 김 팀장은 뭔가 이상하다는 것을 느꼈다. 장 이사가 미간을 찡그린 채 김 팀장의 말을 듣고 있었던 것이다. 게다가 김 팀장의 말이 끝나자 그는 이렇게 답했다. "다 얘기하셨어요? 나도 몰라서 그렇게 지시한 건 아니니 앞으로 이런 안건은 들고 오지 마세요."

그 후로 장 이사와의 관계는 계속해서 꼬여갔다. 두 사람 사이를 시기하던 모 팀장이 없는 말까지 만들어내 '김 팀장이 장 이사와 개인적으로 아는 사이라는 소문을 직접 내고 다닌다.'는 루머까지 나돌았다. 거기에 더해 '김 팀장이 장 이사의 백을 믿고 회의에서 발언권을 독점하며, 마치 담당 임원인 양 행동하고 다닌다.'는 말도 들려왔다. 그리고 '사장님조차 장 이사가 김 팀장을 싸고돈다는 사실을 알고 있다.'는 소문이 돌 무렵부터 장 이사는 김 팀장을 노골적으로 멀리하기 시작했다.

결정적인 사건은 그해 하반기 실적 회의에서 터졌다. 김 팀장의 실적이 상반기보다 못해 장 이사가 이를 지적하자 김 팀장이 "그 문제는 지난번에 따로 보고를 드렸다시피 사정이 있었던 문제라서 다음에 상세하게 보고드렸으면 합니다만…."이라며 조심스럽게 꺼낸 말이 화근이 되었다.

장 이사가 "상사의 말을 중간에 자르는 버릇은 어디서 배웠습니까?"라며 큰소리로 김 팀장을 제압해버린 것이다. 그때부터 둘 사이는 사실상 파탄이 났고, 김 팀장은 공과 사를 구분하지 못하는 사람으로 낙인 찍혀 다른 부서로 전출될 수밖에 없었다. 억울하기 이를 데 없었지만 누구에게 하소연할 수도 없는 노릇이었다.

알고 지내던 사람을 보스로 만나면 좋다는 말은 초기에 한정된 이야기이다. 남들보다 좀 더 쉽게 접근할 수 있다는 의미이지, 그 사람과 언제까지나 흉허물 없이 지낼 수 있다는 뜻은 아니다. 오히려 알고 지내던 보스는 부하직원과 친분이 있다는 이유로 더 큰 부담을 느껴 남의 눈치를 더 많이 볼 수밖에 없다. 그러다가 자신의 신분에 결정적 위험을 감지하면 아랫사람을 희생시키고 만다. 일방적인 피해를 보는 사람은 언제나 상대적으로 권력이 없는 사람이지, 권력을 가진 사람은 아니다. 그때 가서 피눈물을 흘려 봐야 버스 지난 후 손 흔드는 격이다. 아는 이가 더 무섭다. 어떤 보스도 안심하지 마라.

나쁜 보스는 피할 수 없다

제발 그만 봤으면 하는 사람인데 모퉁이를 돌면 거기서 또 만난다. 그러니 단순히 피하려고 노력하기보다 악연을 안 만들려고 애쓰는 편이 더 낫지 않을까.

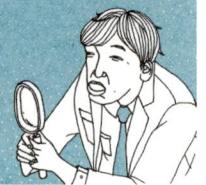

나쁜 보스는 유비쿼터스
언제 어디서나 만날 수 있다

나쁜 보스는 도처에 존재한다. 우리 직장에만 유독 많이 있을 것 같지만, 다른 직장에도 비슷한 비율로 존재한다. 우리나라에만 특히 많을 것 같지만, 정도의 차이만 있을 뿐 미국이나 유럽 같은 나라에도 분명히 존재한다. 철강이나 자동차 같은 중후장대형 제조업에만 존재할 것 같지만, 호텔이나 패밀리 레스토랑 같은 서비스업에도 존재한다. 마치 장소에 상관없이 컴퓨터나 네트워크에 접속할 수 있는 유비쿼터스 환경처럼, 나쁜 보스는 우리가 의식하지 못하는 순간에도 언제 어디서나 만날 수 있는 아주 흔한 존재다.

사당포럼의 회원 중에 강준수라는 후배가 있었다. 그는 입버릇처럼 자신이 '나쁜 보스의 희생자'라고 말하고 다녔다. 명문대에서 회계학을 전공하고 D그룹의 경영기획실에서 잘나가는 브레인이었던 그는, 비록 과장이었지만 그룹의 경영회의에 배석하여 회장에게 직접 보고하는 역할을 맡게 되었다. 그러다 보니 그룹 임원들의 인사 정보 및 계열사의 경영 정보를 누구보다 훤하게 꿰고 있었다. 계열사 사장들이 그와 가깝게 지내기 위해 점심 식사에 초대하는 것은 물론 저녁 회식에도 참석하기를 종용할 정도로 그의 입지는 탄탄해 보였다. 그러나 강준수에게 가장 중요한 사람이라고 할 수 있는 경영기획실장인 보스의 질투는 무서웠다.

경영기획실장은 뛰어난 분석력을 갖춘 사람으로, 계열사 사장들과 좋은 관계를 유지하면서도 업적에 대해서는 칼같이 차갑게 굴어야 하는 이중 플레이를 능수능란하게 구사하는 능력가였다. 하지만 시종일관 차갑고 딱딱하게 처신하는 데다 속도 좁았다. 그러니 계열사 사장들이 그를 못마땅히 여기는 것은 당연했다. 계열사 담당자들이나 사장들은 그와 달리 싱글싱글 웃으면서도 할 말은 다 하는 강준수를 더 가까이하고 싶어 했다. 강준수는 "사장님, 올해는 이 정도 목표는 잡아주셔야 그룹 전체가 그림이 나오는 겁니다. 작년 정도만 해서는 도무지 그림이 안 나온다니까요…."라며 계열사 사장들에게 엉겨 붙으면서도 미움은 안 살 정도로 적절히 처신했다. 그런데 여기서 재미있는 일이 생겼다.

'자신(경영기획실장)과 사이가 나쁜 사람(계열사 사장)과 잘 지내는 사람은 적이다.' 경영기획실장은 자신에게는 없는 능력을 가진 강준수를 인정하고 칭찬하기는커녕 일은 안 하고 정치만 하고 다니는 수준 낮은 사람으로 치부했다. 보는 눈들이 있으니 노골적으로 멀리하지는 못했지만, 인사고과는 늘 중간에서 약간 좋은 등급을 매길 뿐 절대로 최고 등급을 주는 법이 없었다. 이 사실을 잘 알고 있던 강준수는 속을 부글부글 끓이다가 마침내 세계적으로 이름난 K사로 전직을 하게 되었다. 그룹 총수까지 나서서 재고를 부탁했지만 그는 자신의 결정을 바꾸지 않았다.

그의 근무처는 글로벌 회사의 아시아 지역 본사인 싱가포르였다. 한국에는 희망이 없다고 판단한 그는 서울의 집을 처분하고 가족들을 모두 데리고 싱가포르로 건너갔다. 처음 한동안 강준수는 간간이 메일로 근황을 전해왔다. 글로벌 기업의 명확한 직무 구분 덕분에 불필요한 업무를 하지 않아 좋다고 했다. 평가도 공정해 보스에게 굳이 아부할 필요도 없다고 했다. 깜짝 놀랄 만큼 잘 정비되어 있는 복리후생제도에 대해서도 침이 마르도록 칭찬했다. 그는 1, 2년에 한 번 정도 휴가를 얻어 한국에 나오는 길에 사당포럼에 참석하곤 했다.

어느 해인가 나는 그의 표정이 어두워진 것을 발견하고는 어쩐 일이냐고 물었다. 그런데 모든 것이 만족스럽다던 그의 입에서 긴 푸념의 소리가 터져나왔다. "다 좋은데, 거기도 보스가 문제야. 처음의 인도인 보스는 무슨 말인지 도통 알아들을 수 없는 영어를 해대서 자기가 지시한 대로 일을 안 한다고 뒤통수를 때리더니, 이번에 온 미국인 보스는 내 일거수일투족을 감시해대는 통에 미칠 지경이야. 이 인간은 매 건을 리포트하라고 하는데, 리포트도 리포트지만 내 영어를 도무지 알아들을 수 없다면서 영어 공부를 다시 하라는 거야. 언제 어떻게 잘릴지 한 해 한 해가 불안해." 그동안 서울의 집값이 너무 올라서 서울로 되돌아와도 당장 있을 집 한 채 장만하기도 힘든 상황이라고 했다. 그러더니 그때 D그룹을 그렇게 뛰쳐나오는 것이 아니었다며 후회하는 말을 하고는, 다시 한 번 과거의 나쁜 보스를 욕하기 시작했다.

미운 오리새끼는
나쁜 보스를 더 자주 만난다

안데르센 동화에 미운 오리 새끼 이야기가 있다. 유난히 크고 못생긴 오리 새끼 한 마리가 태어났다. 다른 오리들로부터 늘 구박만 받던 미운 오리 새끼는 결국 그 집단을 탈출하기로 마음먹지만 숲 속의 작은 새들조차도 그를 반겨주지 않았다. 어쩌다 한 할머니 집에서 머물 수 있게 되었을 때도 고양이와 닭들이 못살게 구는 바람에 거리를 방황하며 살아갈 수밖에 없었다. 그렇게 긴 겨울이 지나고 봄이 기지개를 켤 무렵, 미운 오리 새끼는 자신이 날 수 있다는 사실을 알게 되었다. 게다가 자신은 오리가 아니라 백조라는 사실도 깨닫게 되었다. 어려움을 참고 견디면 빛나는 미래를 만날 수 있으니 정직하고 성실하게 살아가라는 안데르센의 교훈이 담긴 이야기다. 하지만 현실은 그렇게 녹록하지 않다. 미운 오리 새끼는 백조는커녕 백수로 전락하기 쉬운 곳이 요즘 세상이다.

여기 가슴 아픈 실화가 있다.

성실해는 한눈팔지 않고 자기 일만 묵묵히 수행하는 정말 성실하게 일하는 사람이었다. 전직 보스 중에는 그의 성실함을 높이 사서 성실해라면 믿을 수 있다고 자신하는 이도 있었다. 하지만 세상 사람들이 모두 성실한 사람을 좋아하는 것은 아니다. 성실해의 후배들은 열심히 일하는 그를 오히려 싫어했다. 너무 성실한 그 덕분에 전 직원이 성실해처럼 일해야 한다는 식으로 조직 문화가 바뀌어가고 있었기 때문이다. 나중에는 성실해 때문에 피해를 보고 있다고 느끼는 직원들의 기묘한 불만까지 형성되고 있었다.

후배들 중 성실해를 유독 싫어하는 나태해가 후배들을 규합했다. 사실은 성실해가 자신의 출세를 위해 후배들을 착취하고 있다는 것이었다. 짧고 효율적으로 할 수 있는 일도 늘여서 하고, 아무것도 아닌 일을 가지고 후배들을 들들 볶아 대며 자신의 공적만 올리는 타입이라는 것이다. 심지어 성실해와 일하기 싫어서 회사를 떠난 사람만 최근에 다섯 명이 넘는다고도 했다. 팀워크 없이는 부서의 성과가 잘 나올 리 없는데 혼자서 앞서 가면 뭐하느냐고 볼멘소리가 들려왔다. 몇몇 후배들도 기회만 오면 다른 회사로 전직할 준비를 하고 있다는 소문도 나돌았다.

대수롭지 않은 문제로 생각하던 팀장도 6개월 정도 지나면서 이 문제를 심각하게 고려하기 시작했다. 이래가지고는 어떤 업무 목표도 달성하기 어려울 뿐만 아니라, 지시가 도통 먹혀들지도 않는 형편이었다. 성실해가 문제라는 대다수 직원들의 생각에 보스도 편승하기 시작했다. 성실해만 한 능력을 가진 사람은 얼마든지 구할 수 있으며, 팀을 새로운 에너지가 넘치는 조직으로 만들어가야 자신도 살아남을 수 있다고 생각하게 된 것이다. 드디어 나쁜 보스는 성실해를 내보내기로 결심하고 권고사직을 통보했다.

영문도 모르고 권고사직을 통보받은 성실해는 아무 말도 하지 않고, 연신 눈가의 눈물만 훔치고 있었다. 성실해에게는 젊은 나이에 위암에 걸려 사경을 헤매고 있는 부인이 있었다. 병원비는 물론이고 아이들 양육을 자신이 직접 챙기고 있는 마당에 백수가 된다는 것은 상상조차 해보지 않은 일이었다. 결국 3개월의 위로금을 받고 퇴직을 한 성실해로부터 백조가 되었다는 소식은 들려오지 않았다. 길고 긴 백수의 생활이 지속되었고, 가족 부양을 위해 아르바이트를 전전하는 삶의 연속이었다.

언제 어디에 있든지 미운 오리새끼가 되어서는 미래가 없다. 나쁜 보스는 그 미운 오리새끼를 보호하거나 동정하는 사람이 아니다. 오히려 미운 오리새끼가 왜 미움을 받는지를 분석하고, 미움을 받는 합당한 이유를 찾아낸다. 나쁜 보스는 대세에 편승하는 사람이지, 옳고 그름을 분별해내는 사람이 아니기 때문이다. 그러다가 결정적 순간이 오면 조직의 생리상 미운 오리새끼가 희생타가 되어줘야 한다고 생각한다.

사람들이 미움을 받는 데는 여러 가지 이유가 있다. 우선은 너무 잘난 척을 해대서 그럴 수도 있다. 회사 일을 혼자서 다하는 것처럼 열정적으로 일하는 사람이 여기에 해당될 수 있다. 또는 대부분의 사람들이 그렇다고 하면 그런가 보다 하고 따라가면 될 일을, 자신이 마치 정의의 투사인 양 꼬치꼬치 따지고 들면 다른 사람의 빈축을 산다. 그렇게 잘난 사람이 왜 여기 이러고 있는 건지 이해할 수 없다는 표정들이다.

또 한 부류는 어딘가가 심하게 부족한 경우다. 눈치가 너무 없거나 외모에 결정적 하자가 있거나 업무 능력이 현저하게 떨어져도 문제가 된다. 저 사람 때문에 일이 더디고 저 인간 때문에 우리가 매번 욕을 먹는다고 생각하면서 그 사람을 자꾸 피하게 되고 왕따를 시키게 된다. 남과 달라야 성공할 수 있다는 말은 광고 슬로건에 불과하다. 정말 남과 다르게 살 수 있는 사람은 전체 인구의 1퍼센트 미만이다. 누구나 빌 게이츠처럼 될 수 있다면, 김연아처럼 될 수 있다면 아무런 문제가 없지만, 99퍼센트의 인류는 그렇지가 못하다.

미운 오리새끼가 백조가 될 수도 있다는 꿈은 꾸지 않는 편이 낫다. 차라리 99퍼센트의 평범한 오리로 살아가는 편이 백수를 면하는 지름길이다. 최근 많은 자기계발서가 주장하는 소수의 차별화된 인재가 되라는 선동적인 문구에 속지 말아야 한다. 1퍼센트가 못 될 바에야 99퍼센트의 평범한 오리가 되는 것이 훨씬 현명하다.

한 번 찍히면 10년은 간다

나쁜 보스는 잔인하다. 한 번 눈 밖에 난 부하는 10년이 지나도 가까이 하지 않는다. 가까이하지 않는다는 말은 우회적인 표현이고, 기회만 나면 짓밟고 싶어 한다. 노골적으로 짓밟는 보스는 그나마 다행이다. 눈에 보이니 대응하기도 쉽다. 겉으로는 친절한 척하면서 결정적 순간에 짓밟는 보스가 더 나쁘다. 사전 대응도 어려울 뿐더러 이제는 오해가 풀렸나 하고 경계심을 늦출 정도로 교활하기 때문이다.

모 공공기관에서 전설처럼 전해지는 이야기가 있다.

겉보기에 아주 친절한 서성화 서기관이라는 사람이 있었다. 맨 처음에 그분과 면담을 해보면 아주 점잖고 합리적인 사람인 듯 보인다. 상대방의 말을 귀담아 듣고 "그렇죠.", "맞아요." 하며 맞장구도 쳐주기 때문이다. 그런데 실상을 알고 보면 상대방의 말은 듣는 척만 하고 뒤돌아서 자기 생각대로 결정해버리는 독단적인 사람인 데다 매우 보수적이면서도 속이 좁은 사람이었다.

서성화 서기관과 함께 일했던 한순수 사무관은 과거를 회상하며 눈물을 글썽였다. 그러니까 그 일이 생긴 지 10년이 넘었다고 했다. 5급 사무관으로 막 발령을 받고 난 뒤라 의욕이 넘치던 시절이었다. 신입직원 교육을 받을 때부터 공무원의 꽃은 사무관이라는 얘기를 귀에 못이 박히도록 들으며, 지금까지 없었던 혁신적인 아이디어를 실행에 옮겨보고자 밤을 새워가며 기획안을 만들었다고 한다. 당시 보스였던 서성화 서기관은 인자한 미소를 지으며 열심히 해보라고 격려를 아끼지 않았다. 보스의 격려는 업무에 최선을 다하는 촉매제와 같았다. 한순수 사무관처럼 열정 있는 사람을 몸 바쳐 일하도록 만드는 데는 보스의 격려보다 더 중요한 것은 없다.

며칠에 걸쳐 만든 기획안에 자신 있었던 한순수 사무관은 의기양양한 태도로 서성화 서기관에게 결재를 받으러 갔다. "이번에 제가 기획한 사교육비 절감 대책은 이전에 한 번도 시행된 적이 없는 혁신적인 아이디어라고 생각합니다." 한순수 사무관이 설명을 이어 가자 서성화 서기관은 한참 동안 고개를 끄덕이며 듣고 있다가 이렇게 말했다. "좋은 아이디어인 건 분명해 보이는데…. 아무튼 기획안은 두고 가시죠. 며칠 더 생각해 봅시다." 긍정도 부정도 아닌 상태라는 것만은 분명했지만, 어떤 결정을 내릴지는 기다려봐야 할 상황이었다.

며칠 후, 한순수 사무관은 서기관의 집무실에 들어가 "과장님, 지난번 사교육 대책안 말인데요, 결정해서 상부에 보고를 올려야 해서요." 하고 운을 뗐다. 그런데 서기관은 "아, 그렇지. 내 생각이 아직 정리가 안 되어서 말이야. 조금만 더 기다려줘."라며 또 일정을 미루는 것이었다. 알겠다고 말하고 집무실을 나오기는 했지만 언제까지나 기다릴 수만은 없는 노릇이었다. 상부에 보고해야 하는 날이 이틀 앞으로 다가온 상황에서도 그는 막연히 걱정만 하고 있었다.

결국 마지막까지 한 사무관은 서 서기관의 의도를 알아차리지 못했다. 서 사무관은 기획안이 마음에 들지 않는다는 것을 우회적으로 표현했음에도 불구하고, 한 사무관은 뭔가 확실한 의견을 줄 때까지 기다리다가 시간을 다 흘러 보내고 말았다. 보고 하루 전날, 허겁지겁 새로운 안을 만들어보았지만 그 내용이 완벽할 리 없었다. 준비가 덜 된 상태에서 보고가 이루어졌고, 당연히 보기 좋게 거부당했다. 좀 더 연구해서 다시 보고하라는 지시가 떨어졌다. 한 사무관은 투덜거리며 이를 악물고 기획안을 보완했으나 그래봐야 주어진 시간은 이틀뿐이었다. 한 사무관은 자신이 지난 2주 동안 기획안을 만드는 동안 서 서기관은 무엇을 했나 알 수가 없었다. 의견도 주지 않고 마냥 기다리게 하다가 결국 기획안을 반려 당하자 한 사무관 혼자 독박을 쓰라는 식이었다.

더욱 다급해진 한 사무관은 하루 만에 만든 새로운 안을 들고 다시 서 서기관을 찾아갔다. 그리고 "과장님, 시간이 너무 촉박해서요, 좋은 의견 좀 보태주시면 좋을 것 같아서요."라고 사정조로 이야기했다. "응? 그래. 수고했구먼. 거기 놓고 가세요. 읽어보고 연락줄게." 더 이상 참을 수 없게 된 한 사무관은 '또?'라는 생각과 함께 욱하는 마음에 뱉지 말아야 할 말을 입 밖에 내고 말았다. "과장님, 내일이면 보고인데 또 언제까지 기다리라는 얘깁니까. 원하는 보고서 양식이나 용어가 있으시면 바로 말씀해주셔야 제가 알 것 아닙니까.. 이렇게 계속 시간만 끄시면 저더러 어떡하라고요." 서 서기관은 "아무리 바빠도 읽을 시간은 있어야 할 것 아닌가?" 하며 짜증 섞인 말투로 답할 뿐이었지만, 보수적이고 속 좁은 서 서기관으로서는 한 사무관의 태도에 심기가 불편할 수밖에 없었다.

다음날 아침, 결국 특별한 의견 없이 토씨만을 수정한 채로 보고서를 제출했고, 다시 한 번 보고서는 반려되었다. 결국 그 업무는 세 번째 보고에서 처리되었지만 지난 10년 동안 알 수 없는 일은 계속해서 일어났다. 서 서기관은 어쩐 일인지 승승장구하여 2급으로 승진했고, 한 사무관은 동기보다 몇 년째 늦은 상태로 그 자리에 정체되어 있었다. 하늘과 땅보다 더 먼 처지가 되어버린 두 사람의 관계는 넘을 수 없는 벽으로 가로 막혀 있는 것처럼 보였다.

알 수 없는 불길한 예감은 현실이 되어 나타났다. 한 사무관은 올해도 승진이 좌절되었다. 가장 큰 원인이 서 국장 때문이라는 것은 공공연한 비밀이었다. 10년에 걸친 악연이 언제까지 지속되어야 할 것인지 알 수도 없었다. 도대체 한 사무관이 무엇을 그렇게 잘못했는지 알기도 쉽지 않았다. 공무원 생활을 계속해야 하는 건지 회의마저 들었다. 그렇다고 이제 와서 무엇을 시작할 수 있을지는 더더욱 알 수 없었다. 속을 드러내지 않는 나쁜 보스와의 악연은 10년이 지나서도 악몽처럼 반복된다. 나쁜 보스는 자신이 받은 상처를 결코 잊지 않는다.

악연일수록 질긴 법
도망가도 소용없다

나쁜 보스에게 찍히면 사람들은 본능적으로 도망을 생각한다. 타 부서로 전출을 가거나 계열사로 이동하거나 그도 아니면 아예 멀리 다른 회사로 전직해버리면 그만이라고 생각하는 듯하다. 한 번 맺은 인연을 쉽게 끊을 수만 있다면야 문제는 간단해진다. 그러나 악연일수록 질긴 법이다. 제발 그만 봤으면 하는 사람인데 모퉁이를 돌면 거기서 또 만난다. 그러니 단순히 피하려고 노력하기보다 악연을 안 만들려고 애쓰는 편이 더 낫지 않을까.

보스를 잘못 만났다고 생각하며 다른 회사로 전직한 사람이 있었다. 이직왕이라는 선배의 경험담이다.

첫 직장에서 보스를 잘못 만난 이직왕은 심한 마음고생을 했다. 뚜렷한 이유도 알 수 없었지만, 보스와는 사사건건 코드가 맞지 않았다. 첫 회사에서 7년을 근무한 그는 경쟁사로 자리를 옮겨서 다시 7년을 보냈다. 그 즈음, 그러니까 이직왕이 마흔 고개를 막 넘어설 무렵의 일이다. 어느 날, 헤드헌터로부터 전화 한 통을 받고 그의 마음은 부쩍 고무되어 있었다. 모 기업에 임원 포지션이 하나 열렸는데, 지원해볼 의향이 없느냐고 의사 타진을 해왔다. 그 정도면 20대 그룹 안에 드는 기업으로, 최근 급속히 성장하여 매일같이 신문지상을 오르내리는 곳이었다. 이직왕으로서는 40대 초반에 임원을 달 수 있었고, 연봉은 지금의 두 배를 넘는 수준이니 잘만 되면 탄탄대로를 달릴 수 있는 절호의 기회였다.

당당하게 지원서를 넣은 그는 서류 전형에서 보란 듯이 합격을 한 후 이제는 면접만 잘 보면 되겠다고 잔뜩 기대감에 부풀어 있었다. 그런데 어찌된 일인지 면접 예정 날짜가 며칠이나 지났는데도 헤드헌터로부터는 아무런 기별이 오지 않았다. 하루를 더 기다린 이직왕은 헤드헌터에게 직접 전화를 걸었다. "아이구, 죄송해요. 연락을 미처 못 드렸네요. 그 포지션은 이미 클로징이 되었다고 합니다. 먼저 연락을 드렸어야 했는데, 너무 죄송합니다." 헤드헌터가 아무리 둘러대도 그의 말은 형식적인 변명으로 들릴 뿐이었다. "대체 어떻게 된 일인지 알고 싶은데요? 왜 갑자기 그 포지션이 클로징 되었다는 거지요?" 이직왕은 몹시 화가 났지만, 감정을 억누르며 이유나 알자고 따져 물었다. 다른 헤드헌터가 추천한 사람이 면접을 보자마자 낙점이 되었다는 설명이었다.

진실을 안 것은 그로부터 두 달이 지난 후였다. 일반적으로 헤드헌터는 전직을 하는 사람에 대해 평판 조회를 진행하는 것이 관례다. 헤드헌터는 현재 직장과 전 직장 동료나 상사들로부터 이직왕에 대한 능력, 업적 및 성격 등에 대한 정보를 수집하던 참이었다. 우연히 연락이 닿은 전 직장의 보스로부터 이직왕에 대한 심각한 평가를 듣고 나서 헤드헌터는 추천을 망설이게 되었다는 것이다. 얘기는 거기서 그치지 않았다. 사람을 찾고 있던 그 기업의 채용 담당자로부터도 헤드헌터에 전화가 걸려왔다. "우연히 알게 되어 연락을 드리는데요. 이직왕이라는 분이 전 직장에서 왜 나오게 되었는지 어떤 일이 있었는지 상세하게 알아보셔야 할 것 같네요. 뭔지 모르지만 안 좋은 일이 있었던 것 같습니다." 이런 전화를 받고는 더 이상 면접을 진행할 수가 없었던 것이다.

이직왕은 하늘이 노래지는 것 같았다고 한다. 벌써 7년도 넘은 일인 데다 전 직장을 떠난 이유에 대해 어째서 자기가 모든 책임을 뒤집어써야 하는지도 알 수 없었다. 그는 "억울해도 내가 더 억울한 일을 당했는데 나에게 문제가 있는 것으로 정리되어 있는 이 세상이 정말 싫었다."며 울분을 토했다. 그 일로 인해 그는 심한 정신적 충격을 받고는 비틀거렸다. 운동을 해도 그 충격으로부터 벗어날 수 없었고 술로도 위안을 삼을 수 없었다. 아내가 무슨 일이냐고 물어도 그대로 털어놓기도 창피했다. 3년간의 긴 방황을 끝내기 위해 그는 결국 신앙생활을 선택했다. 이 모든 것을 이해하고 보듬어줄 수 있는 것은 인간이 아니라 신이라고 생각한 것이다. 이직왕은 이제야 모든 것이 정상으로 돌아온 것 같다며 "세상이 정말 무섭다."고 고백했다.

세상은 정말 무서운 곳이다. 내가 잘하면 그만이라고 생각하기 쉽지만 절대 그렇지 못하다. 뭔지 모를 힘에 의해 세상은 조종당하며, 어느 한순간 나도 모르게 나쁜 사람으로 평가되어버린다. 한번 나쁜 사람으로 낙인 찍히면 내 의지와 상관없이 나는 나쁜 사람이 되어버린다. 그것을 회복하는 데 생각보다 많은 시간이 걸린다. 회복하려고 하면 할수록 더 깊은 수렁에 빠지기도 한다. "사실 억울한 건 저예요. 그 일의 발단은 이렇고, 그 다음은 이렇게 되었어요. 정말 나쁜 건 저의 보스랍니다." 이런 말들은 공허한 메아리가 되어 공중에 흩어질 뿐이다. 사람들은 우선 그런 일에 관심이 없다. 한번 들었다가도 금방 잊어버린다. 중요한 것은 당신의 현재 모습이지 과거에 무슨 일을 겪었고 그 일로 인해 어떤 고통을 받았는가가 아니다. 그에 대해서는 아무도 관심이 없다.

과거로부터 완벽하게 도망칠 수 있는 사람은 아무도 없다. 미스터 블랙이라는 당신의 나쁜 보스가 당신을 지켜보고 있는 한, 도망치려 하면 할수록 문제는 더욱 복잡해진다.

나쁜 보스는 만들어진다

정치가 없는 곳은 없다. 조직 정치를 나쁘다고 욕만 할 것이 아니라 어떻게 조직 정치와 더불어 살아갈 것인지를 궁리해야 한다.

나쁜 보스들의 서식지, 조직 정치

세상이 아무리 바뀌어도 나쁜 보스는 계속해서 양산될 수밖에 없다. 그들도 조직에서 살아남아야 하기 때문이다. 그리고 경쟁은 전방위에서 일어난다. 자신이 가진 인맥, 학벌, 경력을 총동원해서 경쟁하지 않으면 살아남을 수 없다. 수십 년간 동고동락한 동료가 한순간에 가장 무서운 적이 될 수도 있고, 적이라고 생각했던 사람의 도움이 절실한 순간도 찾아온다. 이 순간 보스들은 상대방을 이기기 위해서 무슨 짓이든 할 수 있는 태세가 되어버린다. 이런 치열한 세계를 살아가는 보스의 생각과 행동은 아래로 아래로 전달될 수밖에 없다. 그래서 조직은 전쟁터다.

사람이 모인 곳에는 반드시 정치가 생겨난다. 이것은 세상 사람이 다 아는 공공연한 비밀이다. 나라에서 하는 정치는 언론을 통해서, 선거를 통해서 확연하게 드러나기 때문에 이런 평가 저런 평가가 따라다니지만, 작은 집단에서 벌어지는 일들은 대부분 은밀하게 일어나기 때문에 제 3자가 사건의 전후를 완전히 파악하기란 결코 쉽지 않다.

흔히 정치라고 하면 부정적인 이미지를 떠올리기가 쉽다. 매스컴을 통해서 보도되는 직업 정치인들의 행태가 긍정적 측면보다는 부정적 측면이 더 강조되기 때문일 것이다. 아이러니하게도 직업 정치인들은 법을 만들고, 그 법을 집행하기도 하지만 그들 스스로 가장 큰 범법을 저지르기도 한다. 그러나 세상 모든 일이 그러하듯이 정치 행위 자체가 나쁜 것은 아니다. 정치는 초등학교 반장 선거에서부터 기업이나 관공서의 고위직 승진, 행정 부처의 장관 임명에 이르기까지 어디에나 존재하는 일반적인 현상이다. 그렇기 때문에 남과 더불어 살아가는 사람이라면 정치 행위가 나쁜 짓이라는 생각부터 바꿔야 한다. 정치 행위가 거의 모든 조직에 일반화되어 있다면 정치는 어디서 유래하는 것인지, 정치 없이 살아갈 수는 없는 것인지 알 필요가 있다.

정치가 모든 조직에 존재하는 가장 큰 이유는 위로 올라갈수록 자리가 한정되어 있고, 그 자리를 차지하기 위해서 누구나 한정된 시간과 한정된 자원을 가지고 경쟁할 수밖에 없기 때문이다. 이는 조금만 생각해보면 금방 알 수 있다.

어떤 기업이나 행정부도 충분한 시간과 무한한 자원을 가지고 있지 않은 상태에서, 어떤 자리에 누가 적합한 사람인지를 판단하는 사람 역시 제한된 정보에 의존할 수밖에 없다. 그렇다면 판단 근거가 되는 그 제한된 정보는 어디서 얻는지 질문하지 않을 수 없을 것이다. 이 바쁜 세상에 널리 인재를 찾고 구하는 것 또한 엄청난 비용이 드는 일이다. 그러므로 각 기관의 최고 수장은 자기의 의중을 가장 잘 알고 있고 자기가 가장 믿을 수 있는 사람이 주는 제한된 정보에 의존할 수밖에 없다. 보스들은 본능적으로 신뢰할 수 있는 정보를 줄 부하직원이 누군지를 파악한다. 그런 다음 그 사람을 옆에 두고 자기 새끼로 키운다.

다시 한 번 말하지만, 정치는 결코 나쁜 짓이 아니다. 자기가 원하는 것을 얻기 위해 자신이 가진 여러 형태의 힘을 이용하는 세력들 간의 투쟁일 뿐이다. 대기업일수록 정치가 발휘하는 힘은 기업의 사업 방향이나 인사 정책에 결정적 영향을 미친다. 한 번 결정된 방향은 회사의 성격을 만들어내고 종업원들의 사고를 규정지으며 회사의 문화로 정착된다.

이런 현상은 미국이라고 해서 결코 예외가 아니다. GE의 최고 수장이 된 잭 웰치 회장 역시 이사회가 선임한 사람이었다. 이사회는 향후 사업을 가장 잘 이끌어 갈 사람을 물색하는 책임을 지고 있고, 수많은 후보자 중에서 한 명의 최고 경영자를 선택하는 과정에서 정치가 완전히 배제될 수는 없을 것이다. 오히려 정치 행위가 결정적인 역할을 한다고 보는 것이 맞다. 잭 웰치가 최고 경영자로 선임되면 웰치와 뜻을 함께하는 사람들이 요직을 차지할 수밖에 없고, 사업의 성과는 잭 웰치와 그의 사람들에 의해 좌우되기 때문이다. 한국 기업의 이사회는 대부분 형식적인 역할을 하는 것으로 알려져 있다. 조직 정치가 더욱 활성화될 수밖에 없는 구조고, 정치는 특히 고위직의 의식과 행동을 지배하며, 고위직의 생각은 위계질서를 타고 고스란히 아래로 흐르게 되어 있다.

조직 정치는 보스들이 서식하는 근거지다. 싸움에서 살아남기 위해 눈치를 보는 것은 일상사요, 스트레스 받는 일도 다반사다. 나라 정치보다 조직 정치가 더 어려운 이유는 드러내놓고 하지 못한다는 데 있다. 자칫, 정치가라는 평판을 듣게 되면 회사 업무는 소홀히 하고 위아래 인사나 닦고 다닌다는 얘기를 듣기 십상이다. 그렇게 되면 주변 사람들에게 배척당하게 되고, 남의 입에 오르내린 사람을 회사에서 중용하기도 어려워진다. 결과적으로 가장 비정치적 행위를 한 셈이 된다. 사실, 가장 정치적인 사람은 속마음을 절대로 내보이지 않는 사람이다. 자기야말로 중립적이며, 오로지 조직의 목적 달성을 위해 객관적인 생각과 행동만을 하며 회사를 위해 헌신한다는 이미지를 만드는 사람이 진정한 고수다.

조직 정치가 어려운 또 다른 이유는 사내 여론과 상부의 결정이 정반대로 가는 경우가 허다하기 때문이다. 아랫사람들이 보스를 어떻게 생각하는지와 관계없이 필요에 따라 사람을 쓰고 필요에 따라 사람을 내보내기 때문이다. 여기서 말하는 '필요'는 물론 상부에서 판단하는 것이고, 그것이 어떤 기준에 의한 것인지 누구도 물어볼 수 없다. 무성한 추측만이 떠돌아다닐 뿐이다.

정치가 없는 곳은 없다. 정치를 하는 사람들을 나쁘다고 욕만 하지 말고, 내가 어떻게 정치와 더불어 살아가야 하는지를 궁리해야 한다.

나쁜 보스는 절대
'남의 새끼'를 키우지 않는다

조직 정치의 핵심은 사람이다. 그중에서 나에게 도움이 될 사람과 나에게 도움이 되지 않 사람을 구분 짓는 일이 가장 중요한 문제다. 특히 중립적이고 유능해 보이는 사람을 내 사람으로 만들면 여러모로 편리하다.

우선, 중립적인 사람은 비정치적으로 보인다는 강점이 있다. 그에게는 적이 없다. 이쪽 사람들과도 스스럼없이 어울리고, 저쪽 사람들과도 잘 지내기 때문에 그에게는 특별한 목적이 없어 보인다. 그런 사람이 내 사람이 되면, 적어도 처음 얼마 동안은 내가 추구하는 노선을 지지해줄 것이므로 내 방식은 더욱 탄력을 받을 것이라는 계산이 가능하다.

유능한 사람이 주는 이점은 더욱 크다. 남들보다 빠르고 정확하게 일을 처리해내기 때문에 일을 돋보이게 해낼 수 있다. 회사 최초로 벌이는 사업인 경우, 좀처럼 성과가 나지 않는 일인데도 불구하고 성공시킬 확률이 상대적으로 크다. 내 사람으로 만들고 싶은 욕구가 들 수밖에 없다.

보스는 내 사람으로 만들겠다고 목표로 삼은 사람에게 적극적인 신호를 보낸다. 예를 들어, 골프 모임에 초대해 만남의 횟수를 늘려가는 것도 한 방법이다. 골프클럽이 없어서 골프를 하지 못한다고 사양하면, 자신이 쓰던 헌 골프클럽을 그냥 주거나 아예 새것을 사주기도 한다. 최근에 연습을 못해서 아직 골프 칠 준비가 안 되었다고 하면, 한 달 동안 기다려줄 테니 지금부터라도 날을 잡아 연습을 해야 골프를 할 수 있다고 부추긴다. 그렇게 시작된 골프 모임에서 만남의 횟수를 거듭하면서 친밀감을 높여간다. 골프 모임 후, 그냥 헤어지는 경우는 거의 없다. 대개 서울로 돌아와 폭탄주까지 나누어 마시고 밤늦게 귀가하는 것이 일반적이다.

조직 정치의 특성상, 더욱 은밀한 거래가 이루어지기도 한다. 일종의 공범자 만들기다. 회사에 따라 상황에 따라 정도는 다르지만, 협력업체로부터 향응을 제공받는다. 현금을 받아서 일정 비율로 나누어 먹는 방법도 있다. 이 경우는 감사팀의 추적을 피하지 못하면 순식간에 낙마하는 사고로 이어질 수 있기 때문에 아주 특별한 사람들만이 저지르는 행동이다. 한편 협력업체가 마련한 향응을 통해 멤버십을 강화하는 일은 비교적 흔하다. 특별한 이야기가 거론되지는 않더라도, 단지 오고 가는 술잔 속에 감정의 교류가 일어나고 여러 번 반복되는 과정에서 '우리'라는 의식이 싹 트게 되어 있다. '우리'가 있다는 말은 곧 '그들'이 있다는 말과도 일맥상통하는 개념이다. 이 과정을 통과하면 내 사람에서 '내 새끼'로 사회화되는 전체의식이 일단락된다.

이제부터 '내 새끼'는 전사로 키워진다. 특별한 지시가 없어도 내 새끼는 알아서 움직여야 된다. 때가 되면 정보를 수집하여 보고하고, 어떤 사람을 추가로 영입해야 하는지 의견도 내야 한다. 간혹 소홀해진다 싶으면 무서운 채찍질이 돌아온다. "요즘 많이 바쁜 모양이군." 이 한마디는 사전 경고다. 알아서 움직이지 않으면 다음 단계로 넘어간다.

광고회사인 K사의 완소남 과장은 '내 새끼'로 키워질 뻔하다가 중간에 탈락했다. 타고난 자유주의자였던 그는 외향적인 성격 덕분에 누구하고

나 잘 어울렸다. 유명 대학에서 경제학을 전공한 데다 여자들이 좋아하는 근육질 몸매에 얼굴은 장동건도 울고 갈 정도로 윤곽이 뚜렷했다. 어느 해 송년회 때는 완 과장이 피아노 반주에 맞춰 '행복한 사람'이라는 노래를 부르자 그 자리에 모인 사람들이 눈물을 줄줄 흘릴 정도로 감동적인 자리를 연출하는 능력도 있었다. 조직 정치인의 눈으로 보면, 완 과장은 영입 대상 1호였다. 그를 내 사람으로 만들기 위한 작전이 개시되었다.

완 과장의 특기가 노래, 춤, 음악이었으므로 그를 불러내는 장소는 당연히 화류계였다. 그런데 완 과장은 남들이 원하는 페이스에 맞춰주기는 하면서도 도대체 확실하게 끌려오는 느낌이 없었다. 6개월 정도의 작업 시간이 흘러도 내 새끼가 될 가망성이 별로 없어 보이자 참다 못한 보스가 한마디 했다. "완 과장은 빨리 출세하고 싶은 생각이 없나보군." 뼈 있는 한마디를 들은 완 과장의 대답이 걸작이었다. "출세 싫어하는 사람이 있나요? 다 때가 있는 법이죠." 그날 밤 이후, 그는 보스의 영입 리스트에서 제외되었다. 그리고 비슷한 이유로 다른 보스의 리스트에서도 제외되었다. 어딘가에 소속되는 것을 체질적으로 싫어하는 스타일인 완 과장은 몇 년 후, 회사를 그만두고 프리랜서로 일하고 있다는 소식을 들었다.

조직 정치의 비정함은 절대로 '남의 새끼'를 키우는 법은 없다는 데 있다. 인사이동에 따라 보스의 자리가 바뀌다 보면, 그 보스 밑에 '남의 새끼'가 수두룩하게 포진하는 경우가 비일비재하다. 몇 번의 테스트 후 능력이 좀 있어 보이면 적절히 활용하지만, 별 능력도 쓸모도 없는 남의 새끼는 철저하게 짓밟아버린다. 남들 앞에서 무시하는 듯한 태도를 수시로 보이는 등 굴욕감을 주는 방법은 수만 가지다.

반면에 내 새끼를 챙기는 의리는 눈물겹다. 보직이 바뀌어 내 새끼가 남의 보스 밑에서 심한 구박을 받는 경우를 생각해볼 수 있다. 한 보스를 한자리에 오래 둘수록 그 자리에는 썩은 냄새가 진동하고, 보스를 추종하는 전사의 수는 점점 늘어나며, 그들은 보스의 명령 외에 누구의 말도 듣지 않는 닌자로 길러지기 때문에 영리한 조직은 한 보스를 한자리에 오래 두지 않는다. 최근 10년 사이 1년에도 몇 차례씩 조직 개편을 단행하는 회사가 있다는데, 아무래도 이런 문제가 개입되어 있을 것이다.

그러다 보니 각 부서에 보스를 잃은 무리들이 그대로 방치되는 경우가 많다. 그중 과장급 이하는 아직 어리기 때문에 적을 옮겨 가도 어쩔 수 없는 일이고, 그들 스스로 내 새끼라는 의식이 희박해지기도 한다. 그러나 차장 이상의 머리 굵은 닌자들은 이미 다른 보스의 새끼가 되기엔 너무 늦었다. 그러니 적어도 이들을 챙기지 않으면 보스로서의 생명은 끝난 것과 마찬가지다. 보스가 끝까지 살아남아야 하는 이유가 여기에도 있다. 회사를 떠난 뒤에도 어떤 '내 새끼'들이 나를 잊지 않고 섬겨 줄 것인가를 생각하지 않을 수 없는 상황이 되는 셈이다.

회사는 양보할 수 없는 치열한 전쟁터다

조직 정치의 결과에 따라 승자는 모든 것을 가지고, 패자는 모든 것을 잃는다. 나라 정치에서는 한 번 패하더라도 재기할 수 있는 기회가 주어지지만 조직 정치는 대개 그렇지 못하다. 소규모 전투가 아니라 전면전인 경우에 이 법칙은 예외 없이 적용된다. 다른 곳으로 옮겨 가서 개인적으로 재기할 수는 있을지언정 같은 회사에서 함께 성공할 수는 없다.

오래전의 일이다. 미국 시장 진출을 검토하던 중견 전자회사가 있었다. 영업담당 이사는 공격적인 해외시장 공략을 주장했고, 재무담당 이사는 아직은 시기상조라며 맞섰다.

두 사람의 입장차는 분명했다. 재무담당 이사는 수출이 호조를 이루고 있는 상황에서 무리하게 현지 법인을 설립하는 것은 불필요한 일이라는 보수적인 입장을 견지했다. 최근 5년간 매출이 급성장한 이유는 환차익 때문인데 굳이 미국에 공장을 설립해서 덕 볼 게 없으며, 5년 후에 시장이 어떻게 바뀔지를 지켜보고 판단해도 늦지 않다는 입장이었다. 반면 영업담당 이사는 사업을 모르는 소리라며 일축했다. 현금흐름이 좋은 회사가 당장의 이익에 안주해서는 미래를 보장할 수 없으며, 미국 시장을 선점하지 않고 남의 뒤꽁무니만 따라다니다가 결국 쪽박만 찰 거라며 공격했다. 1년 사이 미국 시장 진출을 검토하는 보고서만 열 번이나 수정되어 보고되었고, 그러고도 6개월의 시간을 끌고 있었다.

겉보기에는 미국 시장 진출 여부를 놓고 다투고 있었지만, 영업담당 이사와 재무담당 이사 간의 신경전은 해묵은 느낌마저 들 정도로 오래되었다. 두 사람은 국내 사립대학의 쌍벽을 이루는 연세대와 고려대의 경영학부 출신으로, 인생철학에서부터 사업 스타일에 이르기까지 정반대의 성향을 가진 인물이었다.

한 사람이 신중한 분석가라면, 다른 한 사람은 공격 경영의 달인이었다. 재무담당 이사가 재고와 부채 비율 문제를 제대로 처리해준 덕분에 회사는 중대 고비를 몇 차례나 넘길 수 있었고, 영업담당 이사가 일본에 앞서 신제품을 적기에 출시하지 못했다면 회사는 일본 기업에 합병당하고 말았을 것이다. 지금 세계 시장에 당당히 설 수 있는 것이 공격과 수비를 맡은 두 이사가 제 몫을 톡톡히 해냈기 때문이라는 데 이의를 제기할 사람은 아무도 없었다. 그런데 지나친 자신감이 문제인지 최근 들어 두 사람의 대립은 점점 심각해지고 있었다. 더구나 영업담당 이사를 둘러싼 무리와 재무담당 이사를 둘러싼 무리가 뚜렷이 갈린 상황이었다. 창업자의 고민은 깊어질 수밖에 없었다.

그러던 차에 IMF라는 초대형 위기가 닥쳤다. 두 사람의 승부를 갈라놓은 것은 창업자의 결정도 아니었고, 둘의 능력도 아니었다. 결국 하늘은 재무담당 이사의 손을 들어주었다. 미국 현지법인 설립은 백지화되었고, 회사는 신속하게 긴축모드로 돌입했다. 환율의 급상승으로 인한 수출 체제로 모든 조직이 변경되었다. 더 이상 영업담당 이사가 설 자리는 없었다. 스스로 자리를 내줄 수밖에 없었던 영업담당 이사는 몇 명의 부장과 함께 퇴직하는 길을 택했다. 두 진영으로 나뉘어 경쟁하던 그룹 중에 영업담당 이사 라인은 급격하게 축소되거나 사라져갈 수밖에 없었다. 그들 중 상당수는 재무담당 이사의 방침에 순종하는 세력으로 거듭났고, 더 이상 대적할 사람도 나타나지 않았다.

위기가 닥치면 사람도 조직도 보수적으로 변한다. 진취적인 사람은 무모한 사람으로 평가되고, 보수적인 사람은 현명한 사람으로 보인다. 반대로 경기가 좋을 때는 진취적인 사람은 자신감 있고 크게 성공할 것처럼 보이고, 보수적인 사람은 재미없고 궁색한 것처럼 느껴진다. 불행하게도 보통 사람들은 미래를 정확하게 예측할 능력이 없다. 개인의 힘으로는 통제할 수 없는 예상 밖의 상황이 운명을 갈라놓기도 한다.

10년 이상의 세월이 지난 지금, 당시 재무담당 이사는 현재 기업의 최고경영자로 등극하여 미국 시장에 현지 법인을 설립했다고 한다. 한편 영업담당 이사는 개인적으로 조그만 오퍼상을 하고 있다는 소식만 들려올 뿐 정확한 소식을 아는 사람은 별로 없다. 승자가 모든 것을 가지는 반면 패자는 모든 것을 잃고 사라진다. 패자의 생각과 의도가 나중에 가서 훌륭하고 가치 있었다고 재평가받는 일은 거의 없다. 역사 속에 그냥 묻혀서 사라질 뿐이다. 그래서 조직 정치가 양보할 수 없는 치열한 전쟁의 양상을 띠는지도 모르겠다. 사실 누가 어떻게 해줄 수 있는 마땅한 대안도 없다.

독해지지 않으면 살아남을 수 없다

회사는 직원의 노후를 보장하지 않는다. 20년, 30년을 몸 바쳐 일해도 근무 연수만큼의 퇴직금과 운이 좋으면 약간의 위로금을 받을 뿐 그 외에는 아무런 보장이 없다.

얼마 전 나이 지긋한 초로의 신사 한 분이 나를 찾아왔다. 어떤 모임에서 한 번 본 적이 있는데 상담을 하고 싶다는 요청이었다. S대 공대를 졸업한 육십 대 초반의 그 신사는 이름만 대면 알 만한 세계적인 기업의 한국 법인에서 7년간 부사장으로 일한 분이었다. 그런데 몇 년 전 그 회사에 사고가 생겨 본인 포함 6, 7명의 임원이 동시에 퇴직을 하게 되었다고 한다. 그동안 너무 좋은 회사에서 너무 좋은 대우를 받고 다녀서 그런지 당장 무엇을 시작해야 할지 모르겠다는 것이었다. 인터넷을 조금 다루는 것 외에는 직접 할 수 있는 일도 별로 없었다. 후배들을 위해 뭔가 도움이 되는 일도 하며 바쁘게 하루하루를 살아가고 싶은데 당장 할 수 있는 일을 찾기가 쉽지 않은 모양이었다.

한국 직장인들의 현재 상태를 가늠해볼 수 있는 대목이다. 더구나 그 노신사는 대한민국 최고의 학벌을 자랑하는 데다 세계적인 회사에서 오랫동안 몸담아 온 분으로, 누가 봐도 대단한 경력의 소유자였다. 그런데도 노후에 할 일을 걱정하는 것을 보면 평범한 직장인들이 겪고 있는 불안감은 몇 배나 심각할 것임을 짐작해볼 수 있다.

여기서 직장인들의 노후 문제를 고민해보자는 것은 아니다. 다만 조직 정치가 도를 넘어 심각한 상태까지 치닫는 이유를 설명하고자 한다. 40대 후반과 50대 초반에 들어선 가장이 자기가 속한 조직에서 살아남아야 하는 이유가 여기에 있다는 점을 강조하고 싶다. 30년 가까이 자신의 청춘을 바친 조직에서 밀려난 다음 당장 갈 곳이 없다는 절박함이 그들을 짓누른다. 자신들이 봉양하는 노부모는 이미 일흔 줄에 들어서서 경제적 능력이 전혀 없고, 아이들은 이제 고 3이 되거나 막 대학에 입학해서 한창 등록금이 들어갈 나이가 되었다. 몸에도 이상 징후가 오기 시작한다. 젊은 시절에는 일주일에 서너 차례 술을 마셔도 다음날 아침에 끄떡없이 출근했는데, 요즘엔 예전 같지 않다. 회사에서 주선해주는 정기 신체검사를 받으면 지방간은 기본이고, 심혈관계 질환이나 고지혈증, 당뇨병 같은 성인병 주의보가 날아든다.

그래서 피할 수 없는 그들의 전쟁은 오늘도 계속된다. 한 번 밀리면 끝장이기 때문이다. 본의 아니게 퇴직해 찬바람 부는 벌판에 서게 되면 기껏 하는 일이 피자집이나 호프집을 내는 것이 불을 보듯 훤하다. 그렇게 사라져간 선배 중에 누구 하나 돈을 잘 번다는 소문도 없는 것을 보면, 현재 직장에서 버틸 수 있을 때까지 버텨보는 것이 최선이라는 것이 직장인들의 생각이다. 그들이 두 주먹을 불끈 쥐고 독한 사람이 되어야 살아남을 수 있다고 날마다 자신에게 최면을 거는 이유가 바로 여기에 있다.

모 신문사에서 가장 얄미운 부하직원의 유형을 조사한 적이 있다. 상사 입장은 헤아리지 않고 자기 입장만 강조하는 개념 없는 직원이 1위로 뽑혔다. 자기는 젊다는 이유로 "뭐든지 할 수 있다.", 자기는 앞으로도 선택할 기회가 많기 때문에 "마음대로 하시죠."라는 태도로 덤비는 사람을 일컫는다. 보스의 마음속에 불같은 원망이 일어나지 않을 수 없다. '너도 내 나이 되어 봐.' 하는 마음은 기본이고 '네가 어디까지 잘되는지 두고 보겠어.' 하는 마음이 일지 않을 수 없다. 보스는 보장된 미래 없이 경쟁자에게 밀릴지도 모른다는 불안감에 떨며 살아가고 있는데, 젊은 사원들마저 이런 식으로 나오며 보스를 이해해주지 않으면 정말 서운하다.

나쁜 보스들이 자꾸만 양산되는 근본적인 이유는 그들의 서식지가 조직 정치의 칼바람이 휘몰아치는 곳이고, 내 새끼를 키우지 않으면 상대방의 공격에 내 입지가 흔들릴 수밖에 없는 곳이기 때문이다. 또한 이긴 자가 모든 것을 다 갖고 패한 자는 모든 것을 내려놓고 떠나야 하는 승자독식의 세계에서 한 번 밀리면 끝장인 데다 불안한 노후를 누구도 책임져주지 않기 때문이다. 보스들이 살고 있는 서식 환경을 이해해야만 그들의 생각과 행동도 이해할 수 있다.

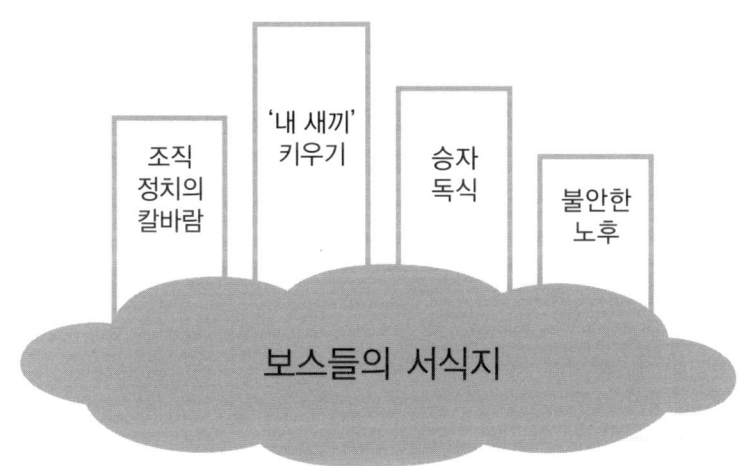

그림2 나쁜 보스들의 서식지

나쁜 보스는 '고객'이다

보스를 고객처럼 생각하고 행동한다면 그들의 불평과 까칠함을 견딜 수 있다. 그들의 비판과 물인정을 다른 관점으로 해석하는 여유도 생긴다.

"No!"라고 말하지 마라

나쁜 보스가 끊임없이 양산되는 세상이라면 이제 우리는 생각을 달리 해야 한다. 나쁜 보스를 고객처럼 섬기는 것이다. 내가 만든 물건을 사주는 고객인 양 대하는 것이다. 고객은 불평하는 사람이다. 내 물건이 조금만 마음에 들지 않아도 반품해버리고, 내가 조금만 공손하지 못해도 옆 가게로 가버린다. 칭찬보다는 비판에 능하고, 인정보다는 지적을 앞세운다.

보스도 마찬가지다. 내 기안이 조금만 마음에 들지 않으면 반려하기 일쑤고, 내가 조금만 게을러도 곧바로 지적하고 정 안 되면 다른 사람에게 일을 시켜버리면 그만이라고 생각한다. 고객에게 인정받지 못하면 평판이 나빠지고 평판이 나빠지면 내 물건이 팔리지 않는다. 그 기간이 장

기화되면 가게는 망한다. 마찬가지로 보스에게 인정받지 못하면 인사고과가 나빠지고 고과가 나빠지면 승진은커녕 연봉 협상도 불리해진다. 그런 상황이 오래갈수록 직장에서 버티기가 어렵다. 보스를 고객처럼 생각하고 행동한다면 그들의 불평과 까칠함을 견딜 수 있다. 그들의 비판과 몰인정을 다른 관점으로 해석하는 여유도 생긴다.

어떤 기업에 업무 스타일이 다른 두 명의 대리가 있었다.

한 명은 오작동 대리로 그는 팀장 결재를 들어갔다 오면 거의 항상 푸념하는 스타일이다. "우리 팀장은 도무지 말이 통하지 않아. 내가 아무리 완벽한 기안을 올려도 엉뚱한 지적만 계속하고, 현재 업무와는 상관없는 지시를 내려서 도대체 한 가지 일도 마무리가 안 돼." 또 다른 한 명은 정조준 대리로 누구보다 팀장 결재를 잘 받아 오는 사람이다. 후배들이 그 비결을 물으면 "글쎄요, 저는 늘 하던 방식대로 할 뿐인데요."라고 말할 뿐 자기도 이유를 잘 모르겠다는 표정을 짓는다. 두 사람의 차이가 어디서 오는지 궁금해 각각 팀장 결재를 들어갈 때 몇 번 동행해본 적이 있다.

오 대리는 비교적 훌륭한 기안서를 작성했음에도 불구하고, 팀장이 지적하는 순간에 거의 귀를 기울이지 않는 편이었다. 속으로 딴생각을 하고 있다가 가끔 "네에?" 하고 반문을 하거나, 팀장이 "이번 기안은 구매 부서와도 밀접한 연관이 있는 사안이니 협조 사인을 받아오는 것이 좋겠다."고 지적하면 얼굴이 벌겋게 달아올라 "지금 시간이 너무 촉박해서요…. 사후 협조를 구하면 안 되겠습니까?" 하는 식이다. 팀장은 시간이 좀 걸리더라도 필요한 절차를 밟아 차후에 발생할 수 있는 문제의 소지를 없애자는 뜻으로 말하고 있는데, 오 대리는 빠른 시간 안에 업무를 매듭짓자고 주장하는 셈이다.

한편 정 대리와 결재 현장을 동행해보면 분위기가 전혀 달라진다. 기안서의 품질이야 두 사람이 엇비슷하니 특별히 달라 보이지 않는다. 하지만 자신이 준비한 기안서에 대해 간단히 설명한 후 정 대리가 가장 먼저 하는 일은 팀장의 의견을 경청하는 태도를 취하는 것이었다. 예를 들면, 팀장이 의견을 말하는 동안 메모를 하는 것은 물론이요, 가끔 고개를 끄덕이며 동의한다는 표현을 하는 것도 인상적이다. 간혹 팀장이 "사내 전문가들의 견해는 반영이 되었는데, 이번 건은 고객들의 의견이 더 중요하니 시간이 없겠지만 보완이 필요해 보이는군." 하고 추가 업무를 지시할 경우에도 정 대리처럼 안 되는 이유를 먼저 설명하지 않는다. 대신 "올해 초에 정리된 고객 조사 자료를 찾아서 반영해보도록 하겠습니다." 하고 말한다.

오 대리와 정 대리의 차이는 단 한 가지다. 한 사람은 기안서가 빠른 시간 내에 관철되어야 한다는 생각이 앞선 나머지 팀장의 의견에 "No!"라고 말하고, 다른 한 사람은 자신이 준비한 내용에 보완이 필요하다면 적극적으로 받아들이겠다는 생각으로 "Yes!"라는 태도를 취한다. 그렇다고 오해할 필요는 없다. 예스맨이 무조건 좋다는 말은 아니다. 비록 내가 준비한 안에 대한 자신감이 넘친다 하더라도 우선 제한된 시간에 제한된 자원으로 준비한 내용이 완벽할 수 없다는 사실을 인정하고, 내 제안이 완벽하지 않다면 다른 각도에서 새롭게 검토해볼 가능성을 열어놓을 필요가 있다는 뜻이다.

더구나 그 자리에서 팀장과 언쟁을 할 의도가 아니라면 "적극적으로 검토해서 다시 한 번 제안을 드리겠다."고 말하는 편이 훨씬 현명하다. 대개의 경우, 팀장 역시 완벽한 답을 가지고 있지 않기 때문에 아랫사람이 확신하는 태도로 말하는 것을 더 선호한다. 긴급하고 중요한 사안일수록 그런 경향은 더욱 높다. 약간의 여유를 둔 다음 "팀장님, 이번 건은 여러 각도로 다시 검토를 해봤습니다만 원안대로 추진하는 것이 가장 좋을 것 같습니다. 그 이유는…." 하는 식으로 준비한 자료에 근거해 한 번 더 설명하기 시작하면 더욱 설득력을 높일 수 있다.

젊고 패기에 찬 직장인일수록 크게 착각하는 것이 있다. 남과 다른 의견을 내놓거나, 반대 의견을 그럴 듯하게 설명하면 유능해 보인다는 생각이다. 이것이 매우 위험한 착각인 이유는 대등한 파트너 간에는 반대 의견을 주고받을 수 있지만, 상하관계가 분명한 조직은 그것이 통하지 않기 때문이다. 예를 들어, 자동차를 생산하는 G라는 회사가 있고, G자동차에 타이어를 납품하는 M이라는 회사가 있다고 가정해보자. 두 회사는 모기업과 협력회사라는 수직관계이기 때문에 힘의 차이가 있기는 해도, 엄연히 사업상의 파트너다. M사가 타이어를 적정 가격으로 제 시간에 공급해주지 않으면, G자동차의 라인이 정상적으로 가동될 수 없는 것은 자명한 이치다. 그렇기 때문에 두 회사는 타이어 납품가를 둘러싸고 갖가지 상반되는 논리로 지루한 협상을 벌일 수 있다.

하지만 위계질서가 분명한 조직은 이와 근본적으로 다르다. 보스는 협상의 대상이 아니다. 나와 잘 맞는 좋은 보스든 나와 잘 맞지 않는 나쁜 보스든 아무 관계가 없다. 보스는 단지 부하직원의 업무 결과에 대해 'Yes, No, 또는 좀 더 연구'라는 세 가지 선택을 하는 사람이다. 이것은 마치 물건을 사러 매장에 들어온 손님이 마음에 드는 물건이 없으면 "No!", 있으면 "Yes!", 확신이 없으면 "좀 더 생각해 보겠다."는 식으로 말하는 것과 같다. 사실 부하직원에게는 "No!"라고 말할 자격이 없다. "No!"라고 말하기보다 어떻게 하면 나쁜 보스가 나의 의견에 "Yes!" 하도록 만들 수 있을지를 연구해야 할 뿐이다.

무엇을 원하는지 재빨리 감지하라

넘어야 할 산은 하나 더 있다. "No!"라는 반기를 들지 않는 것만으로 고객 접대가 끝나는 것은 아니다. 고객이 정말로 무엇을 원하는지 빨리 감을 잡지 못하면 백약이 무효다.

P사에 이우직 과장이라는 매우 성실한 일꾼이 한 명 있었다. 이 과장의 성실함은 사내에 정평이 나 있었다. 누가 무슨 일을 시켜도 "Yes!" 외에는 할 줄 아는 말이 없다고 할 정도로 야근은 보통이고 주말 근무도 마다하지 않았다. 타고난 강철 체력으로 몸살 한 번 앓지 않았고, 그 흔한 감기조차 걸리는 법이 없었다. 동기들보다 1년 먼저 과장으로 승진한 것에 대해 누구도 토를 달지 않았다. 당연한 결과지만, 과장이 되어서도 그는

매년 인사고과에서 최고 등급을 받았다. 그런데 문제가 생기기 시작한 것은 차장으로 승진하고 난 다음부터였다.

차장이라는 자리는 팀장과 생각과 호흡을 함께해야 하는 자리다. 혼자서 열심히 뛰는 자리가 아니라는 뜻이다. 팀장의 생각을 누구보다 빨리 읽고 상황을 정리한 다음 과장, 대리들에게 미리 대답할 준비를 시켜야 한다. 그런데 우리의 이 차장이 어떤 사람인가. 팀장이 지시한 내용을 문자 그대로 실행하는 사람이고, 시킨 일이라면 밤샘도 불사하는 용감무쌍한 전사인 것이다. 더욱 심각한 것은 팀장이 지시한 사항을 혼자서 다 해내려고 끙끙댄다는 사실이다. 본의 아니게 과장, 대리는 할 일이 없어서 이 차장의 주변만 맴돌며 "우리 이제 뭐 해요?"라고 묻는 이상한 형국이 연출되고 있었다.

무조건 "Yes!"만 한다고 해서 좋아할 보스는 어디에도 없다. 죽어라 일만 한다 해서 좋아할 보스도 없다. 지금 이 순간에 보스에게 정말 필요한 일을 척척 해내는 사람이 필요할 뿐이다. 그러려면 매 순간 팀장에게 가장 중요한 문제가 무엇인가를 재빨리 감지해야 한다. 사원 때 해도 좋은 행동과 대리, 과장 때 해도 좋은 행동은 분명히 다르다. 마찬가지로 차장 때 해야 할 업무가 엄연히 다른데도 불구하고, 실무자처럼 자기 일만 열심히 해서야 제 역할을 다 했다고 할 수 없다.

예를 들어, 차장 정도가 되면 팀 실적을 주의 깊게 살펴보는 센스가 있어야 한다. 팀 실적은 곧 팀장에 대한 업적 평가와 직결되는 문제인 만큼 팀장이 가장 예민하게 신경을 쓸 수밖에 없는 부분이다. 그런데도 차장이 자기 업무만 잘하면 그만이라는 듯한 인상을 주는 것은 팀장을 무시하는 태도와 동일시되기 십상이다. 오히려 팀 전체의 실적 관리를 위해서 지금부터 집중할 부분이 무엇이고 페이스를 늦춰도 될 부분이 어딘지를 파악하는 일이 훨씬 더 중요하다. 그런 다음, 팀장과 대화를 요청하여 자신의 생각을 말하고 차장으로서 자기가 어떤 부분을 도맡아서 노력해보겠다는 태도를 보여줘야 한다.

또 다른 방법은 팀장이 중요하게 여기는 이슈를 정리해서 후배들과 적극적으로 이야기를 나누는 것이다. 아무리 작은 조직도 의식적으로 노력하지 않으면 팀장과 물리적 거리가 먼 과장, 대리, 사원들 간에 오해와 불신이 쌓이게 마련이다. 이런 오해와 불신을 줄이기 위해서 팀장이 직접 나서면 나설수록 더 큰 문제로 비화되는 경우가 많다. 팀장이 팀원들과의 심리적 장벽을 줄이기 위해 노력하는 것이 괜히 못마땅해 보일 수도 있고, 팀장이 뭔가 의도를 가지고 접근하는 것 같아서 본능적인 거부감을 가질 수도 있다.

이때 차장이 할 수 있는 절묘한 역할이 있다. (물론 차장은 하나의 예일 뿐이고, 조직이 처한 상황에 따라 이런 역할은 과장이나 대리가 할 수도 있다.) 팀장이 아니기 때문에 어떤 특수 목적을 띤 것으로 오해를 받지 않는 위치에 있으면서도 선배로서의 업무 경험과 노하우를 후배들에게 들려주는 것이 더 인간적으로 보일 수도 있다. 잘만 하면 후배들에게 인기도 얻으면서 회사의 정책 방향과 팀의 현재 상황에 대해 영향력을 미칠 수 있기 때문에 팀장의 신임을 한 몸에 받을 수도 있다. 이런 역할을 해야 한다고 회사의 업무 규정이나 직무기술서 어디에도 명시되어 있지 않지만, 이런 감을 잡을 수 있는 사람은 그 다음 단계로 성장하는 것이 유리할 수밖에 없다.

손님이 매장에 들어왔을 때, 싼 물건을 찾는 사람인지 자신의 신분을 과시하고 싶어 하는 사람인지 또는 특별히 의미 있는 물건을 찾고 있는 사람인지를 재빨리 파악해야 하는 것도 같은 이치다. 손님에게 열심히 이것저것 물어보는 것이 능사가 아니요, 그렇다고 멍하니 손님이 물건을 선택할 때까지 가만히 있다고 될 일도 아니다. 고객이 말로 표현하기 전에 그가 정말로 원하는 것이 무엇인지를 파악하는 능력, 그것이 핵심이다.

반복해서 확인하라

하지만 고객에게 무조건 맞춰주기만 하다가는 함정에 빠질 수 있다. 고객도 나를 신뢰해야 하지만 나도 신뢰할 수 있는 고객인지 잘 판단해보아야 한다. 믿을 수 있는 단골 고객을 확보하려면 개인적으로 친분을 쌓아가는 한편, 그 고객이 내민 수표나 카드가 진짜인지도 매번 꼼꼼하게 체크해봐야 한다.

모 컨설팅 회사에서 실제로 있었던 일이다.

안정직 수석과 태만희 책임 컨설턴트는 같은 대학, 같은 대학원에서 조직 및 산업심리학을 전공한 2년 선후배 사이다. 그들은 국내 유명 컨설팅 회사에 입사해 프로젝트 팀장과 팀원으로 다시 만났다. 오랫동안 잘 알고 지내던 터라 팀장 대 팀원이라는 관계를 넘어서 개인적으로나 업무적으로나 속에 있는 말을 다 털어 놓고 지내왔다. 겉으로만 팀장과 팀원이지 요즘 말로 '절친'이라고 해도 과언이 아니었다. 그러던 차에 안 수석이 태 책임에게 이직을 심각하게 고려중이라며 함께 이직해볼 의향이 없느냐고 물어왔다. 이직할 기업은 이름만 대면 알 만한 글로벌 컨설팅 회사로 지금의 회사와 비교해 볼 때 연봉은 두 배 이상, 직책은 상무급 파트너가 되는 것이니 하늘과 땅 차이라는 말도 덧붙였다. 안 수석은 혼자서 덜렁 낯모르는 회사로 옮겨가는 것이 내심 불안했다. 하지만 절친한 후배이자 자기를 가장 잘 아는 태 책임과 함께 간다면 뭔가 큰일을 벌일 자신이 있었고, 단기간에 한몫 챙길 수 있겠다는 기대감에 부풀어 있었다.

그런데 태 책임의 처우가 문제였다. 안 수석과 태 책임의 나이가 겨우 두 살밖에 차이가 나지 않아 회사가 두 사람 다 상무급으로 데려오기를 부담스러워 했기 때문이다. 사실, 그 회사는 태 책임보다 다섯 살 정도 어린 실무자급을 필요로 했지만 안 수석의 입장은 확고했다. 안 수석은 그 회사에 태 책임을 현재 직급으로 데려가되, 1년 후에 성과가 좋으면 이사로 승진시켜주고, 보통의 성과라면 수석으로 승진시켜달라는 조건을 걸었다. 그리고 나서 자신을 믿고 따라와 달라며 태 책임을 설득하기 시작했다. 둘이 힘을 합치면 틀림없이 기대 이상의 성과를 낼 거라는 확신에 찬 안 수석의 설득에 결국 태 책임도 제안을 받아들였고, 그 회사에서도 승인이 떨어졌다.

하지만 그해 가을, 전 세계적인 금융위기가 닥쳐 두 사람은 기대 이상은 고사하고, 평균에도 못 미치는 실적을 기록하고 말았다. 태 책임에게 엄청난 신뢰를 보내 주던 안 상무는 속수무책이었다. 실적에 따라 냉정하게 평가하는 컨설팅 회사가 두 사람의 사정을 헤아려줄 리는 없었다. 결국 안 상무는 후배에게 무책임한 사람이 되어버린 채 그 회사에 남았고, 태 책임은 이듬해 쓸쓸히 회사를 떠날 수밖에 없었다.

태 책임은 자신의 팀장에게 결코 "No!"라고 말한 적도 없고 감을 잡는데 그리 느린 사람도 아니었다. 그럼에도 불구하고 그가 내린 결정이 치명적인 결과를 가져온 이유를 설명할 필요가 있다.

우선, 보스가 빠질 수 있는 함정을 경계해야 한다. 자신이 마치 다가오는 미래를 정확히 예측할 수 있다는 듯이 말하는 보스를 경계해야 한다. 언제 어떤 돌발 변수가 생길지 알 수 없는 상황을 염두에 두고 다른 대안을 준비해두지 않으면, 두 사람 모두에게 치명적인 손해가 생길 수 있다. 신뢰한다는 것을 행동으로 보여주지 않고 말로만 떠들어대는 것을 결코 믿어서는 안 된다. 회사 대 개인의 관계라면 반드시 계약서를 작성하고, 회사 내에서 맺어진 관계라면 기안서와 이메일을 통해 책임 관계를 꼭 확인해두어야 하는 법이다.

또 하나 확인해둘 것이 있다. 안 수석과 태 책임의 경우처럼 극단적 사례는 아니더라도, 적어도 분기에 한 번은 자신이 충분한 역할을 하고 있는지 반복해서 점검해봐야 한다. 자신이 담당하고 있는 업무는 물론, 회사 전체의 이익을 위해서 누군가는 맡아줬으면 하는 일이 있을 수 있다.

아무도 그 일이 무엇인지 어떻게 수행해야 하는지 확실하게 알지 못하는 경우 누군가 선뜻 총대를 메고 실행해준다면 그는 사람들에게 새롭게 인식될 것이다. 그런데 보통 한 번으로는 부족하다. 사람들은 대개 이런 일을 한 번 목격하면 그저 '우연'으로 인식하고, 두 번째는 "사람이 다르긴 한데, 글쎄 뭔가 다른 목적이 있을 거야."라며 오히려 의심하고, 세 번 이상 지속되면 그제야 "그 사람 진심으로 하는 모양이야."라며 인정해준다고 한다.

보스가 기댈 수 있는 사람이 되라

보스를 고객으로 만드는 마지막 고비를 넘어야 한다. 진정한 고객은 말하기도 전에 자신의 문제를 상담해달라고 요청하는 사람이다. 내가 원하는 것은 이런 것이고, 나에게 이런 것을 제공해줄 수 없겠느냐고 묻는 사람이다. 상대방에 대한 완전한 신뢰가 없이는 불가능한 관계다.

정말 본받고 싶은 아름다운 사례도 아주 없지는 않다.

S사에서 한솥밥을 먹던 두 사람이 20년 만에 공동 창업을 하게 되었다. 동업은 형제간에도 하지 말라는 속담처럼 금방 깨지기 쉬운 속성을 가지고 있다. 한 사람은 부장이 되던 해에, 또 한 사람은 상무로 재직하다 명예퇴직한 해였다. 굳은 신뢰로 맺어진 사이였지만, 주위 사람들은 기대보다는 걱정이 많았던 출발이었다. 그러나 반도체 장비를 납품하던 지난

10년 동안 사업은 승승장구했고, 두 사람의 관계는 걱정하던 사람들을 비웃기라도 하듯 철옹성처럼 굳건해보였다. 아무런 잡음도 들려오지 않았고, 계열사가 몇 개 더 늘었다는 소식만 간간이 들려올 뿐이었다.

사업이 15년째로 접어들 무렵에는 더 놀라운 소식도 들려왔다. 선배 동업자가 칠십 대가 되자 상당 부분의 지분을 정리하고 경영 일선에서 물러났다는 소식이었다. 그리고 나서 2년이 흐른 후에 세계적인 금융 위기가 이 회사를 강타했다. 회사의 경영도 일시적이긴 하지만 상당한 타격을 입고 흔들리게 되었다. 그 소식을 들은 선배 동업자는 선뜻 자신이 보유하고 있는 상당 부분의 지분을 몽땅 내놓겠다고 연락해왔다. 작지만 도움이 되고 싶고, 금융 위기에 고생하는 후배들에게 용기를 주고 싶다는 뜻이었다. 몇 개월 이내에 그 회사는 보란 듯이 금융위기를 극복하고 정상 궤도로 돌아왔다.

무한 신뢰를 주고받는 보스와 부하의 관계가 어떤 모습인지 생생하게 그려볼 수 있는 사례라고 할 수 있다. 자기만 살겠다고 하루아침에 보스를 버리고 자신의 이익을 지키기 위해 선배의 등에 칼을 꽂는 경우가 비일비재하다. 거짓과 배신이 판치는 무시무시한 세상이라고 해도 과언이 아니다.

위에 제시한 두 사람의 성공 사례를 더 들여다보면 처음부터 무한 신뢰가 형성되었던 것은 아니다. 예상과 반대로 두 사람은 처음에는 철저하게 싫어하던 사이였다. 두 사람이 인연을 맺게 된 계기는 선배 동업자가 제조부장이고, 후배 동업자는 영업담당 대리 시절이었다. 한 사람은 물건을 잘 만들어줘야 잘 팔 수 있다고 주장하는 입장이고, 또 한 사람은 좋은 물건을 가지고 못 팔 병신이 어디 있느냐, 대충 만들어줘도 잘 파는 게 진정한 영업이라고 주장하는 입장이었다. 창과 방패의 전쟁이었다.

그러던 두 사람이 상하관계로 만난 것은 10년 가까운 세월이 흐른 뒤였다. 두 사람은 구매 부서에서 담당 임원과 부장으로 다시 만났다. 한 부서에서 일하게 되면서 그들의 관계는 180도 달라졌다. 어느 순간부터 서로가 무슨 일이든지 함께 도모해볼 수 있는 상대라고 인식하게 되었고, 몇 년 뒤 동업을 결의할 정도로 깊은 신뢰관계를 형성한 것이다.

보스가 나에게 기대고 싶은 마음이 드는 경우는 우선 믿을 수 있는 상대라는 인식이 강하게 들 때다. 그런데 믿음은 하루아침에 생기는 것이 아니다. 오랜 시간 자신의 스타일과 잘 맞는지 살펴보고, 업무에 대한 감이 있는지도 점검하고, 쉽게 속아 넘어가지 않는 것도 확인해야 한다. 은연중에 보스는 이런 과정을 모두 통과한 사람에게 속 깊은 얘기를 털어놓으려 할 것이다. 만약 여기까지 도달했다면 안심해도 좋다. 그 보스는 당신에게 지갑을 열어 보이는 것은 물론이요, 자신의 고민을 먼저 상담하려 들기 때문이다. 이 정도만 된다면 그까짓 성격이나 스타일이 다른 것은 하찮은 일이 되고, 결재를 쉽게 받는 법을 굳이 연구할 이유도 없어진다. 보스는 이미 당신을 무한 신뢰하는 당신의 충성 고객이 된 것이다.

충성 고객이 주는 이점은 한두 가지가 아니다. 우선 그들은 내가 기본적인 관리만 해줘도 만족해하고 나의 고객이 된 것을 자랑스럽게 생각한다. 정서적 안정감은 물론이고 다른 대안을 별로 생각하지 않는다. 심리적 독점 상태가 유지되는 것이다. 그런데 한 가지 유의할 점이 있다. 보스가 나의 고객이 된다는 것은 일반 소비제품을 사는 것과는 다르다. 제품은 한 번 사고 나면 그 자리에 그대로 머물러 있는 무기물이다. 그에 반해, 보스는 상황에 따라 움직이는 유기물이라는 점이다. 그래서 보스가 원하는 것을 한 가지라도 놓치면 관계는 다시 원점이 되어 버리는 곱셈의 법칙이 적용된다.

가급적 "No!"라고 말하기보다는 대안을 가지고 접근하는 것, 보스가 원하는 것이 무엇인지 빨리 감을 잡는 것, 보스도 틀릴 수 있으므로 반복적으로 확인하는 것, 마지막으로 보스가 기댈 수 있는 사람이 되어주는 것 등 하나라도 놓치면 그는 나의 충성 고객이 아니라 그저 스쳐 지나가는 바람일 뿐이다.

그림3 보스를 고객으로 만드는 곱셈의 법칙

나쁜 보스의 '밥'이 되지 마라

집단의 논리에 희생되지 않으려면 개인이 무장하지 않으면 안 된다.
최소한 순한 양으로 비춰져서 집단의 제물이 되는 것만은 피해야 한다.

순수한 열정으로 일하라
그러나 순진해서는 안 된다

보스를 고객으로 인식하고 행동하면 대단히 좋은 점이 많은 반면 주의해야 할 점도 있다. 고객이 주인을 만만하게 보고 과도한 양보를 요구하도록 내버려둬서는 안 된다는 점이다. 보스가 항상 선하거나 악하지 않듯이 고객도 항상 선하거나 악하지 않다. 문제는 자기 이익을 극대화하기 위해 상대방에게 터무니없는 손해를 입힐 수도 있다는 것을 잊어서는 안 된다. 특히 직장 내에서 힘이 없거나 순진한 사람일수록 주의해야 한다. 결국에는 약자들이 손해를 볼 가능성이 가장 높기 때문이다.

사람들이 모인 집단에는 이해할 수 없는 일이 심심치 않게 일어난다. 우리 부서에 저 인간만 없으면 일할 맛이 나겠다고 생각하는 직장인들은 무수히 많다. 지성이면 감천이라고 어느 날 그 인간이 다른 부서로 발령을 받았다는 소식을 듣고, 뜻 있는 몇 명이 모여 자축 파티를 열 정도다. 그런데 며칠 후 타 부서에서 전입해 온 상사는 더 가관이다. 이 인간은 도대체 상종하기도 어려울 정도로 괴팍한 성격을 가진 사람인 것이다. 평소에 그처럼 뜻이 강렬했던 몇 명은 그 이후로 두 손 두 발 다 들고 침묵 모드로 빠져들었다고 한다. 여우를 피하려다 호랑이를 만난 격이다.

H카드사에 다니던 김태현 대리가 있었다. 그는 자신이 맡은 교육업무에 대해 소명의식을 가지고 있을 정도로 꼼꼼하고 열성적이었다. 교육을 통해서 사람들의 생각을 바꿀 수 있고, 교육을 통해서 직원들의 능력을 향상시킬 수 있다고 믿는 사람이었다. 직원들의 생각이 바뀌고, 직원들의 능력이 향상된다는 것은 매출 신장과 직결되는 일이고, 그렇다면 교육의 가치는 돈으로 환산할 수 없는 엄청난 부가가치를 만들어낸다고 생각했다. 김 대리의 열정은 상상 이상이었다. 그는 다른 동료들처럼 교육만 진행하고 나면 끝이라고 생각하지 않았다. 교육을 받고 업무 현장으로 돌아간 직원 한 사람 한 사람을 일일이 접촉해 개인적인 의견을 들었다. 대부분 현장을 직접 찾아갔지만, 바쁜 분들은 이메일로도 의견을 수집했다.

언젠가는 누가 시키지도 않았는데 카드 사용 고객의 1인당 매출 신장을 위해 반드시 필요한 교육과정이라며 새로운 교재를 하나 만들어 팀장 앞에 턱 하니 제출하기도 했다. 덕분에 그해 말, 김 대리는 종무식에서 최우수 사원상을 수상하기도 했다. 하지만 이듬해 진행된 조직 개편으로 주요 부서장들의 보직이 변경되면서 그의 회사생활은 완전히 달라지게 되었다.

김 대리가 소속한 교육부서에 새로 부임한 보스는 오랫동안 카드 영업을 하던 분으로 교육에 대해서는 아무것도 몰랐다. 심지어 교육의 필요성을 부정하며 "교육은 곧 비용일 뿐"이라고 믿는 사람이었다. 팀장이 바뀐 지 한 달도 안 된 어느 날, 보스는 김 대리를 불러놓고 이렇게 말했다. "자네가 가장 열심히 하는 사람이라고 들었네. 하지만 나랑 일할 때는 스타일을 좀 바꿔줘야 하네." 순진한 김 대리는 영문도 모르고 "네? 무슨 말씀인지 잘 모르겠습니다만…."이라며 말끝을 흐렸다. 그러자 보스는 "응, 차차 알게 될 거야." 하며 간단히 답할 뿐이었다.

그 다음 날부터 팀 내 선임차장으로부터 새로운 업무 지시가 내려오기 시작했다. 지금까지 해온 모든 교육과정을 한 달 내에 전면 재검토한다는 것이었다. 전체 교육예산의 30퍼센트 정도를 삭감하고, 꼭 필요한 교육 외에는 폐지하며, 교육부서의 인력도 영업부서로 재배치한다는 내용이었다. 팀장의 주장을 가만히 들여다보면, 지나친 교육은 낭비라는 사고가 지배적이었다. 언뜻 들으면 맞는 얘기지만, 그동안 열정을 가지고 교육업무를 추진해온 사람들에게는 맥 빠지는 일이 아닐 수 없었다. 교육업무가 회사 발전에 크게 기여한다고 믿었던 교육부서 직원들로서는 자신들의 존재 이유조차 사라지는 듯한 느낌마저 들었다.

선임차장을 중심으로 한 달 동안 교육업무 개혁이 진행된 후 주요 골자가 발표되었다. 교육예산 40퍼센트 절감, 교육부서 인원을 현재 15명에서 10명으로 감축, 나머지 5명은 영업 현장으로 전진 배치, 교육과정 40개에서 25개로 축소 운영 등이었다. 3개월 후, 젊고 열정이 넘쳤던 김 대리는 홧김에 짐을 싸서 다른 회사로 전직해버렸다.

매년 어디선가 벌어지는 매우 낯익은 풍경이다. 자기가 맡은 업무에 열정을 가지고 덤비는 것은 매우 순수하다. 마땅히 그래야 하고, 언젠가 그 열정으로 인해 크게 보상받을 날이 온다. 자신의 미래를 위해서라도 한 분야를 깊이 파고드는 것은 반드시 필요한 일이다. 누구든지 한 분야에서 10년 정도 일하면 그 분야의 전문가가 된다고 한다. 혹자는 이것을 '10년의 법칙'이라고 이름 붙여 꾸준히 노력할 것을 강조하기도 한다. 주변 사람들로부터 전문성을 인정받는다면 금상첨화다. 혼자 사는 세상이 아닌 바에야 남으로부터 인정받는 것보다 중요한 일도 없을 것이다.

그런데 한 가지 잊어서는 안 될 문제가 있다. 나를 둘러싼 주변의 환경이 끝없이 바뀐다는 사실이다. 내 주변의 사람이 바뀌고, 그 사람들이 가진 경험과 입장이 달라지면 내가 가진 전문성과 가치가 달라 보인다는 점이다. 그래서 순진하게 생각하면 안 된다는 것이다. 우리 주변에는 재능 있는 사람이 무수히 많다. 그리고 일정 기간 동안 뛰어난 업적을 보여준 사람도 부지기수다. 그런데 왜 어떤 사람은 그 능력과 업적을 계속해서 보여주고, 또 어떤 사람은 일시적으로 반짝하고 사라질 수밖에 없는지 생각해볼 필요가 있다. 그것은 능력과 업적은 상대적인 기준에 의해 평가되기 때문에 주변 사람들이 바뀌면 평가도 달라지기 때문이다.

김 대리는 옮긴 직장에서도 적응하지 못하고 심리적 방황을 거듭하고 있다. 이제는 교육업무에 대한 그 뜨겁던 열정조차 식어가고 있다며 걱정하는 형편이다.

자신의 전문 분야에는 순수한 열정으로 임하라. 그러나 모든 사람이 자신의 열정을 알아줄 거라는 기대는 버려라. 순진하면 실패한다.

확고한 자기주장으로
보스의 지배 본능에 맞서라

모든 보스에게는 남을 지배하고 싶은 본능이 있다. 타고난 카리스마를 가진 보스의 지배 욕구가 강한 것은 충분히 납득이 간다. 그러나 타고난 카리스마가 없는 보통 보스에게도 지배 욕구가 작동한다. 모든 조직은 보스들에게 당신의 지배 욕구를 충족시키라는 면허를 부여하기 때문이다. 명시적이지는 않지만 '어디 자네 마음대로 한번 해 봐.'라는 암묵적 권한이 부여된다.

어떤 기업의 총무팀에서 있었던 일이다.

총무팀장은 생김새부터가 남달라서 몸집이 크고 목소리가 쩌렁쩌렁하게 울릴 정도로 톤이 높았다. 배포도 크고 포용력도 있어서 항상 대소사를 원만하게 처리해내는 수완 좋은 사람이었다. 이 총무부서에 입사한 지 1년밖에 안 된 청년이 하나 있었다. 멀리 부산의 한 대학에서 일본어를 전공하고 졸업하자마자 입사한 반병수라는 사원이었다. 그는 몸집이 작을 뿐만 아니라 행동거지가 매우 조심스럽고 목소리 톤도 낮아서 남들이 "뭐라고요?" 하고 되물을 때가 많았다. 덕분에 자신감 없는 사람으로 오해를 사는 일도 잦았다. 상반되는 성격 탓에 총무팀장은 그를 늘 못마땅해 했다. "사나이가 말이야, 가진 건 없어도 배짱은 있어야지. 목소리가 그게 뭐야?" 하며 신경질을 부리는가 하면 "우리 인사부서가 사람 보는 눈이 없어서 큰일이야." 하며 채용 담당자들에게 애꿎은 화살을 돌리기도 했다. 사실 면접 때 총무팀장도 그 자리에 있었을 뿐만 아니라, 마침 본인이 일본어를 배우기 시작한 때라 유창한 일본어를 구사하는 반 씨를 추천한 이도 그였다.

그해 가을, 매년 열리는 창립 기념행사가 성대하게 진행될 때였다. 총무팀장이 총 지휘를 맡은 이 행사는 회장님은 물론 전국 각지에서 올라온 대리점 점주들과 사내 주요 직책을 맡고 있는 고위 임원, 팀장을 비롯한 600여 명이 참석하는 회사의 가장 중요한 행사였다. 문제는 개회 선언 직후에 일어났다. "다음은 반주에 맞추어 애국가 제창이 있겠습니다."라는 사회자의 멘트가 끝나고도 5분이 지나도록 반주가 흘러나오지 않았던 것이다. 어색한 침묵이 흐르는 사이, 총무팀장이 부리나케 방송실로 뛰어갔고, 사회자들도 당황하기 시작했다. 반주 버튼을 누르기로 되어 있던 반 씨의 부주의로 인한 사고였다.

이 일로 총무팀장은 기념행사가 끝난 후 사장실로 불려가 불같은 훈계를 받아야 했다. 사고 경위서는 물론 시말서를 작성하라는 조치가 내려졌고, 그 과정에서 충분한 예행연습이 이뤄지지 않은 점과 제 역할을 다하지 못한 반 씨의 실수가 가장 큰 원인으로 부각되었다. 다음 날 반 씨는 조용히 퇴직원을 제출하고 부산으로 내려갔다. 이후 그가 어디서 무슨 일을 하는지 소식을 들은 사람은 아무도 없다.

어떤 사고가 발생하면 진짜 원인을 찾기에 앞서 처벌할 대상을 찾는 것이 세상의 이치다. 책임자가 분명해지면 사람들은 문제가 해결된 것으로 믿고 급속하게 그 사건을 머릿속에서 지워버린다. 이것 또한 세상인심이다. 그런데 이때 집단 내에서 가장 힘없고 발언권이 약한 사람에게 책임이 전가되는 일이 적지 않다. 반 씨도 그런 경우다. 총무팀장은 호탕하고 자기주장이 강한 사람들을 선호한 반면, 신중하고 꼼꼼한 사람은 자신감이 없어 보인다는 이유로 제압하려는 행동을 보일 때가 많았다. 희생양이 필요했던 총무팀장에게 반 씨가 가장 만만한 상대였던 것이다.

착한 사람이 결국 복을 받는다는 권선징악은 전혀 근거 없는 이야기다. 착한 일을 하고 안 하고의 문제가 아니라 힘을 가진 사람이 사건을 어떻게 포장하는가에 따라 결과가 달라진다. 회사 오너의 입장에서 봐도 어떤 사건을 계기로 기강만 바로 잡히면 그것으로 목적을 달성한 것이지 희생자가 누구인가는 관심이 없다. 힘을 가진 사람이 모든 책임을 지고 스스로 용퇴하는 경우는 매우 드물다. 의도하든 의도하지 않든 간에 회사에 쓸모 있는 사람들은 보호받게 되어 있다. 이렇게 하나 저렇게 하나 별다른 반응이 없거나 순순히 물러나줄 사람을 먹잇감으로 삼는 것이 가장 안전한 방법이라는 뜻이다. 설사 몇 번 항의를 한다고 해도 "미안하게 됐네. 어쩔 수 없었네."라는 말을 들으면 별 수 없이 물러나줘야 하는 것이 직장인들의 운명이다.

힘없는 사람들에게 법보다 주먹이 더 가까운 것은 확실한 진리다. 법은 도덕의 최소한일 뿐이지, 법이 모든 상황에 개입할 수도 없고, 그럴 필요도 없다. 한편 도덕이란 것은 코에 걸면 코걸이 귀에 걸면 귀걸이라, 해석하기에 따라 결과가 달라지는 경우가 너무 많다. 결국 집단의 논리에 따라 개인이 희생양이 되는 것을 막기 위해서는 개인이 무장하지 않으면 안 된다. 어떤 법도 어떤 집단도 개인의 권익을 지켜주지 못하는 것이 자명하다면 말이다. 최소한 순한 양으로 비춰져서 집단의 제물이 되는 것은 피해야 한다.

변화무쌍한 이해관계를 잘 파악하라

상황이 사람을 만든다고 한다. 상황이 바뀌면 각자의 이해관계가 달라지기 때문에 사람들의 태도가 돌변하는 것을 자주 목격할 수 있다. 이 또한 사회생활의 속성이다.

거의 모든 회사에서 목격할 수 있는 아주 일반적인 사례가 있다. 고위 임원을 중심으로 두 계파가 대립, 반목하는 현상이다. 자신들이 모시는 임원을 중심으로 집단의식을 형성해 우리는 선, 상대편은 악이라는 이분법적 사고로 서로를 대한다. 긍정적인 측면이 있다면 한 계파 내부의 결속력은 아주 높다는 것이다. 임원을 중심으로 상하가 한 몸처럼 똘똘 뭉치기 때문에, 어떤 어려운 목표가 부여되어도 외부로부터 어떤 도전과 시련이 와도 강한 팀워크로 헤쳐 나간다. 그런데 세상사는 동전의 양면과도 같기 때문에 당연히 부정적인 측면도 존재한다. 자기 계파 이외의 사람들과는 거대한 벽을 쌓고 사는 것이다. 그래서 상호 협조를 해야 하거나 공동의 이익과 관계되는 일이 생기면 전사적인 입장에서 생각하기보다 자신이 속한 계파의 이익을 먼저 따지게 된다. 부분의 합이 절대 전체가 될 수 없는 이유가 바로 여기에 있다.

　모 기업을 컨설팅한 적이 있었다. 이 기업을 진단해본 결과 계파 갈등이 매우 심각한 수준이었다. 연대수와 고대환을 각각 우두머리로 하는 두 계파 간의 경쟁은 그 도가 지나쳐서 사사건건 대립했고, 심지어 상대편이 하는 일을 고의적으로 방해하는 일도 서슴지 않았다. 물론 두 임원은 한국 최고의 명문대를 졸업한 명석한 분들이었다. 한 분은 논리적이고 분석적이며, 다른 한 분은 추진력이 매우 강했다. 정 반대의 성향과 둘 다 남에게 지기 싫어하는 성격이 강해 둘 사이에는 노골적인 적대감이 형성되어 있었다. 더구나 양 계파에 속한 아랫사람들 사이에도 강한 연대감이 형성되어 내 편 네 편이 분명하게 구분되었다.

　그냥 지나치기에는 너무 큰 문제라는 인식을 한 터라 그 기업의 사장님께 조심스럽게 이야기를 꺼내게 되었다. 원래 가장 높은 곳에 있는 분이 가장 늦게 아는 법이다. "그래요? 나는 두 분이 평소에 회의도 자주 하고, 함께 식사하는 것도 봐서 그런지 별 문제가 없는 걸로 알고 있었는데요." 아니나 다를까 이 기업의 사장님도 전혀 눈치 채지 못하고 있었다. "사장님, 두 분 사이의 문제라기보다는 아랫사람들이 공연히 그런 분위기를 만드는 것이 더 큰 문제입니다." 이렇게 조언하자 사장은 좋은 해결

방법이 없겠느냐고 물어왔다.

  그해 연말, 그 기업에서는 중대한 인사이동이 발표되었다. 연 이사와 고 이사가 자리를 맞바꾼다는 내용이 주요 골자였다. 회사 전체가 술렁였고, 두 사람 다 자기 전공 분야가 아닌데 잘 알지도 못하는 부서를 맡아서 회사가 제대로 굴러가겠느냐고 불평하는 직원들도 목격되었다. 하지만 다행히도 많은 사람들의 우려와는 달리 회사는 잘 굴러갔다. 어떻게 그럴 수 있었을까? 그렇게 적시하던 사람이 보스로 왔는데도 아무 탈 없이 굴러간다니 신기한 일이다.

  첫 3개월의 어색한 시간이 필요하기는 했지만, 3개월이 지나면서부터 그들은 마치 아무 일도 없었다는 듯이 새로운 보스의 능력을 칭송하고 그의 스타일에 순종하며 잘 적응해가고 있다는 이야기가 들려왔다. 모르긴 해도 1년쯤 지나면 새로운 보스들을 중심으로 한 새로운 계파가 생겨나 또 한 번의 전투의식이 싹틀지도 모르는 일이다.

  너무 잔인한 이야기가 될지는 모르겠지만, 인간은 분명 자신에게 이익이 되는 방향으로 움직인다. 사람들이 그것을 의식할 수도 있고 의식하지 못할 수도 있다. 그러나 대다수의 사람들이 자신의 이익을 좇아 움직인다는 것을 알면, 대세가 어느 쪽으로 흐를지도 금방 알 수 있다. 국가의 경우에는 언론을 통해 비판도 받고 견제도 받는다. 그리고 사법제도라는 약자를 구제할 수 있는 제도적 장치가 보호막이 되어줄 수도 있다. 그래서 국가와 같이 규모가 크고 제도적 장치가 잘 된 곳은 예측이 훨씬 쉽다. 그러나 인원수가 적게는 수백 명에서 많아야 수만 명 정도인 기업이나 집단의 경우는, 옳고 그름을 가려줄 여론 수렴 장치나 사법제도의 영향이 구석구석까지 미칠 여지가 별로 없다. 그렇기 때문에 많은 직장인들이 이해관계에 더욱 민감하게 반응하는지도 모른다.

직장의 상하관계나 동료관계는 그야말로 민주주의의 사각지대다. 최근 들어 다수 의견이 존중되는 문화를 만들려고 애쓰고, 능력과 업적에 따라 승진을 결정하려고 노력하는 조직이 점점 늘어나고 있기는 하지만 조직은 근본적으로 위계질서를 통해 운영되는 사회다. 누구를 승진시킬 것인가를 결정하기 위해 사내 투표를 하는 회사는 앞으로도 없을 것이다. 그리고 위계질서가 분명하다는 것은 중요한 일을 결정하는 권한이 상부에 있다는 뜻이다. 그러니 내가 승진하고 못하고는 보스가 나를 어떻게 보는가에 의해 결정된다. 아무리 합리적이고 객관적인 인사 기준을 개발하고 공표하더라도, 그 기준에 따른 판단은 영원히 윗사람들의 몫이다.

조직이 개인을 통제하는 힘의 원천은 여기에서 나온다. 개인이 아무리 날고뛰어도 부처님 손바닥 안에서 노는 것이고, 그들은 단지 자기의 이익을 쫓아 움직이는 불나방일 뿐이다.

능력이 부족하면 친화력이라도 발휘하라

그럼에도 불구하고 개인이 조직의 영향으로부터 자유로워지는 방법이 전혀 없는 것은 아니다. 스스로 조직을 만들어 그 조직의 장이 되는 방법이 있다. 가장 대표적인 예가 창업이다. 그런데 창업은 말처럼 쉬운 일이 아니다. 업종에 따라 다르긴 하지만, 최소 수백만 원에서 수십억 원에 이르기까지 상당한 창업 자금이 들어가고 만약 창업에 실패하면 헤어날 수 없는 빚더미에 갇혀버릴 수도 있다. 또 다른 방법은 한 분야의 전문가가 되는 것이다. 조직에서 자신의 가치를 인정받는 사람이 되든지 해당 업계에 자신의 이름을 알릴 수 있는 정도로 유명인사만 된다면 살아가는 데 문제는 없다.

A라는 건설업체에 처신에 도가 튼 사람이 있었다. 서울 시내의 삼류 대학을 졸업하고 전공도 건설업과는 전혀 상관없는 영문학을 공부한 왕재수라는 사람이었다. 한국 경제가 한창 잘나가던 1980년대 말에 운 좋게 입사하여 사람들 눈에 잘 띄지도 않게 평범한 직장인으로 살아가고 있었던 왕 씨가 가진 유일한 능력은 친화력이었다. 누구를 만나도 친절하게 설명하고 배려했기 때문에 주변에 적이 없었다. 자신이 맡은 업무도 빈틈없이 처리하는 편이었다. 이 사람이 가장 돋보이는 경우는 팀 내에 이견이 생겼을 때다.

문제가 생기면 으레 사람들은 자기 의견이 옳은 이유를 강변하는 데 온 정력을 소비하고, 남의 의견에는 귀를 기울이지 않는다. 그런데 이때 왕 씨는 사람들의 의견을 경청하다가 유머로 말문을 연다. "전 우리가 사우나에 와 있는 줄 알았어요. 너무 뜨거워서요." 그런 다음, 양 측의 애기에 일리가 있다는 것을 칭찬한다. "A안을 내신 분은 이런 좋은 의도를 갖고 계신 것 같고요, B안을 내신 분은 우리가 생각지도 못한 의도를 갖고 계신 것 같아요." 그러고는 마지막으로 "둘 다 좋은 의도인데, 상호 만족할 수 있는 좋은 방법을 찾아내야 할 것 같은데요, 제 생각으로는…" 하고 절충안을 제안하는 식으로 이야기를 풀어나간다. 물론 양 측의 강경론자들은 속으로 이 사람을 얄미워하기도 한다. 그러나 대다수 사람들은 왕 씨의 예의 바른 말과 약간의 유머러스한 행동에 공감을 표하게 된다.

엄밀하게 말하자면, 실제 결론이 어떻게 나든 그건 왕 씨가 상관할 바가 아니다. 조직에서 최종 의사결정은 윗사람의 몫이라는 것을 분명하게 인식한다면 찬반 양측으로부터 인정받는 사람은 대다수에게 인정받는 것이고 결국 보스에게도 긍정적 영향을 미칠 수밖에 없다.

왕 씨의 균형 잡힌 처신이 타고난 것인지 노력의 결과인지는 알 수 없다. 사실 어디서 비롯된 것인가가 그리 중요한 것도 아니다. 중요한 것은 그가 자신의 가장 큰 경쟁력인 친화력을 아주 효율적으로 사용한다는 것이다. 왕 씨의 친화력은 자신의 단점인 학벌 콤플렉스도 극복할 수 있게 해주었다. 게다가 대다수 사람들이 자신을 경쟁자로 인식하지 않도록 처신함으로써 많은 동료들이 자신을 찾아와서 기댈 수 있는 공간을 만들어주었다. 세월이 지나면서 왕 씨에 대한 평판은 점점 좋아졌고 경쟁사에까지 그 이름이 알려지게 되었다. 반면 스포트라이트를 받으며 입사한 일류 대학 출신의 유능한 인재들은 잘난 척하다가 제 풀에 나가떨어지거나 타사로 이직하는 경우가 속출했다. 입사한 지 20년이 흘러 드디어 왕 씨는 기업의 별이라고 하는 임원으로 승진했다. 그리고 수많은 사람들의 축복 속에 지금도 그는 승승장구하고 있다.

학벌이 약하면 친화력을, 그것도 약하면 한 분야의 전문성을, 그것도 아니면 끈질기게 버티는 능력을, 그것도 아니면 뭔가 남과 다른 능력을 스스로 개발해야 한다. 제일 위험한 사람이 이것도 중간 저것도 중간이라 특별한 색깔도 능력도 없어 보이는 사람이다. 나쁜 보스의 눈 밖에 나는 사람은 이처럼 어중간한 사람이다.

나쁜 보스의 '밥'이 되는 경우는 다음 네 가지 경우에 해당된다. 세상 물정 모르는 순진한 사람, 타고난 기가 약해 상대방의 지배 본능에 희생당하는 사람, 변화무쌍한 이해관계를 따라 잡지 못하는 사람, 남이 도저히 따라오지 못하는 최소한의 능력도 없는 사람이다. 이 중에 두 가지 이상의 특성을 가진 사람은 보스의 '밥'이 될 확률이 두 배 이상 높아진다.

그림4 나쁜 보스의 '밥'이 되는 곱셈의 법칙

Part 2
Go With Bad Boss

나쁜 보스와 현명하게 공존하는 노하우

눈치 빠른 부하가 인정받는다

아무데서나 돌출 행동을 하고 누구 앞에서나 무례하게 말하는 사람은 결코 남과 공존할 수 없다. 보스가 처한 상황에 따라 다르게 접근하고 다르게 말해야 한다.

보스의 뒷담화에 휘말리지 마라

    믿거나 말거나 보스들은 부하들의 생각이 궁금하다. 그들이 무슨 생각을 하고 있는지 현재 업무에 만족하는지 보스의 스타일에 불만은 없는지 늘 촉각을 곤두세우고 산다. 보스는 부하들의 생각을 알아내기 위해 다양한 방법을 사용한다. 가장 쉬운 방법은 물론 대놓고 물어보는 것이다. 그러나 세상에 어느 바보가 보스 앞에 자기 생각을 있는 그대로 말하겠는가? 잘해야 있는 사실을 좀 미화시켜서 두루뭉수리로 이야기할 것이고, 대개는 그냥 빙그레 웃고 말거나 "글쎄요…." 하며 얼버무릴 게 뻔하다. 영리한 보스들이 이 사실을 모를 리 없다. 그래서 보스들이 즐겨 쓰는 방법은 부하들의 생각을 비밀리에 채집하는 것이다.

    한국처럼 회식문화가 발달한 나라에서 부하들의 생각을 알아내는 데 술자리만큼 적당한 장소는 없다. 요즘에는 많이 줄었다고 해도 우리나라 직장인들은 여전히 업무가 끝나고 나면 그들끼리 삼삼오오 모임을 갖는다. 오고 가는 술잔 속에 싹트는 동료 의식을 강조하면서, 부하들은 주거니 받거니 술잔을 건넨다. 그러다 보면 술김에 속에 있는 얘기가 자기도 모르게 나오게 되어 있다. 드라마 이야기로 시작된 술자리는 스포츠 이야기로 다시 정치 이야기로 이어져 공연히 핏대를 올리다가, 맨 마지막에는 가장 좋은 안줏거리가 등장한다. 보스에 대한 뒷담화가 시작되는 것이다. 술자리에서 나오는 보스 뒷담화는 사실에 기초하기보다는 으레 감정으로 변질된다. 사실은 과장되고 증폭되고 왜곡된다.

한 은행에서 있었던 일이다.

신도시에 입점한 지 1년도 안 된 그 지점은 비교적 부유층들이 모여 사는 그 지역에서 돈 많은 고객들을 유치해야 하는 목표를 부여받고 있었다. 이를 위해 지점장은 돈 많고 까다로운 고객들을 직접 만나 상담하는 한편, 고객들을 친절하게 응대하도록 행원들을 교육시키는 일도 소홀히 하지 않았다. 최근 본사에서 '해피콜'이라는 제도를 도입해 지점별로 고객 응대가 제대로 이뤄지고 있는지 체크하고 있다는 사실을 잘 알고 있었기 때문이다. 지난달에는 전국의 1000개 점포 중 980위라는 최하위 매출 성적까지 기록한 상태였다.

지점장은 어느 날, 전 행원에게 아침 7시 30분까지 출근하라는 지시를 내렸다. 그러고는 매일 아침 1시간씩 인사법부터 고객 배웅에 이르기까지 지점장이 직접 한 동작 한 동작 가르치겠다고 선언했다. 한 달간의 힘겨운 행군이 끝나던 날 저녁, 회식자리가 마련되었다. 자신이 대단한 일을 해냈다고 생각한 지점장은 "두고 보십시오. 이번 달에는 우리 지점 매출 순위가 500등 이내로 껑충 뛰어오를 겁니다. 다음 달에는 200등, 6개월 안에 반드시 100등 안에 들 거예요."라며 호기롭게 떠들어댔다. 그날 지점장은 식사를 곁들인 반주를 한 후에 다른 약속이 있다며 먼저 자리를 떴고, 나머지 행원들 중 대여섯 명은 따로 2차를 갔다.

행원들은 한동안 말없이 맥주를 홀짝거렸다. 잠시 후 민경진 씨가 투덜거리며 말문을 열었다. "난 도대체 이해가 안 돼. 해피콜 점수만 좋아서 뭘 하겠다는 거야? 돈 많은 노인네들이나 좀 모시고 오지, 지점장이 아침마다 요란 떠는 것도 꼴불견이고…." 권기정 씨도 맞장구를 쳤다. "내 말이 그 말이야. 어린 나이에 지점장이 되니까 세상에 무서운 게 없어. 저러다가 하루아침에 낙동강 오리알 되는 거 많이 봤지." 그러자 정우진 씨가 이들의 말을 제지하며 어딘가에서 들은 중요한 정보를 알려주었다. "야, 말 조심해. 그 얘기 들었어? 울 지점장 힘 있는 사람의 끄나풀이래." "힘 있는 사람 누구?" "척하면 몰라? 은행에서 제일 힘 있는 사람이 누구냐?" 다음 날 아침, 권기정 씨는 지점장의 호출을 받았다. "권기정 씨, 요즘 힘든 일이 많나 보죠?" "네에? 뭐…, 별로 없는데요…." 풀 죽은 목소리의 권 씨 얼굴은 시뻘겋게 달아올라 있었다.

보스는 당신이 뒷담화하는 것을 알고 있다. 위 사례처럼 믿었던 동료가 일러바쳐서 바로 아는 경우도 있고, 시간이 좀 지나서 아는 경우도 있다. "어떻게 알았지?"라고 묻는다면 당신은 이미 하수다. 중요한 것은

'어떻게?'가 아니라 '누가?'라는 점이다.

처음에 보스는 부하들이 자신에 대해 어떻게 생각하는지가 궁금하다. 그래서 마음 터놓고 속 시원히 이야기해보라고 대놓고 묻는다. 하지만 남들이 다 보고 있는 앞에서 그것도 보스에 관한 이야기를 마음 놓고 하는 사람은 없다. 대개 속마음의 반도 내비치지 않는 것이 보통이다. 그러다가 보스는 누가 자신의 업무 방식에 가장 반대할까 하는 의문을 갖는다. 시간이 갈수록 궁금증을 더해가던 중 우연한 계기로 결국 그 누군가를 발견한다. 그 누군가는 실제 가장 많은 뒷담화를 하는 사람일 수도 있고, 그렇지 않을 수도 있다. 보스의 눈에 가장 그럴 듯하게 보이는 사람이 바로 그 누군가다. 이제 문제는 쉬워졌다. 보스는 그를 휘어잡거나 찍어 누르면 문제는 해결된다고 생각한다.

나쁜 보스와 함께 살아가려면 우선 뒷담화에 휘말리지 말아야 한다.

다른 보스와 비교하지 마라

보스는 남과 비교되는 것을 싫어한다. 특히, 자신의 전임자와 비교해 어디가 좋고 어디가 나쁘다고 말하는 것을 듣고 싶어 하지 않는다. 비교되는 것이 싫어서 오히려 전임자와 다른 점을 부각하려다 보니 무리수를 두는 경우도 많다. 누구나 새로운 업무를 맡게 되면 뭔가를 보여주고 싶어 한다. 무능한 사람으로 보이기보다는 능력 있는 사람으로 비춰지길 원

한다. 전임자보다 자신이 더욱 그 자리에 잘 어울리는 사람이라는 얘기가 듣고 싶다. 그러자면 전임자가 하지 못했던 일에 집중하게 되고, 전임자가 잘못했던 일을 부각시키게 된다. 결국 전임자가 진행해온 일은 부정당하기 쉽상이고 전임자가 해놓은 일이 잘못되었음을 증명할 수 있는 근거를 찾는 데 시간을 허비하게 된다. 문제는 그 즈음에 발생한다.

보스는 떠나도 그와 함께 일을 진행한 직원은 남는다. 그들은 자신들이 추진해온 업무에 나름대로 타당한 이유가 있음에도 불구하고 새 보스가 문제점만 부각시키니 마음이 편할 리가 없다. 대놓고 불평하지는 못하지만 은근히 전임 보스와 현재 보스를 비교하는 마음이 고개를 든다. "전임 보스는 우리가 하는 일에 일일이 간섭은 하지 않았는데, 이번 보스는 모든 걸 자기 맘대로 하려고 해. 이래가지고서야 어디 일할 맛이 나나."

생각은 생각으로 그치지 않는다. 언젠가 행동으로 표출되는 법이다.

어떤 컴퓨터 회사의 구매부서에서 발생한 일이다.

컴퓨터는 크고작은 부품을 구매하여 조립하는 제품이므로, 질 좋은 부품을 값싸게 사오는 업무가 대단히 중요했다. 전임 보스인 신용국 팀장은 부품을 공급해주는 협력업체를 직접 찾아다니며 물건을 사와야 된다고 믿는 사람이었다. 신 팀장은 틈만 나면 업체를 찾아다니며 생산 현황을 점검하고 수급 물량이 제때 공급될 수 있는지를 체크하며 적정한 시기가 되면 가격 협상을 새로 하자고 제안하는 편이었다. 팀장이 발로 뛰니 선임과장이나 대리들도 현장에서 일하는 것이 체질화되어 있었다. 그런데 신 팀장이 인사이동으로 인해 영업부서로 옮겨가고, 회계팀장이었던 오지강 팀장이 구매팀장으로 오게 되었다.

오 팀장은 신 팀장과는 생각이 전혀 다른 사람이었다. 부임한 후 그가 한 첫마디는, 앞으로 꼭 필요한 경우가 아니면 협력업체에 직접 찾아가지 말라는 것이었다. 그 이유는 협력업체와 지나치게 밀착될 경우에 향응 제공이나 금품 수수 등 업계로부터 부정한 사건에 휘말릴 소지가 있다는 것이었다. 더구나 필요할 때 가격을 후려쳐야 하는데, 너무 친한 사이가 되면 가격 협상을 마음대로 할 수 없는 처지가 된다고도 했다. 신임 팀장은 회사와 협력업체와의 사이는 적절한 거리를 유지하는 것이 중요하다는 신념을 가지고 있었다. 이때 다혈질의 명중관 과장이 오 팀장을 찾아가서 상담을 청했다. "팀장님, 얼마 전까지만 해도 매주 업체 방문을 하고 다녔는데요. 신 팀장님처럼 방문하도록 허용하는 것이 더 낫지 않을까요?" "일전에 그게 왜 안 좋은 방법인지 제가 설명했지 않습니까?" "업체도 불편해하고, 우리 직원들도 다들 불편해합니다. 과거 방식이 낫다고 해요." "그래요? 그래도 내가 팀장이니까, 시키는 대로 하는 게 좋을 겁니다." 대화는 어색하게 끝이 났다.

새로운 업무에 적응해야 하는 것처럼 새로운 보스에게도 적응할 줄 알아야 한다. 보스는 본능적으로 자신이 전임자와 차별화되는 존재임을 인정받고 싶어 한다. 그래서 뭔가 다르고 뭔가 새롭고 뭔가 독특한 방식을 찾아내는 것이 그의 존재 이유가 된다. 반대로 과거 방식에 익숙한 직장인들은 영문도 모른 채 새로운 팀장이 원하는 방식으로 끌려다니는 것에 본능적으로 거부감을 갖는다. 좋은 것은 계승하고 필요한 부분만 개선하면 좋겠지만, 새 보스의 니즈를 재빨리 파악하지 못하면 둘 사이에 심각한 커뮤니케이션 장벽이 생겨버린다. 이렇게 되면 보스는 아랫사람들이 자신과 전임자를 비교한다고 여기며, 전임자를 선호하는 이들에게 섭섭한 마음을 갖는다. 반대로 직원들은 자신들의 입장은 덮어놓고 무조건 자기 방식만을 강요하는 신임 보스가 야속하다.

이런 상황이 지속되면 보스는 옳은 방법보다는 쉬운 방법을 선택한다. 가장 눈에 띄는 반대자를 처벌하는 방식으로 문제를 해결하려고 하는 것이다. 윗사람들은 대개 맨 앞에 선 반대자를 제압하면 나머지 사람들은 쉽게 따라오게 된다고 믿는다. 반대자를 제압하는 방법은 수만 가지가 있다. 결재를 반려하는 것, 공개적으로 반대자의 발언에 제동을 걸거나 비판하는 것, 인사고과를 나쁘게 매기는 것, 다른 부서로 전출을 보내는 것 등등 마음만 먹으면 보스는 거의 모든 일을 해낼 수 있다.

만일 당신이 직장 내에서 독립운동을 하는 것이 아니라면, 현재 함께 일하는 보스를 다른 보스와 절대 비교하지 마라. 어린아이도 옆집 아이와 비교당하는 것을 싫어하는 마당에 당신의 보스가 결코 좋아할 리 없다.

유능함을 앞세워 보스를 위협하지 마라

사실 나쁜 보스들이 내심 가장 두려워하는 것이 있다. 능력 있는 후배들이 자꾸 치고 올라오면서 자신의 자리를 위협하는 것이다. 정보통신 기술이 발달하기 이전에 자신들이 가졌던 장기는 점점 쓸모없는 것이 되어가고 있다. 불과 20년 전에는 보고서 하나를 작성하려고 해도 자(尺)가 필요했다. 동그라미, 네모, 타원형을 자로 그리던 시절이 있었다. 파워포인트가 보급되기 전에는 글자를 타이핑한 후에 보고서에 그림을 잘 그려 넣는 것이 능력이었고, 보스가 퇴근하기 전에는 밤늦게까지 기다리며 다음 지시를 기다리는 것이 일반적인 문화였다.

그런데 최근 10년 이내에 입사한 부하들은 칼 퇴근을 어려워하지 않는 것은 물론이고, 뛰어난 외국어 실력에 엑셀 등 통계 패키지를 다루는 데도 매우 능숙하다. 정보통신 기술에도 밝아서 스마트폰, 블로그 사용은 기본이고, 트위터를 통해 언제 어디서나 필요한 정보를 실시간으로 주고받는다. 특히, 미국에서 MBA 학위나 박사학위를 받은 사람이 바로 자기 밑으로 입사하면 여간 신경이 거슬리는 게 아니다. 유창한 영어 실력으로 외국인 바이어 접대를 도맡아 하고, 하루가 멀다 하고 중역회의에 불려다니는 통에 중요한 정보를 보스보다 더 많이 알고 있다. 언제 자리를 내줘야 할지 모르는 상황이다. 그런데 보스가 이런 위협을 느끼는 순간이 부하들에게는 가장 위험한 순간이다.

여기 성공 사례가 하나 있다.

모 증권회사에 대리로 다니다가 중도에 그만두고 자비로 미국에서 MBA 학위를 취득하고 돌아온 강주식이라는 사람이 있었다. 귀국하기 전 그는 전 직장인 A사로 돌아갈 것인가 아니면 영입 제의를 하는 B사로 입사할 것인가를 두고 고민하다가 B사로 가기로 결심했다. A사에는 아무래도 아는 분들이 많아서 좋은 점도 있었지만, MBA 취득 후 자신의 달라진 위상을 시기하는 사람도 많을 것이라는 우려를 고려했기 때문이다. 강주식 씨는 대부분 과장에 머물러 있는 동년배보다 높은 직급인 차장으로 발탁되어 당시로서는 가장 잘나가던 선물거래, 옵션과 같은 파생상품을 연구하는 부서로 발령을 받게 되었다. 미국에서 따끈따끈한 신지식을 배워왔다는 이유로 그는 틈만 나면 중역회의에서 브리핑을 해야 했고, 신문 기자들 인터뷰에도 전담으로 불려 다녔다.

그렇게 정신없이 살아가던 어느 날, 강 차장은 자신의 보스가 몹시 불편해한다는 사실을 발견했다. "강 차장은 우리 부서 사람인지 중역실 비서인지 분간이 안 돼. 부서 회의를 하려고 해도 자리에 있는 날이 거의 없으니, 아예 비서실로 자리를 옮기지 그래?" 하며 보스가 노골적으로 불만을 표현한 것이다. 강 차장은 머리를 한방 얻어맞은 기분이었다. 회사를 위해 열심히 한다고 이리저리 뛰어다녔는데, 정작 보스는 불만이 가득 차 있었던 것이다.

눈치 빠른 강 차장은 입장을 정리할 필요를 느끼고, 우선 인사팀장에게 면담을 요청했다. 그리고 입사한 지 6개월이 지났으니 자기 본연의 업무에 충실해야 한다고 강조하며, 중역회의 브리핑이나 언론사 대응은 대체 인력을 찾아보는 것이 더 좋겠다는 입장을 전달했다. 난감한 표정을 지으며 "무슨 일이 생긴 거냐?"고 묻는 인사팀장에게 강 차장은 파생상품 연구에 좀 더 몰입하는 것이 전공에도 잘 맞고 회사에도 더 큰 도움이 되는 길이라고 대답했다. 그리고 언론사는 홍보부서에서 준비해서 직접 대응하고, 중역회의 보고는 팀장들 선에서 진행하는 것이 좀 더 신뢰감이 있을 거라고 덧붙였다. 필요하다면 회의 자료 작성은 본인이 도울 수 있지만, 중역회의 보고는 부담스럽다고 거듭 강조한 끝에 결국 강 차장의 제안은 모두 채택되었고, 결과적으로 그의 입지는 훨씬 넓어졌다. 팀장이 강 차장을 대하는 태도는 완전히 달라졌고, 강 차장은 능력 있으면서도 겸손한 사람으로 평가받았다. 게다가 자신을 견제하는 사람들이 대폭 줄어들었다는 것도 느낄 수 있었다.

보스는 물론 유능한 부하를 좋아한다. 그러나 그것은 어디까지나 자신을 위협하지 않는 범위 내에서 좋아하는 것일 뿐이다. 자신의 유능함을 믿고 보스들을 위협했다가는 언제 어떤 불이익을 당할지 알 수 없다. 위협을 느낀 보스가 뒤에서 어떤 행동을 할지 예측할 수 없기 때문이다. 보스들 앞에서 겸손해야 하는 이유가 바로 여기에 있다. 자신을 낮추고 겸손함을 유지하며 살다보면, 언젠가 기회는 저절로 찾아오게 되어 있다.

옛말에 "장강의 뒷 물결은 앞 물결을 밀어내고(長江後浪推前浪), 세상의 새사람은 옛 사람을 바꿔친다(世上新人換舊人)."고 했다. 때가 올 때까지 잠시 기다리는 지혜가 필요하다. 보스를 위협하지 않아야 그와 동행할 수 있다.

눈치지능을 발휘하라

우스갯소리긴 하지만 지능(IQ)보다는 감성(EQ), 감성보다는 잔머리(JQ)가 세상살이에 더 도움이 된다는 속어가 있다. 그냥 웃어넘기기에는 분명 일리 있는 구석이 있다. 요즘에는 좋은 대학을 나와 좋은 직장에 취직을 해도 앞날이 보장되지 않는다. 좋은 대학을 나오면 지능이 좋고 지식이 많은 것으로 인정받을 수는 있어도 세상살이에서 맞닥뜨리는 문제들을 잘 풀게 되는 것은 아니다. 의사, 변호사 같은 전문직이라고 해도 혼자서 해결할 수 있는 문제는 거의 없다. 세상에 의사, 변호사가 어디 한둘인가. 누군가 나의 능력을 알아줘야 하고, 누군가 나를 도와줘야 의사, 변호사로도 성공할 수 있다.

하물며 전문직이 아닌 일반 직장인의 경우는 더욱 복잡하다. 대기업에 취직해도 기쁨은 잠시다. 제아무리 잘났어도 수많은 직장인 중 한 명일뿐이며, 경쟁을 뚫고 성공하려면 입사 후에도 수많은 관문을 통과해야만 한다. 어떤 분야에 대해 남들보다 조금 더 아는 것이 처음에는 도움이 될지 모르지만, 그 다음에는 사실상 무용지물이다. 아래위로 자기 사람을 많이 만들어두지 않으면 혼자서는 절대로 성공할 수 없는 곳이 직장이다. 그래서 감성지능이 중요하고, 심지어 잔꾀를 잘 부리는 능력이 중요하다는 의미다.

잔꾀나 잔머리라고 하면 왠지 냉소적이고 부정적인 느낌이 들어서 그냥 웃어넘기게 된다. 마치 잔머리를 굴리는 것은 나쁜 짓인데, 그런 나쁜 짓을 일삼는 사람이 성공한다는 뉘앙스가 들어 있다. 사실은 반대로 생각해야 한다. 때에 따라(Time), 장소에 따라(Place), 상황에 따라(Occasion) 적절한 언행을 구사하는 것은 정말로 중요한 사회적 능력이다. 그래서 필자는 JQ라는 부정적 의미로서가 아니라 NQ라고 하는 긍정적 의미로 사용하고 가르치고 배워야 한다고 생각한다. NQ란 눈치(Nunchi)지능, 또는 네트워크(Network)지능으로 다른 사람들과 더불어 살아간다는 의미에서 공존지능으로 불러도 무방하다. 강조하고 싶은 것은 자신이 처한 때와 장소와 상황에 따라 적절한 말과 행동을 할 수 있어야 한다는 것이다. 아무 데서나 돌출 행동을 하고 누구 앞에서나 무례하게 말하는 사람은 결코 남과 공존할 수도 함께 갈 수도 없다.

나쁜 보스와의 관계에서도 마찬가지다. 보스가 어떤 스타일이든 관계없이, 부하는 때와 장소와 상황에 맞게 행동하는 법을 배워야 한다. 공식 회의 석상에서 보스의 의견에 대놓고 반대하는 언행을 하는 것은 적절한 타이밍(Time)을 못 잡은 것이다. 보스의 처신이 잘못되었거나 부당하다고 느꼈다면 개인 면담을 통해 자신의 의견을 진솔하게 밝히는 것이 옳다. 또한 회식 자리(Place)에서 보스의 뒷담화를 하거나 술에 취한 김에 보스에게 불평불만을 털어놓는 것 또한 장소를 잘못 선택한 것이다. 회식 자리는 부서원들 간의 관계를 돈독하게 만들기 위해 마련한 자리지 불평을 토로하는 자리가 아니다.

팀 회의나 워크숍에서 침묵을 지키는 것 또한 경우에 맞지 않다. 머리를 맞대고 문제를 찾아내고 원인을 분석하고 해결책을 찾아내기 위해 마련한 상황(Occasion)에서 꿀 먹은 벙어리처럼 가만히 있는 것은 '거부하는 사람'으로 비춰진다. 마음속에 불만을 가득 담고서 '침묵하면 중간은 간다.'고 생각한다면 큰 오산이다. 상대의 마음을 다치게 하지 않으면서도 자신의 생각을 적절하게 표현하는 것이 NQ가 높은 사람이다.

나쁜 보스와 동행하기 위해서는 '눈치' 있게 행동해야 한다. 보스가 가장 중요하게 생각하는 것이 무엇인지 모르고 행동해서는 안 된다. 심지어 보스가 중시하는 것이 나와 무슨 상관이냐고 묻는 사람은 실패가 예정된 사람이다. 눈치 있게 행동하기 위해서는 때와 장소와 상황에 따라 어떤 언행을 할 것인지를 알아야 한다. 결재를 받을 때와 회의를 할 때가 달라야 한다. 보스의 집무실과 식사 장소에서 해야 할 행위도 각각 달라져야 한다. 마찬가지로 보스가 처한 상황에 따라 다르게 접근하고 다르게 말해야 한다. 그래야 나쁜 보스와 공존할 수 있다.

일만 잘하는 바보가 되지 마라

마흔을 넘어서까지 아무 생각 없이 일만 해서는 곤란하다. 세상 돌아가는 분위기도 알아야 하고 변화에 적절하게 대응할 준비도 해야 한다.

보스가 어려워하는 일을 대신 처리하라

중국 진나라 예양(豫讓)의 고사에 이런 구절이 있다. "남자는 자기를 알아주는 사람을 위해서 목숨을 바친다(士爲知己者死)." 누군가로부터 인정받고 싶어 하는 욕구는 동서고금, 지위고하를 막론하고 동일하다. 보스라고 다를 리 없다. 언뜻 이해가 안 될지 모르지만, 보스도 아랫사람으로부터 인정받고 싶은 욕구가 매우 강하다. 아랫사람으로부터 인정받는다는 것은 자신이 능력 있는 사람이라는 뜻이고, 그것은 보스에게 굉장한 자신감을 심어주기 때문이다. 따라서 자기를 알아주는 부하를 위해 목숨까지 내놓지는 못해도 그 부하를 끝까지 보호해주려고 애쓸 수밖에 없다.

보스를 알아주는 방법에는 여러 가지가 있다. 업무 지시에 순종하는 방법도 있고, 어렵고 복잡한 업무를 앞장서서 해결해주는 방법도 있다.

때에 따라서는 업무 외적인 일을 떠맡아주는 것이 더욱 결정적인 역할을 한다는 사실도 알 필요가 있다.

최근 손보기 군이 실제로 겪은 일이다.

손보기 군이 모시는 회사의 중역들 중에는 자녀의 성적 문제로 고민하는 사람이 한둘이 아니었다. 그들은 모두 이름만 대면 알 만한 국내 최고의 명문대를 졸업했거나, 외국에서 박사학위를 받아온 수재들이었다. 그런데 공교롭게도 그들의 자녀들은 하나같이 성적이 기대에 못 미쳐 서울 시내에 있는 대학을 진학하기 힘들었다. 이런 경우, 대개 중역들은 본인들의 자존심 때문에 자녀들을 그냥 내버려두지 못한다. 그래서 국내 명문대 입시에 실패하면 부랴부랴 유학원을 통해 외국 대학을 알아보고, 추천서를 받아 유학을 보내는 등 야단법석을 떨게 된다. 그런데 강남에 있는 유학원이라고 해도 좋은 대학을 추천하는 능력이 천차만별이기 때문에 유학원만 믿고 맡길 수도 없다.

할 수 없이 손 군이 추천서를 직접 쓸 수밖에 없는 상황이 된 적이 있었다. 추천하는 사람은 계열사 사장인데, 영어 추천서를 손 군이 직접 써서 부모에게 서너 차례 보여준 뒤 사장에게 보내니 곧바로 서명이 되어 돌아왔다. 영어로 작성된 다른 서류들도 꼼꼼히 살펴 추천서와 함께 몇 개의 미국 대학에 지원서를 넣는 일도 손 군의 몫이었다. 얼마 후 두 곳에서 합격 통지서가 날아왔다. 이 소식을 들은 보스는 뛸 듯이 기뻐했다. 하버드나 예일처럼 최고의 명문대학은 아니었지만, 웬만큼 이름 있는 주립대학에 보낼 수 있게 되어 한시름 덜었다는 것이다. 앞으로 좋은 대학원으로 편입시키기만 하면 더 이상 걱정은 없다고 했다.

그 일이 있은 후 손 군은 수십 명에 달하는 사내 중역들의 호출을 받고 한동안 추천서 쓰는 일을 도맡아 했다. 어떨 때는 자신의 본업이 무엇인지 헷갈릴 만큼 중역 자녀들의 유학 상담, 추천서 쓰기, 서류 챙기기, 미국 대학과 연락하기 등에 더 많은 시간을 할애했다. 그 덕분에 회사 내에서 그를 모르는 중역들은 거의 없었고, 이름이 알려진 덕분에 회사업무도 훨씬 수월해지게 되었다. 또 보스가 그를 함부로 대하는 일도 없어졌을 뿐 아니라, 심지어 은연중에 인사상의 우대를 해주는 일도 생겨났다.

어떤 이는 이 이야기를 듣고 분개할지도 모르겠다. 직장이 공사 구분도 없는 자기 집 안방이냐고 따져 물을 수도 있다. 맞는 말이다. 직장은 공과 사가 정확히 구분되지 않는 곳이다. 엄밀하게 적용되는 경우도 있지만 그렇지 못할 때가 많다는 사실을 인정해야 한다. 부하가 직장 보스의 애완견 음식까지 챙겨야 한다는 보도가 있을 정도니 유학 상담쯤은 양반에 속한다. 직장이 업무만 하는 곳이라는 생각도 위험하다. 직장은 업무 이전에 여러 사람이 모여 사는 생활공간이다. 일을 통해서만 관계가 형성되는 곳도 아니요, 일로만 능력을 평가하고 승진을 결정하는 곳도 아니다. 대개 능력과 업적으로 승진을 결정한다고는 하지만 단 1, 2점 차이로 인사의 향방이 갈리는 것을 고려해볼 때, 보스와 업무 외적인 관계를 형성해 점수를 미리 따고 들어간다면 게임은 시작하기도 전에 끝난 것이나 다름없다.

나쁜 보스와 동행하기 위해서는 내 일만 신경 써서는 안 된다. 보스의 입장과 형편을 세심하게 살펴서 쉽게 부릴 수 있는 수족처럼 처신해야 한다. 공과 사를 지나치게 엄격히 적용해서도 안 된다. 윤리적으로 문제만 되지 않는다면 자신의 능력으로 도울 수 있는 일은 돕는 것이 이롭다. 보스가 당신을 자기를 알아주는 부하로 인식하기만 하면 보스도 당신에게 반드시 보은하려고 할 것이다. 세상에 공짜는 없다.

보스의 인맥을 파악하라

"친구를 보면 그 사람을 안다(A man is known by the company he keeps)."고 했다. 보스가 어떤 사람들과 교류하고 있는지를 알면 보스를 알 수 있다는 얘기가 된다.

우선 사내 인맥이 있다. 어떤 부류의 사람들과 골프 모임을 자주 가는지, 또는 어떤 사람들과 의견을 같이하고 어떤 사람들과 의견을 달리하는지를 아는 것도 중요하다. 직장을 움직이는 것은 어차피 소수의 집단이다. 어떤 계기를 통해 뭉쳤는지는 중요하지 않다. 그것이 지연이든 학연이든, 또는 전 직장에서 함께 근무했던 사람들의 모임이든지 간에 여론을 만들어내고 이끌어가는 주체가 누구인지를 알면 회사의 방향이 어디로 흘러갈지가 보이는 법이다.

직장에서 주류에 편입되지 못한 보스를 모시게 된 한가한 군의 이야기다. 한 군은 보스의 지시에 따라 장애인 복지사업을 진행한 적이 있었다.

장애인들을 서울 근교의 연수원으로 초청해 사업설명회도 갖고, 장애인의 사회 적응을 돕기 위한 세미나도 열었다. 그런데 점심 식사 후, 강의실로 이동하던 한 장애인이 계단에서 굴러 떨어지는 사고가 발생했다. 긴급히 인근 병원으로 후송해 응급처치를 한 덕분에 사고는 곧 수습되었고, 환자도 발빠른 대처에 감사를 표하고는 집으로 돌아갔다. 한 군은 안도의 숨을 내쉬며 보스에게 모든 일이 순조롭게 잘 마무리되었음을 보고했다. 그런데 이상하게 보스가 트집을 잡기 시작했다.

"마무리가 잘 되었다니 다행이지만, 애초부터 우리 연수원에서 장애인 복지사업에 대한 정책 설명회를 한 것부터가 잘못된 일입니다. 우리 회사 연수원이 장애인 편의시설이 거의 없는 곳 아닙니까? 휠체어 하나 지나다닐 곳도 없어서 보호자가 꼭 붙어서 보살펴야 되고, 전용 화장실이 없는 것은 물론, 제대로 된 엘리베이터나 있습니까? 이만한 사고로 끝났으니 다행이지, 만일 더 큰 사고가 일어났으면 어쩔 뻔했어요. 적어도 몇 명은 모가지가 잘렸을 겁니다. 이번 행사를 거기서 해야 한다고 주장한 사람을 문책해야 하는 것 아닙니까?"

마치 무사히 끝난 것이 다행이 아니라 불만이라는 태도였다. 그러고 보니 보스와 연수원장 사이가 보통 나쁜 것이 아니라는 소문을 들은 것 같았다. 서울에서 불과 30분 거리에 있는 연수원에서 장애인 복지사업 설명회를 하는 것이 좋겠다고 주장하던 연수원장의 모습도 문득 떠올랐다. 교육과 복지는 사회 환원이라는 측면에서 한 몸이라며, 회사 이미지를 한순간에 드높일 수 있다고 목청을 높인 사람도 연수원장이었다. 이제야 전체 그림이 보였다. 보스와 연수원장 간의 관계를 제대로 인식하지 못한 탓에, 보스가 아닌 연수원장의 말에 동조한 것이 화근이 되고 말았다. 그동안 보스가 왜 자신에게 못마땅한 태도를 취했는지도 분명해졌다. 하마터면 연수원장은 물론 자신까지 책임 추궁을 받을 뻔했다는 생각을 하니 아찔했다.

보스의 사외 인맥을 알아두는 것은 여러모로 필요하다. 동창회나 향우회 같은 알아내기 어려운 사적인 모임도 있지만, 조금만 신경 쓰면 금방 알 수 있는 모임도 있다. 예를 들어, 각 산업별 협의체 같은 모임이다. 우리나라에는 업종별로 수많은 협회들이 활동하고 있다. 정보통신, 반도체, 조선, 자동차와 같은 기간산업은 물론이고 소프트웨어나 이러닝 산업처럼 중소규모 산업의 협의체도 수십 개에 이른다. 일반적으로 단일회사가 추진할 수 없는 국책사업을 협의체를 통해서 성사시키기도 하고, 산업 전체의 이익을 극대화하기 위해 대정부 로비를 벌이는 일도 협의체에서 담당한다. 그런 측면에서 업계에서 활동하는 사람들과의 인적 네트워크는 여러 모로 편리하다. 경쟁사의 정보를 쉽게 얻어낼 수도 있고 정부 정책에 영향력을 미치거나 정책의 변화를 빨리 읽어낼 수도 있다.

보스가 어떤 정보를 어떻게 입수하고 있는지를 아는 것은 중요하다. 그리고 어떤 인적 네트워크를 통해 어떤 생각을 발전시켜 나가고 있는지를 아는 것은 더 중요하다. 보스의 생각을 빨리 읽을 수 있다면 이미 반은 성공한 셈이다.

가끔은 허점을 보여라

너무 완벽해 보이는 것도 때로는 흠이 될 수 있다. 자로 잰 듯이 행동해 인간미가 없어 보인다거나, 함부로 범접할 수 없다는 인상을 주어도 두 사람의 관계는 형식적이 되어버린다. 모든 인간관계가 그렇듯이, 능력 없는 사람과는 잘 지낼 수 있어도 재미없는 사람과는 오래가지 못한다.

지금은 중국에서 사업을 하고 있는 친구 조신한의 이야기다.

조신한은 첫 직장에서 경리부서 일을 맡게 되었다. 원래부터 강직한 성품을 자랑하던 사람인지라, 거래처에서 보내오는 수건이나 달력조차 그대로 돌려보내곤 했다. 심지어 작은 케이크를 사 들고 온 거래처 여직원에게 "이런 것 사올 시간 있으면 일이나 똑바로 해."라며 면박을 준 통에 여직원이 그 자리에서 울음을 터트린 일이 있었을 정도로 그는 옹고집 경리직원으로 소문나 있었다. 사실 원칙과 정도대로 일을 처리하겠다는 그의 고집에 이의를 제기하는 직원은 없었다. 그 덕분에 누구에게나 믿음직한 직원으로 인식되기까지 했다. 당연히 조신한의 보스도 그를 신임하는 편이었다.

그런데 사업을 하기 위해 5년 정도 다닌 회사를 그만두게 되었을 때, 조신한은 직원들의 뜻밖의 반응에 당황하지 않을 수 없었다. 다른 부서 직원들이 만세를 불렀다는 것이다. 대놓고 말은 못했지만 고집불통 경리직원이 퇴사한다는 사실에 많은 사람들이 숨통이 다 트인다며 반색을 했다는 소문에 그는 몹시 민망한 기분이 들었다. 더구나 자신을 신임하는 줄 알았던 보스조차도 "고생했네. 돈 벌면 연락하게."라며 망설임 없이 그의 사표를 수리해주었다. 퇴사 이후 조신한은 전 직장 동료 그 누구와도 연락하고 지내지 않는다고 했다. 물론 연락해오는 사람도 없었다. "세상인심이 참 특이하지?" 조신한이 씁쓸한 듯 나를 찾아와 말했다.

원칙을 강조하고 지키려고 노력하는 사람은 참 믿음직하다. 적어도 현직에 있는 동안은 모두 그를 칭송한다. 이성적으로 판단해보면 다 옳은 말이니 누구나 그의 의견을 순순히 인정한다. 그런데 문제는 그가 현직을 떠나면 사람들이 묘한 해방감을 느낀다는 것이다. 그가 올바른 사람이라는 기억보다는, 그가 주장했던 원칙 때문에 불편했던 기억이 먼저 떠오르는 모양이다. 인간은 겉으로는 이성적으로 행동하지만 속으로는 감정적으로 판단하고 행동하는 이중 잣대를 갖고 있는 것이다. 일반적으로 인간의 속성이 그렇다면 다시 한 번 생각해봐야 할 점이 있다. 의도적으로 허점을 보여야 할 때도 있다는 것이다.

내가 모시던 사장님 중에 아주 모시기 어려운 분이 계셨다. 항상 원칙 중심으로 업무를 판단하고, 의사결정 전에는 워낙 준비가 철두철미해서 한 치의 흐트러짐이 없었다. 애당초 농담을 걸기도 어려울 뿐더러 얼굴에서 뿜어져 나오는 카리스마 때문에 가까이 다가서기도 쉽지 않았다. 그런데 그분이 의도적으로 망가지는 순간이 1년에 딱 두 번 있었는데, 상반기 실적보고 후에 한 번, 하반기 송년 회식자리에서 한 번이었다. 그 자리에서 사장님은 폭탄주 몇 잔을 들이켜고는 느닷없이 개다리 춤을 추곤 했다. 이때를 제외하고는 항상 똑같은 표정에 똑같은 톤으로 말씀하시는 분이었다.

사장님이 은퇴하시고 나서 오비 모임을 나가보면 의외로 많은 사람들이 참석하는 편이었다. 모두들 사장님이 무섭기도 했지만 가끔 망가지는 모습을 보여주셨기 때문에 그나마 조금은 숨을 쉴 수 있었다며 너스레를 떠는 것이었다. 지금 생각해보면 사장님의 그런 우스꽝스럽지만 의도적인 행동이 직원들을 쉬어 가게 하는 원동력이 아니었나 싶다.

완벽해지려고 노력하는 사람을 나무랄 수는 없다. 원칙과 정도에 맞게 업무를 처리하려고 하는 사람을 잘못되었다고 나무라서도 안 된다. 문제는 머리로는 옳다는 것은 알면서도 마음으로는 불편하다고 느끼는 사람 심리다. 사람들은 원칙주의자를 어려워하며 가까이하고 싶어 하지 않는다. 그런 느낌을 내놓고 표현하는 사람도 거의 없다. 싫은 내색을 했을 때 사람들이 자신을 어떻게 볼까 두렵기도 하고, 어떨 때는 자신의 복합적인 감정이 어디서 오는지 자신조차 모르는 경우가 더 많다.

보스도 다르지 않다. 절차에 맞게 일을 처리해나가는 부하를 비난할 수는 없다. 한 치의 오차도 없이 경우에 맞게 일하려는 사람을 대놓고 야단치는 일은 더욱 어렵다. 하지만 보스도 인간인지라 그런 부하가 거북스럽다. 뭐라 표현하기는 어렵지만 허점을 보여주지 않는 사람에게 다가가기는 정말 어렵다.

무조건 일만 하는 사람은 도태된다

"공부만 하고 놀지 않는 아이는 바보가 된다(All work and no play makes Jack a dull boy)."는 속담이 있다. 한 가지만 잘하면 되는 사람은 전 인구의 1퍼센트 미만이다. 그들은 이미 세계적인 반열에 올랐기 때문에 특별히 한눈팔지 않아도 잘 살아갈 수 있다. 그러나 99퍼센트에 해당하는 대부분의 사람들은 가끔씩 한눈을 팔아야 한다. 세상이 어디로 가는지도 알아봐야 하고, 지금 하는 일이 언제까지 경쟁력이 있을지도 따져봐야 한다. 세상의 변화에 맞춰 적절히 춤을 춰주지 않으면 바보가 되는 세상이다.

보스는 몹시 까다로운 사람이다. 일도 열심히 하길 바라고, 상황에 맞춰 말도 잘해주길 바라며, 동료들과 두루두루 원만하게 지내주길 바란다. 이왕이면 똑똑하면서도 유머가 풍부한 사람을 원한다. 뿐만 아니다. 때로는 보스의 기를 세워주어야 하지만 보스가 원할 때는 순종적인 태도를 보여야 한다. 사실상 이 모든 것을 다 잘하는 사람은 없기 때문에 그리 걱정할 필요는 없다. 간단히 말해 "나는 내 일만 열심히 할 것이고, 나머지는 신경 쓰지 않겠다."라는 인색한 태도만 갖지 않으면 된다. 그런데 세상에는 이런 사람들이 의외로 많다.

어떤 협회에서 만나서 알고 지낸 지 10년쯤 된 이한결이라는 친구가 있다. 이한결은 자기 업무 외에는 한눈팔지 않기로 유명했다. 열심히 하다보면 언젠가는 사람들이 알아주겠지 하고 생각하는 사람이었다. 자신이 목표로 한 업무를 모두 끝내지 않고는 퇴근하는 법도 없었다. 담배는 입에 대지도 않고, 술도 소주 두 잔 정도, 맥주는 500cc 이상을 마시지도 않았다. 모든 회식은 1차에서 끝내고 집으로 직행했다. 그렇다고 성격이 모난 사람도 아니어서 대화를 할 때는 항상 조용한 목소리로 천천히 말해 상대방을 배려하는 마음이 무척 깊었다. 업무 능력은 대체로 무난했다. 10년째 같은 일을 별 잡음 없이 수행해왔고, 모든 면에서 성실하고 적이 없었다.

지난 10년 동안 이한결은 다섯 명의 보스를 모셨지만 한 번도 인사 회오리에 휘말리지 않았고 무풍지대에서 안전하게 지내온 편이었다. 그러나 세상은 끝없이 변하는 법인지라, 이한결도 뭔가 특별한 역할을 해주기를 바라는 보스를 만나게 되었다. "남자가 말이야, 한번 저지를 때도 있는 법인데, 이한결은 어째서 항상 무난하기만 한지 잘 모르겠어. 한 번이라도 제대로 일을 해본 적이 있는 건가?" 기존의 업무 방식을 확 바꾸고 싶어 하는 일 욕심 많은 보스의 눈에는, 태생이 굼벵이처럼 느리고 모든 일에 항상 중간만 하는 이한결이 얄밉게만 보였다. 그래도 이한결은 보스가 그러거나 말거나 꿈쩍도 하지 않고 눈만 껌뻑거리며 듣기만 하는 타입이었다.

보스에게는 원래 선택할 수 있는 대안이 많은 법이다. 보스는 이한결보다 2년 늦게 입사한 후배 최승진을 발탁하여 팀장으로 승진시켰다. "어쩔 수 없죠."라고 말했지만 이한결 역시 불편한 마음을 숨기지 않았다. 당장은 그런대로 버틸 수 있지만 앞으로가 문제였다. 올라가지 못하는 것이 문제가 아니라, 후배들이 치고 올라와 자신이 설 자리가 없어지는 것이 문제였다. 우리나라처럼 연공서열이 중요한 나라에서 불과 얼마 전까지 후배였던 사람을 보스로 모셔야 하는 상황을 견뎌내는 것은 결코 쉬운 일은 아니다. 그러니 "어쩔 수 없죠."라며 무턱대고 버틸 수만은 없다. 적어도 그런 상황이 오기 전에 노력을 해야 한다.

마흔을 넘어서까지 아무 생각 없이 일만 해서는 곤란하다. 자신은 안전할 거라며 스스로를 속이고 안주하다가는 기회를 잃을 수밖에 없다. 현재 있는 곳에서 최대한 갈 수 있는 데까지 가는 것이 현명하게 처신하는 길이다. 부서 내 동료들과도 적극적으로 어울리고, 타 부서의 사람들, 타 회사의 사람들과도 만남을 가져야 한다. 뭘 바라서가 아니라 세상 돌아가는 분위기도 알아야 하고, 변화에 적절하게 대응할 준비도 해야 한다. 요즘은 흡연자가 많이 줄긴 했어도 남자들 사이에서는 여전히 담배 피우는 시간이 중요한 정보 교류의 장이 된다고 한다. 흡연자들끼리 어울릴 수 없는 형편이라면, 그들과 밥을 먹거나 술 한잔하는 시간 정도는 확보해야 할 일이다.

내 일만 잘하면 된다는 생각은 하루빨리 버릴수록 좋다. 30대 후반이나 40대라면 더욱 이런 생각을 가져서는 안 된다. 보스의 입장과 상황은 헤아리지 않고 열심히 내 일만 해서도 안 되고, 보스의 인맥에는 깜깜한 채 헛다리를 짚다가는 도태되기 십상이다. 완벽해지려고 노력하기보다는 융통성을 발휘하는 것이 좋은 인상을 남기는 데에 더 효과적이다. 자기 일만 열심히 하는 바보가 되어서는 안 된다는 사실을 명심하자.

충성심은 보스의 마음을 얻는 열쇠다

모든 보스는 충성하는 부하를 찾는다. 만일 지금의 보스에게 충성하지 않고 있다면 보스로부터 어떤 것도 기대하지 마라.

보스가 원하는 건 충성심이다

혼자서 하는 일이 아니라면 모든 일의 성패는 사람들과의 관계 속에서 이루어진다. 하루 이틀 하고 말 일이 아니라면, 모든 일의 성패는 사람들과의 신뢰 속에서 판가름 난다. 당분간 보스와 동행해야 하는 사람이라면 보스와 어떤 관계를 맺을 것인가, 보스로부터 어떻게 신뢰를 얻어낼 것인가를 고민해야 한다. 왜냐하면 이 관계의 질이 믿음을 결정하고 믿음은 곧 충성심으로 파악되기 때문이다.

잘못 생각하면 충성심을 봉건시대의 잔재쯤으로 폄하하기 쉽다. 과거 왕조 시대의 임금과 신하 관계에서나 있을 법한 충성심을 현대 사회에서 들먹이는 것 자체가 고리타분하게 들릴지도 모른다. 만일 이런 생각으로 조직 생활을 하는 사람이라면 십중팔구 실패는 예정되어 있다. 충성심은 과거에만 존재하는 특수한 개념이 아니라 모든 사회, 모든 인간관계에 존재하는 보편적인 원리라는 것을 반드시 알고 있어야 한다.

미국에서 심리학 박사학위를 따고 귀국한 홍이병 교수가 있다. 홍 교수는 상당히 잘생긴 외모에, 말투나 행동도 부드럽고 점잖아 여학생들에게 특히 인기가 많았다. 그가 맡고 있는 심리학 개론 수업에는 정원의 세 배가 넘는 학생들이 몰려 대형 강의실에서 수업을 진행해야 할 정도로 인기를 끌었다. 석사과정의 대학원생들도 홍 교수를 논문 지도교수로 삼고 싶어 줄을 이었다. 그런데 홍 교수에게는 자신의 제자로 삼을지 말지를 결정하는 기준이 하나 있었다. 그는 대놓고 자신에게 충성할 수 있는 사람인가 아닌가를 본다고 말했다. 자신이 가르치는 심리학 이론에 충실히 따르라는 것이라면 충분히 이해가 간다. 심리학에 관심을 갖는 사람들이 많아야 그 분야의 세력을 키워갈 수 있고, 그래야 학자들이 활동할 수 있는 범위도 넓어지기 때문이다.

그런데 홍 교수의 요구는 여기에 그치지 않는다. 그는 스승과 제자 사이에는 개인적인 영역까지도 공개하고 공유하며 배우고 지도해야 한다고 주장했다. 예컨대 홍 교수의 생일을 챙긴다거나 교수의 학회 활동을 직간접적으로 지원하는 것을 말한다. 진리를 탐구하고 세상의 이치를 밝혀내는 학문의 전당에서도 이런 일이 당연시되는데, 하물며 자신의 이익을 추구하는 일반 직장은 말할 필요도 없다. 대부분의 기업에서 자신이 모시던 보스가 승승장구하면 그 밑에서 충성을 다하던 사람들이 출세가도를 달리는 현상을 수도 없이 목격할 수 있다. 단순히 능력만이 중요한 성공 요인이 아닌 것은 두말할 나위가 없다. 충성심을 얼마나 보였느냐가 가장 중요하고 총 10개의 성공요인이 있다고 가정할 때 능력은 8, 9위 정도에 머물 것이다.

조금만 생각해보면 이는 당연한 이치다. 경쟁이 극심한 사회일수록 혼자만의 능력으로 이룰 수 있는 것은 거의 없다. 그렇다면 유능한 사람들이 자기를 지지해주어야 하는데, 유능한 사람들은 대체로 믿기 어려운 구석이 있다. 그들은 대개 자기주장이 강하고, 자기주장이 강한 사람은 어딘가에 소속되기보다는 단독 행동을 할 가능성이 높다. 보스들은 처음에 한두 번 유능한 사람들을 테스트해본다. 능력도 있고 충성심도 있으면 금상첨화다. 테스트 결과, 함께 일을 도모할 가능성이 없다고 판단되면 굳이 가까이할 이유도 없고, 그 사람을 키워야 할 이유는 더더욱 없어진다. 적당히 함께 일을 하다가 때가 되면 자연스럽게 헤어지거나, 도저히 묵과할 수 없는 이적행위를 하는 경우에는 가차 없이 밟아버리면 그만이다. 그런 다음 보스는 차선책을 찾아 나선다.

능력이 조금 부족하더라도 자신을 지지해주는 사람, 마음(心)에 중심(中)이 있고, 말(言)을 하면 반드시 이루려고(成) 노력하는 사람을 찾는다. '마음'과 '중심'을 합하면 곧 충(忠)이 되고, '말'과 '이룸'을 합하면 곧 성(誠)이 된다. 끝까지 자신을 배신하지 않을 충성을 다하는 사람을 얻는 것은 모든 보스들에게 필생의 업이 될 수밖에 없다. 충성이란 단어에 거부감을 가질 필요는 없다. 부모조차 모든 자식을 똑같이 예뻐하지 않는다. 더 살갑게 대하는 자식, 부모의 마음을 알아주는 자식, 부모를 절대 배신하지 않을 자식, 부모의 기를 세워주는 자식을 더 좋아하는 법이다.

중국 《진서(晉書)》에 '당돌서시(唐突西施)'라는 말이 있다. 서시는 월나라의 미인으로, 월나라 왕 구천이 오나라 왕 부차에게 패한 뒤 오나라에 공녀로 보내졌다. 오나라 부차는 서시의 미모에 현혹되어 국사를 돌보지 않다가 결국 구천에게 멸망했다고 한다. 서시가 월나라 왕의 마음을 미리 읽고 자진해서 오나라 왕에게 갔다고 하니, 단순한 미녀로 평가할 것이 아니라 월나라 왕 구천의 충직한 부하로 평가되어야 타당할 것이다. 따라서 '당돌서시'라는 말은 서시처럼 거리끼거나 어려워함이 없이 올차고 다부지다는 뜻으로, 감히 서시와 같이 재색을 겸비한 사람과 자신을 비교하지 말라는 겸손의 의미로 쓰인다. 서시처럼 미모와 지략, 보스에 대한 충성심을 겸비한 사람과 함부로 비교해서는 안 된다는 뜻이다.

모든 보스는 자신에게 충성하는 부하를 찾는다. 어떤 직장이든지 어떤 업무이든지 상관없다. 만일 지금의 보스에게 충성하지 않고 있다면 보스로부터 어떤 것도 기대하지 마라.

보스를 바꾸고 싶을수록 더욱 더 충실하라

어정쩡한 입장을 취하는 것보다 더 어리석은 행동은 없다. 현재 하는 업무에 충실해야 하듯이, 현재 모시는 보스에게 충실한 태도를 보이는 것이 가장 현명하게 사는 길이다. 그런데 문제는 지금의 보스가 싫어 자꾸 딴생각을 하게 되는 데 있다. 직장인의 90퍼센트 이상이 현재 보스에게 만족하지 못한다는 조사결과를 생각해보면, 대부분의 직장인들이 딴생각에 골몰한다고 보아도 무방할 것이다. 이렇게 되면 남의 떡이 커 보인다고 다른 부서의 보스가 더 좋아 보인다. 허한 마음을 달래려고 틈만 나면 다른 부서에 놀러 가서 기웃거리고, 상황이 조금 더 발전하게 되면 다른 부서의 보스에게 술 한잔 사달라고 조르는 현상도 벌어진다. 다른 부서의 동료들이 "다 똑같아. 우리 보스도 겉으론 좋아 보여도 한 성질 하는 사람이야. 조심해야 해."라고 말해도 귀담아듣지 않는다. 당장의 괴로움으로부터 벗어나는 것이 중요하지, 나중의 괴로움은 그 다음의 문제일 뿐이다.

여기저기 기웃거리다가 낭패한 사례가 있다.

영업 1팀의 어중간 과장은 자신의 보스와 몹시 불편한 관계에 있었다. 외롭고 허한 마음을 달래기 위해 옆 부서인 영업 2팀에 자주 들락거렸다. 어차피 같은 영업부서이니 하는 일도 비슷했고, 업무상 애로도 나눌 수 있었기 때문이다. 영업 2팀의 회식자리에도 스스럼없이 끼어들 정도로 좋은 관계를 유지한 것까지는 좋았다. 어느 시점부터 영업 2팀의 팀장에게 자신의 고충을 털어놓기 시작하면서 어 과장은 영업 2팀장과 급속히 가까워지게 되었다. 그러다 보니 영업 1팀의 문제를 거론하게 되고, 본의 아니게 현재 보스에 대한 불평불만을 털어놓으면서 은근히 영업 2팀으로 가고 싶다는 의사를 내비쳤다.

어떤 직장이나 영업 1팀과 영업 2팀은 불을 보듯 뻔한 경쟁 관계에 있다. 어 과장의 이런 행동이 영업 1팀장 귀에 들어가지 않을 리가 없다. 실제로 어 과장이 한 말은 사실보다 몇 배로 과장되고 왜곡되어 급속하게 퍼져나갔다.

어느 날, 영업 1팀장이 어 과장을 호출했다. "어 과장, 불만이 있으면 팀 내부에서 문제를 제기하고 해결할 생각을 해야지. 왜 다른 부서에 가서 떠들고 다니나? 대체 무슨 의도로 그러는지 이야기 좀 들어보지." "팀장님, 그게 그런 것이 아니라…." 뒤늦은 변명을 해봤자 화살은 이미 활을 떠난 뒤였다. 당황한 어 과장은 이 일을 어떻게 수습해야 할지 알 수 없었다. 고민 끝에 그는 영업 2팀장을 찾아갔다. "팀장님, 제가 난처한 입장에 처하게 되었는데요…, 빠른 시간 안에 영업 2팀으로 옮겨올 방법이 없을까요? 우리 팀장님과 함께 일하기가 점점 더 어려운 상황이 되고 말았어요." 어 과장의 간절한 부탁에도 평소 마음 좋게 이야기를 들어주던 영업 2팀장은 시치미를 뚝 떼며 말했다. "거 참, 딱하게 되었네. 이렇게 되면 우리 팀으로 옮겨 오기가 더 어려워지는 거야. 내가 대놓고 어 과장을 달라고 할 수가 없다는 얘기지. 자칫 잘못하면 내가 더 오해를 받게 돼." 어 과장이 설 자리는 더 이상 없었다.

그는 우선 자신의 보스에게 충실하지 못한 대가를 지불해야 했다. 보스는 번번이 어 과장에게 어려운 업무 처리를 요구해왔고, 어 과장은 매번 보스를 만족시킬 수 없었다. 영업 2팀장은 날이 갈수록 어 과장을 피하기 시작했다. 선약이 있다며 면담 요청을 묵살하기 일쑤였고, 정해진 약속조차 지키지 않았다. 어 과장이 육체적으로 정신적으로 무너져가는 것은 시간문제였다. 3개월 만에 체중이 7킬로그램이나 빠지고 걸핏하면 독감에 걸리고 만성위염에 시달리며 약을 먹어댔다. 얼마 후, 그는 조용히 회사를 정리하고 중소기업으로 전직했다.

조선시대 황희 정승이 중도를 지킨 유명한 일화가 있다.

여종들이 다툼을 벌이더니 서로가 억울하다고 호소했다. 한 여종의 이야기를 듣고 난 황희는 "네 말이 옳다" 하고 말하더니, 다른 여종이 억울함을 호소하자 "네 말도 옳다" 하고 말했다. 이를 지켜보던 한 측근이 물었다. "옳고 그름이 있을 텐데 어찌하여 둘 다 옳다고 하십니까?" 그러자 황희는 "네 말 또한 옳다." 하고 말했다고 한다. 황희의 원만하고 너그러운 성품을 잘 드러내는 일화가 아닐 수 없다. 하지만 이러한 성품은 그럴 만한 권한을 가진 보스만이 구사할 수 있는 것이다. 그러니 함부로 황희의 언행을 따라하다가는 큰코다치기 십상이다.

부하 된 사람이 이 보스도 옳고 저 보스도 옳다고 말하거나, 이 보스도 잘못되었고 저 보스도 잘못되었다고 말할 수는 없다. 정확히 말해, 말할 수는 있지만 말했다가는 손해를 보게 되어 있다. 그러니 노선을 바꾸겠다고 마음을 먹었더라도, 옮길 준비가 다 되기 전까지는 현재 업무에 충실하고 현재 보스에 충성하는 것이 현명한 처세법이다.

'고문관' 시절을 잘 견디면 기회는 온다

한두 번 인정받았다고 해서 그것이 영원히 지속되지는 않는다. 첫 관문을 무사히 통과한 것일 뿐 확실한 보증수표를 받은 것은 아니다. 보스의 마음에 들기 위해서는 참고 견디고 기다릴 줄 알아야 한다. 모든 일이 그렇듯 일이 풀려나가는 데는 최소한의 시간이 필요하다. 그리고 그 시간을 보내고 나야 '결정적 순간(A decisive moment)'이 찾아온다. 보스의 마음을 얻고, 보스에게 자신의 존재를 각인시킬 수 있는 기회는 누구에게나 있다. 인내할 여유만 있다면 반드시 그 기회를 잡을 수 있다.

직장에도 '고문관'이 있다. '고문관'이란 남자들이 군대에서 사용하는 속어로, 어리바리하고 엉뚱한 짓을 많이 해서 남에게 피해를 주는 사람을 일컫는 말이다. 고문관이 속한 부대는 그 고문관 때문에 단체 기합을 많이 받기 때문에 동료들이 그를 극도로 기피하고 싫어한다. 고문관은 대개 작업 이해능력이나 훈련 적응능력이 떨어져서 전체에게 막심한 피해를 준다. 동일한 현상이 직장에서도 벌어진다. 그런데 불과 10년 사이에 '고문관'에서 '유능한 임원'이 된 사례가 있다.

서울에서 공과대학을 졸업한 전화복 씨는 첫 직장에서 본사가 아닌 공장으로 발령을 받았다. 그런데 품성은 착하지만 행동이 굼뜬 그는 공장에서 완전히 천덕꾸러기 신세였다. 명색이 대학을 나왔다는 사람이 책만 봐서 그런지 도무지 손재주가 없었다. 작업 라인을 돌리고 기름 치고 하는 데 도가 튼 기능공들 눈에 전화복은 완전히 숙맥이었다. 기계를 잘 모르는 것은 이해한다 치더라도, 대학 나온 사람이 말도 조리 있게 할 줄 모르고 신입사원답게 톡톡 튀는 새로운 아이디어를 갖고 와서 제안하고 시행하는 일도 한 번 없으니 답답한 노릇이었다. 상황이 이렇다보니 사람 잘못 뽑았다는 소리가 여기저기서 터져나왔고, 전화복은 매일같이 보스에게 불려가 혼쭐이 났다.

전화복은 공장에서 보낸 3년이 마치 30년처럼 느껴질 정도로 스트레스를 많이 받았다고 한다. 3년이 지나고 드디어 본사로 발령을 받으면서 전화복에게도 기회가 찾아왔다. 공장보다는 기획 업무가 적성에 더 잘 맞는다는 생각을 하고 있던 무렵이었다. 이제 회사 사정도 파악했고, 남들 앞에서 프레젠테이션 하는 법도 교육을 통해 익혀 놓은 터였다. 더구나 타이밍도 좋았다. 당시는 생활용품 시장이 막 성숙되어가면서 소비자들이 단순히 싸고 질 좋은 상품을 넘어 웰빙을 추구하는 소비 트렌드가 형성되던 시점이었다. 이때 마침 회사에서 생활용품 아이디어 콘테스트를 열었고, 그의 아이디어가 채택되어 얼마 후 신제품으로 개발되기까지 했다. 제품은 출시되자마자 불티나게 팔려나갔다.

이때부터 본사의 보스는 전화복을 달리 보기 시작했다. "당신, 겸손한 줄만 알았더니 이제 보니 속이 꽉 찬 사람이었군. 앞으로 같이 한번 잘해봅시다." 공장에서부터 이어진 평판 때문에 곱지 않던 보스의 시선은 점차 우호적으로 바뀌어갔다. 본사 발령 후 정성스레 준비한 기획서를 들고 보스를 찾아가기 시작하면서부터 보스의 마음이 조금씩 열리고 있음을 느낄 수 있었는데, 콘테스트 덕분에 보스가 전화복의 능력을 완전히 신뢰하게 된 것이었다. 이후 전화복의 앞길은 탄탄대로였다. 누구보다 빨리 부장을 달았고 가장 어린 나이에 이사로 승진했다. 주위 사람들의 귀띔에 의하면, 전화복은 머지않아 그 회사의 사장이 될 사람으로 평가되고 있다고 한다.

프랑스의 사진작가인 앙리 카르티에 브레송이 1932년에 발간한 《결정적 순간》이라는 사진집이 있다. 그는 결정적 순간을 "렌즈가 맺는 상(像)은 끊임없이 움직이고 있지만, 그것이 시간을 초월한 형태와 표정과 내용의 조화에 도달한 절정의 순간"이라고 정의했다. 좋은 사진을 찍기 위해서는 결정적 순간을 포착해야 하고, 결정적 순간을 포착하려면 때를 잘 잡아야 한다는 뜻이다.

첫 출발은 다소 미약하더라도 지레 겁먹을 필요는 없다. 보스가 처한 상황도 바뀌고 내가 처한 상황도 끊임없이 변화한다. 분명한 목표가 있고 준비만 되어 있다면, 누구나 자신의 능력과 진심이 통하는 결정적 순간을 맞이할 수 있다. 정말 좋은 대안이 나타나지 않는 한 성급하게 굴 이유는 없다. 현재 보스의 마음이 돌아설 때까지, 새로운 보스가 나타나 나를 알아줄 때까지 기다리는 것도 좋은 방법이다.

세 치 혀를 잘 놀려야 낭패를 면한다

전화복의 사례는 매우 이례적이며, 실제로는 오랜 세월 기다려도 해결책이 없는 경우가 태반이라고 항변하는 사람도 있을 수 있다. 한 번 눈 밖에 나면 그것이 평생 따라다니는데, 어떻게 전화복처럼 극적인 반전을 기대할 수 있겠느냐는 것이다. 하지만 뒤집어 생각해보자. 만일 전화복이 자신이 고문관 신세가 된 것을 한탄하며, 모든 책임이 자신을 적성에도 맞지 않는 공장으로 발령한 회사에 있다며 원망했다면 어땠을까. 좋지 않은 일이 일어나면 사람들은 보통 있지도 않은 가해자를 만들어내고 자신은 그 일의 최대 피해자로 둔갑시킨다. 그래야 심리적으로 안정감을 찾을 수 있고, 그 사건으로부터 도망쳐 나올 수 있기 때문이다.

전화복의 현명함은 여기에 있다. 그는 공장을 떠난 뒤에 그 누구도 원망하지 않았고 피해자의 함정에 빠져서 허덕대지도 않았다. 오히려 그는 긴 안목을 가지고, 더 먼 미래를 상상하면서 호흡을 가다듬었다.

반대 사례도 살펴보자.

엄숙한은 평소 '부드러운 혀를 가진 사람은 조심해야 한다.'는 소신을 갖고 사는 사람이었다. 그는 듣기 좋은 말을 잘하는 사람을 극도로 싫어했고, 사실은 사실대로 말해야 한다고 믿었다. 엄숙한 역시 직장생활을 지방 영업소에서 시작했다. 그는 능력도 있고 빠른 시간 안에 사람들과 잘 사귀는 외향적인 사람이었다. 한 가지 흠이 있다면, 직장 내에 모르는 일이 없을 정도로 오지랖이 넓다는 것이었다.

처음에는 평균 이상의 좋은 실적을 유지했기 때문에 비교적 순탄한 직장생활을 이어갔다. 어느 날 저녁, 영업소장의 부탁으로 고객 접대에 동행한 적이 있었다. 그런데 막상 나가 보니 단순 고객이 아니라 영업소장의 옛 동창 모임이었다. 저녁식사는 물론이고 2차로 노래방까지 술자리를 함께했는데, 문제는 영업소장이 그 모든 비용을 회사카드로 결제하라고 귀엣말을 하는 것이었다. 꺼림칙했지만 보스의 지시에 따라 일단 법인카드로 결제를 했다.

그리고 다음 날, 그는 영업소장에게 물었다. "소장님, 어제 비용 어떻게 처리할까요?" "이 사람아, 당연히 고객 접대비로 올려야지. 무슨 소리야?" "소장님, 요즘 본사 감사팀이 장난 아닌 것 아시잖습니까? 어제는 누가 봐도 사적인 모임이라…." "이거 참, 답답한 사람이네. 아니, 영업소장과 담당과장이 참석한 자리면 공적인 자리지, 그게 왜 사적인 모임이야? 하여튼 알아서 처리해봐."

평소 직언을 하는 엄숙한도 더 이상 할 말이 없었다. 하지만 납득할 수도 없었다. 때마침 본사 인사팀에 있는 동기가 전화를 걸어와 이런저런 이야기를 나누게 되었다. 답답하던 차에 그는 동기에게 다른 부서로 이동할 방법이 있느냐고 물었고, 동기는 무슨 일이냐며 꼬치꼬치 따져 물었다. 대충 에둘러 넘어가려고 했지만 동기는 막무가내였다. 하는 수 없이 비밀로 할 것을 다짐받고 보스와 있었던 일을 사실대로 말했다.

며칠 후 감사팀에서 영업소장을 호출했다. 그리고 얼마 지나지 않아 감사팀에서 유권해석이 내려왔다. 절반은 개인, 절반은 회사 부담으로 처리하라는 명령이었다. 영업소장의 동창모임이긴 하지만, 그중에 지역 유지라고 불릴 만한 사람이 한 명 참석했기 때문에 업무의 연장이라는 사실이 인정된다고 했다. 엄숙한은 회식비용의 반의 반씩을 나누어내는 자리에서 영업소장이 중얼거리는 소리를 듣게 되었다. "이런, 벼엉신하고는…." 엄숙한은 얼마 후 서울로 전출되었다. 그리고 현재 나이 오십이 넘도록 부장 신세를 면치 못하고 있다.

　오해할 필요는 없다. 엄숙한이 불의에 타협했어야 한다는 이야기가 아니다. 최소한 인사팀의 동기를 믿고 그런 이야기를 함부로 하지는 말았어야 했다. 꼭 필요하다면 감사팀에 직접 알리는 것이 낫고, 그랬다면 최소한 고발자 보호는 받았을 뿐만 아니라 감사팀에서 요령껏 조사를 진행했을 것이다. 직장인으로 살아가려면 항상 살얼음판을 걷듯 신중히 처신해야 한다. 누가 언제 어떻게 나에게 치명타를 날릴지 알 수 없다. 그래서 멀리 보고 살아야 한다는 것이다.

아부의 기술을 터득하라

아침을 내려놓으면 보스가 무엇을 주장하는지를 들어줄 수 있는
마음의 공간이 생긴다. 이때가 바로 아부의 공간으로 이동하는 순간이다.

나쁜 보스도 듣기 좋은 소리에는 약하다

조선시대에는 아부를 하면 안 되는 직업이 있었다. 최근에 세계문화유산으로 지정된《조선왕조실록》을 만든 사관(史官)이라는 하급관리들이다. 그들은 왕이 가는 곳이라면 어디에나 따라다니며 왕의 언행을 기록했다. 태종이 노루사냥을 나갔다가 말에서 떨어지자 "이 일을 사관이 모르게 하라."고 명했으나 그 말까지 기록되어 전해질 정도다. 한 치의 거짓말도 해서는 안 된다는 사명감으로 살다보니, 때로는 왕들의 미움을 받아 초개처럼 목숨을 버려야 하는 일도 감수해야 했다. 그들 덕분에 우리는 조선의 역사를 생생하게 배울 수 있게 되었지만, 당대의 왕들에게 사관은 지긋지긋한 존재이자 가장 부담스러운 사람이었다. 왕의 비위를 맞추기 위해 사실을 왜곡하거나 거짓을 기록하는 것은 상상할 수도 없었고 그러니

당연히 아부는 그들에게 직업적으로 금기시되는 행위였다.

사실 인류 역사상 아부의 역사는 길고도 심오하다. 리처드 스텐걸은 《아부의 기술(You're too kind-A brief history of flattery)》라는 책에서 '아부는 인간의 오래된 본능'이라고 주장했다. 살아 있는 동안은 생존하기 위해서 강자들에게 아부했고, 권력자가 죽은 이후에도 피라미드와 같은 건축물을 통해 아부를 해왔다는 것이다. 그에 따르면 아부는 인간의 유전자 속에 존재하며, 아부의 기술은 계속해서 진화되어왔다. 현대에 와서도 아부는 분명히 큰 힘을 발휘하고 있다. 최근 직장인들을 대상으로 한 설문조사에 따르면 "아부는 인간관계에 꼭 필요하다."(44퍼센트), "아부는 인사평가에 영향을 미친다."(53퍼센트), "내 상사는 아부를 좋아한다."(61퍼센트)로 나타났다고 한다.

현직에 있는 대기업 최고경영자의 전언이다.

자신은 능력으로 보았을 때 절대 중간 이상은 아니었다고 한다. 어쩌면 중간 이하였을 수도 있단다. 입사 후 10년간 그의 주변에는 유능한 인재가 한둘이 아니었다. 그들은 늘 열정에 차 있었고 끊임없이 뭔가를 만들어내거나 바꾸려고 했다. 그들이 예상치도 못한 아이디어를 내놓는 바람에 그는 늘 주눅 들기 일쑤였고, 자신이 언제까지 회사를 다닐 수 있을지 모른다는 걱정이 떠나질 않았다. 그런데 입사 10년을 전후로 해서 이상한 일들이 일어났다. 유능한 인재들이 하나 둘 그의 주변에서 사라지기 시작한 것이다. 많은 동기들이 제 발로 회사를 떠났고, 또 다른 부류의 동기들은 제 풀에 나가떨어졌다. 자신은 그저 적당한 능력을 가졌을 뿐인

데, 언제부턴가 자신이 중요한 자리를 차지하고 있더란다.

그는 결코 앞장서는 법이 없었다. 중요한 사업계획 회의가 열려도 무모한 업무계획에 대해 논의할 때도 그는 특별한 의견을 제시하지 않았다. 남들이 핏대를 새우며 설왕설래하는 일에도 개입하지 않았다. 단지 사장님이 개인적으로 불러 독대를 하는 경우에만 자신의 의견을 신중하게 표현했을 뿐이다. 그의 어조는 항상 동일했다. "양쪽 다 일리 있는 얘기긴 한데, 제가 보기엔 앞으로 10년 후를 생각한다면 A안보다는 B안이 더 설득력이 있어 보입니다." 이처럼 단 둘이 있는 자리에서만 공손하고 논리적으로 의견을 내놓는 그를 사람들은 상당히 균형 잡힌 사람으로 인식하기 시작했다고 한다. 그는 마지막으로 덧붙였다. "귀에 거슬리는 말을 하는 사람보다 듣기 좋은 소리를 하는 사람을 더 좋아하는 건 인지상정 아닌가요?"

사전을 찾아보면 아부란 "입에 발린 듣기 좋은 칭찬으로 상대의 기분을 좋게 만들기 위해 비위를 살살 맞춰 알랑거리는 것"이라고 되어 있다. 상당히 부정적인 의미다. 하지만 현실에서는 다르다. 없는 사실을 지어내지만 않는다면, 아부를 반드시 부정적으로 볼 필요는 없다. 사실에 기초해 이왕이면 상대를 기분 좋게 만드는 기술을 익힌다면 좋은 인간관계를 형성하는 데 매우 유리하다. 아부를 배타적으로 바라보는 것은 열등감의 표시일 뿐이다. 아부는 절대 죄가 아니다. 누구나 자신을 인정해주고 존중해주는 사람을 좋아하기 마련이다. 사실상 아부를 싫어하는 사람은 없고 당신의 보스도 예외는 아니다.

아집을 버리면 아부의 공간이 열린다

흔히 아부를 못하는 사람들은 이렇게 말한다. "난 죽었다 깨어나도 아부는 못해. 내 성격이 그런 걸 어떻게 고쳐. 차라리 나가서 장사를 하는 한이 있어도 절대 아부하고는 못 살아." 이런 사람들의 공통된 특징은 자기 주관이 뚜렷하다는 점이다. 또 소신도 있고 철학도 있고 거의 모든 주제에 대해 단정적인 언어로 말하는 편이다. 좋게 말하면 주체성이 강하고, 나쁘게 말하면 상대방에 대한 배려도 충성심도 없다. 어딜 가나 이런 사람들이 있다. 그들은 대개 목소리가 크다. 게다가 가만히 이야기를 들어보면 자기에게 유리한 주장만 늘어놓는다. 상대방의 관점과 생각은 전부 배제되어 있고 '내가 얼마나 옳은 소리를 하고 있는지 아느냐.', '내가 지금 얼마나 억울한 일을 당했는지 아느냐.' 하는 식이다.

황당한 팀장이 있었다. 누가 봐도 열심히 일하는 사람이었다. 그는 남들이 하기 싫어하는 일을 솔선수범해 처리하곤 했다. 황당한 팀장이 원하는 것은 단 하나, 자신이 열심히 일한다는 것을 인정받는 것이었다. "제 마음만 알아주시면 돼요. 저는 시키는 일은 두 개고 세 개고 다 해낼 수 있어요." 그러다가 종종 일이 너무 많아 하루 이틀씩 앓아눕기도 했다. 그렇게 꾸준히 노력한 결과, 많은 사람들이 그의 열정과 추진력에 감탄하기 시작했다.

어느 해 연말에 성과급 잔치가 성대하게 열린 적이 있었다. 회사의 기본 방침은 팀장, 본부장을 제외한 전 사원에게 현금으로 성과급을 지급하는 것이었다. 경영진이 구성원들의 노고를 먼저 치하할 필요가 있다고 판단한 데다, 팀장이나 본부장은 매해 3월 연봉 인상이 예정되어 있기도 했다. 그런데 황 팀장은 이에 대해 볼멘소리를 하기 시작했다. 성과가 좋은 팀에게는 예외적으로 팀장에게도 성과급을 지급하는 것이 옳다는 주장이었다. 구성원들만 고생한 것도 아니고, 팀장의 리더십 덕분에 좋은 결과가 나왔는데 팀장이 왜 제외되어야 하느냐고 따졌다. 심지어 인사팀을 찾아가서 성과급은 성과급이고, 연봉은 연봉인데 팀장들에게 돈을 안 주려는 수작이 아니냐고 쏘아붙이기까지 했다. 이런 회사에 무슨 비전이 있느냐고 막말을 퍼부어 대기도 했다. 그래도 분이 안 풀렸는지, 그는 이틀간 병가를 내고 회사에 나오지 않았다.

이런 황 팀장을 대하는 사람들은 실소를 금치 못했다. 마음만 알아주면 된다며 혼자서 일을 처리한 이유가 결국 돈 때문이라는 사실이 드러났기 때문이다. 마음을 알아달라는 그의 말은 결국 돈을 더 달라는 의미로 귀착되고 있었다. 이듬해 3월의 연봉 협상에서 그는 인상률 제로로 제자리걸음을 하게 되고 말았다. 황 팀장은 씩씩거리며 불평을 해댔지만, 특별한 대안이 없었는지 지금도 그 자리에 계속 머물러 있다. 여전히 일은 열심히 하고 있지만 또다시 같은 실수를 저지를지는 두고 볼 일이다.

주체성을 잘못 적용하면 아집으로 둔갑한다. 주체성인지 아집인지를 구분하는 방법은 사심이 개입되었는지 아닌지를 보면 알 수 있다.

주체성은 자신이 속한 집단의 전체 이익을 위해 싸우는 모습이다. 주체성 있는 사람들은 잘못된 제도나 잘못된 관행을 고치기 위해 문제점을 지적하고 대안을 내놓는다. 처음에는 많은 사람들이 반대를 하지만 그 충정만큼은 알아주는 사람들이 있을 때, 그는 주체성이 있는 사람으로 평가받는다. 그에 반해 아집은 자기 고집을 관철시키기 위해 싸우는 모습이다. 남들이 뭐라고 하든 내 의견만 옳고, 그것이 옳은 이유는 내 이익에 직결되기 때문이다. 처음에는 이 둘이 잘 구분되지 않지만 차츰 시간이 흐르면서 주체성과 아집은 분명하게 구분된다. 자신의 이익만을 고집하는 사람을 지지해줄 사람은 없다. 때문에 아집을 가진 사람은 오래가기 어렵다. 오히려 아집을 내려놓고 공동체의 이익을 위해 싸우는 사람이 오래 살아남는다. 황 팀장이 공연한 아집을 부리다가 당연히 받을 수 있는 연봉 인상마저도 놓친 사례가 이를 증명한다.

보스들은 흔히 아집에 사로잡힌다. 과거에 보고 들은 대로 판단하고 행동한다. 그것이 옳은 방식이라고 주장한다. 그래서 그들은 아랫사람들을 가르쳐야 한다고 여기고, 자신의 말을 듣지 않는 부하들은 문제아로 간주한다. 그리고 틈만 나면 그들을 평가 절하한다. 마찬가지로 구성원들 역시 아집에 사로잡힌다. 그들 역시 자신이 보고 듣고 경험한 것에 익숙하기 때문에 그것이 옳은 방식이고, 그렇지 못하면 잘못된 방식이라고 생각한다. 나쁜 보스들과 일하기 어려운 것은, 그들이 과거의 방식에 너무 집착해 새로운 것을 도무지 받아들이려 하지 않기 때문이다. 겉으로는 보스들에게 맞춰주는 척하지만 진심으로 동의하지는 않는다. 그렇다 보니 어떤 한계점에 다다르게 되면 폭발하고 만다. 아랫사람이나 보스가 거의 동시에 놀라는 일이 발생하는 것이다. 아니 이 친구가 이런 사람이었나,

아니 우리 보스가 이 정도로 형편없었나 하면서 절망에 빠진다.

보스가 아집을 내려놓지 못한다면 그것을 바꾸는 것은 불가능하다. 혹시 내 쪽에서 아집을 내려놓으면 해결의 실마리가 풀릴지도 모른다는 점을 인식하는 것이 좋다. 이 지점에 도달하면 아부의 필요성과 중요성을 절감하게 된다. 내가 먼저 아집을 내려놓으면 보스가 무엇을 주장하는지를 들어줄 수 있는 마음의 공간이 생긴다. 영 말도 안 되는 소리라고 치부했던 말 중에 제법 쓸 만한 말들이 있다는 것을 발견하게 된다. 조금만 다듬으면 내 생각과 완전히 다르지 않다는 것을 발견할 수도 있다. 아니면 두 사람의 생각이 합쳐져서 제 3의 아이디어로 발전될 수도 있다. 바로 아부의 공간으로 이동하는 순간이 온다.

아부의 공간은 의외로 자유롭다. 내 생각을 조금만 내려놓으면 보스의 진심이 보인다. 진심과 진심이 만나면 비로소 상대를 이해하게 된다. 진정한 마음의 평화를 얻을 수 있는 순간이 눈앞에 펼쳐진다.

아집을 버리면 사람이 모여든다

내 마음속에 평화가 있어야 다른 사람들이 나를 인정한다. 상사 복이 없다고 불평하는 사람들을 자세히 관찰해보면 그들 마음속에 평화가 없다는 것을 알 수 있다. 마음속에 평화가 없으면 무엇인가에 쫓기듯 허둥댄다. 중요한 것을 자주 빠뜨리고 다른 사람의 상황은 안중에도 없다. 그저 자기 일에 빠져서 허우적대다가 문제가 생기면 상대방을 비난하기 시작한다. 비난받는 사람은 처음에는 무슨 일인지 몰라서 당황하다가, 상황을 알고 난 뒤에 분노하고 그 또한 상대방을 비난한다. 평화가 깨진 곳에서는 이런 악순환이 일어난다.

직원들의 마음의 평화가 깨진 중소기업의 한 부서가 있었다. 그들 대부분은 현실에 만족하지 못했다. 월급이 대기업에 비해 형편없이 낮고, 복리후생도 열악하다며 불평했다. 하지만 내세울 만한 실력과 경력이 없는 터라 당장은 이직하고 싶어도 할 수 없다는 것을 잘 알고 있었다. 그렇게 회사로부터 월급을 받으면서도 늘 불만을 품고 있었고, 언젠가는 여기를 떠나야 된다는 생각에 전염되어 있었다. 회사에 대한 자부심이 없었던 그들의 마음속에는 평화가 깃들 공간이 없었다. 그러니 동료들 사이도 평화로울 리 없었다. 서로를 진심으로 대하기보다 그냥 스쳐 지나는 인연처럼 겉치레로 대했고 관계는 단절되어 있었다. 실제로 이직률도 무척 높았다. 연간 2, 30퍼센트에 해당하는 직원들이 회사를 드나들었다.

그런데 이 회사에 원만희라는 50대 초반의 나이 든 분이 입사한 후로 작은 변화가 생겨났다. 20년 가까이 대기업을 다니다가 명예퇴직을 하고, 규모가 150명 정도 되는 이 회사로 재취업한 분이었다. 원만희 씨는 겸손했다. 자신을 낮출 줄 아는 사람이었고, 일에 특별한 욕심을 부리지 않으면서 묵묵히 주어진 일을 수행해냈다. 외적으로는 모든 것이 평범해 보였지만 마음만은 부자로 보였던 이유는, 그분이 가진 내면의 평화 덕분이었다. 언젠가부터 사람들이 원만희 씨의 주변으로 몰려들었다. 특히

30대의 젊은 직원들이 원만희 씨를 '형님'이라 부르며 그에게 멘토가 되어달라고 청했다. 통상 한국 남자들은 술집이나 노래방, 또는 당구장에 모여 친목을 도모하지만, 특이하게도 원만희 씨와 만나는 사람들은 평범한 국밥집이나 조용한 찻집을 더 선호했다.

원만희 씨를 만나는 이유를 들어보면, 그와 함께 있으면 그냥 편안하고 좋다는 것이 전부였다. 개인적으로 면담을 요청하는 사람들도 있고, 삼삼오오 함께 보자는 사람들도 있었다. 시간이 흐르면서 자연히 개인적인 고민에서부터 부서 내 갈등에 이르기까지 원 씨는 직원들의 고민을 들어주고 조언해주는 역할을 떠맡게 되었다. 얼마간의 시간이 흐른 후에 이 사실을 알게 된 원 씨의 보스는 그의 역할을 공식화시키자고 제안했다. 그리고 'Big Brother Club(BBC)'이라는 사내 공식조직을 만들어 원 씨를 공식코치로서 활동할 수 있게 배려했다. 직원들은 업무 중뿐만 아니라 업무 외 시간에도 원 씨를 찾아와 이런저런 상담을 청했다. 심지어 그는 출근하지 않는 주말에도 시간을 내어 직원들의 대소사를 조언해주었고, 사장님도 그를 불러 사업상의 조언을 구할 정도였다. 당연히 원 씨는 150여 명에 이르는 직원들의 고민을 가장 잘 아는 사람이 되었다.

마음이 평화롭고 마음에 중심이 서 있으면 그것이 저절로 일을 해결해준다. 굳이 고집을 부리지 않아도, 굳이 뭔가를 주장하지 않아도 일이 저절로 풀리고 사람들의 인정을 받는다. 인복이 없다고 탓하기에 앞서 자신이 쓸데없는 고집으로 상대방을 괴롭히고 있지는 않은지 살펴볼 일이다. 아집을 버리면 마음의 부와 평화를 누리게 되고, 그렇게 되면 사람들이

절로 그것을 알아본다.

　인간에게는 편안한 사람, 중심이 서 있는 사람에게 의지하려는 본능이 있다. 자기 이익만을 추구하는 팍팍한 세상일수록 그런 사람을 찾게 되어 있다. 마음의 중심을 잡고 보스조차 기대고 싶은 사람이 되어야 한다. 보스에게 한 쪽 어깨를 내어줄 준비를 하라.

직장은 잃어도 사람만은 잃지 마라

　아무리 어렵고 복잡한 일도 사람이 한다. 사람이 개입되지 않은 일은 세상에 없다. 그리고 혼자서 할 수 있는 일도 거의 없다. 누군가가 관리 감독하게 되어 있고, 또 누군가는 뒤에서 도와야 일이 성사된다. 진심으로 도와주는 사람이 많으면 많을수록 목표를 성취하기 쉬운 것은 당연한 이치다. 직장생활을 하는 데 있어 되도록 많은 사람을 깊이 사귀어야 하는 이유가 여기에 있다.

　L사에서 실패한 고복수 부장이 있었다.

　고 부장이 실패한 이유는 협력업체로부터 금품을 수수했다는 정황 증거 때문이었다. 첫 직장인 L사에 입사한 이래 누구보다 성실하게 일한다고 자부했고, 애사심이 강하다고 정평이 나 있던 사람이었다. 그런데 어찌된 영문인지 정작 본인은 금품수수 혐의를 완강하게 부인하는데, 회사 감사팀에서는 확실한 물증이 있다고 주장했다. 당사자는 절대로 사실이 아니며 모함이라고 주장했지만 아무도 믿어주지 않았고, 결국 더 이상 회사에서 버티기는 힘들다는 판단 아래 퇴사할 수밖에 없었다.

길고 긴 방황과 잠수의 세월이 그를 기다리고 있었다. 심지어 아는 사람을 피해 다니기까지 했다. 2년 반 정도를 백수로 지내다가 다행히 중소기업에 입사했지만, 그마저도 2년이 지나면서 더 이상 버텨낼 재간이 없음을 느끼고 있었다.

그러던 어느 날, 옛 보스로부터 전화 한 통이 걸려왔다. 잠깐 만날 수 있겠느냐는 것이었다. 거의 5년 만에 마주앉아 그동안의 근황을 나누던 중 그는 옛 보스도 1년 전에 퇴직했다는 사실을 알게 되었다. 퇴직 후 보스는 서울 근교의 중소도시에 플라스틱 가공공장을 하나 차렸는데 합류할 뜻이 없는지 물어왔다. 알고 보니 그 공장은 과거에 모시던 임원이 L사의 하청공장으로 등록한 업체였고, 과거 함께 일했던 동료들이 상당수 그곳에서 일하고 있었다.

옛 보스는 놀라운 소식도 하나 들려주었다. 당시의 금품수수 혐의는 고 부장의 깐깐한 원가관리에 앙심을 품은 협력업체와 L사 내부의 경쟁자들이 사주한 일이었다는 사실이 뒤늦게 밝혀졌다고 한다. 억울하게 당한 고 부장을 도와야 한다는 소리가 여기저기서 터져 나왔지만 연락이 닿지 않았단다. 보스는 수소문 끝에 이제야 만나게 되었다며 미안한 마음을 전했다. 고 부장의 가슴 밑바닥에서 알 수 없는 감정이 휘몰아치며 지나갔다. 그리고 뜨거운 눈물이 흘러내렸다. 비도덕적인 행위를 한 사람으로 낙인찍혀 누구 앞에도 설 수 없었던 지난 세월이 눈앞을 스쳐갔다. 업무에 관한 한 누구와도 타협하지 않았던 자신의 진심을 세상이 알아주는 것도 고마운데, 일자리까지 마련해준다니 감격스러운 일이었다.

비록 L사의 하청업체이긴 하지만, 그렇게 좋아했던 L사와 다시 한 번 연을 맺을 수 있다는 사실이 그를 들뜨게 만들었다. 함께 일할 사람들이 십 수 년간 동고동락한 동료들이라는 사실도 그를 행복하게 했다. 고 부장은 이렇게 말했다. "가까운 사람들에게 밉보이지만 않으면 다 살아갈 방도가 있는 것 같아요. 옛 보스에게 기본적인 의리만 지켜줘도 언젠가는 다시 만나게 되더군요. 잠시 오해가 있을 수는 있어도 사람만 잃지 않으면 결국 보상을 받는 것 같습니다."

흔한 말로 사람을 얻으면 모든 것을 얻고, 사람을 잃으면 모든 것을 잃는다고 한다. 우리는 적게는 20년, 많게는 40년 가까이 직장생활을 해야만 한다. 그 세월 동안 수많은 사람을 만나고 헤어진다. 그리고 그 기간 동안 만나는 보스는 평균 약 15명에서 20명 정도 된다고 한다. 그 보스들과 어떤 관계를 맺는가는 직장인에게 대단히 중대한 사건이다. 한 번 인연으로 끝나는 관계가 대다수일 테지만, 그중에는 오랜 세월 당신의 인생에 영향을 미칠 수밖에 없는 사람도 들어 있다. 그러니 당장의 이해관계보다 좀 더 멀리 보고 행동할 필요가 있다. 인상은 한번 형성되면 좀처럼 바꾸기 어려우므로, 상대방에게 어떻게 각인되는가는 다음 행보에 큰 영향을 미칠 수밖에 없다.

한 재벌그룹 임원의 이야기는 더욱 충격적이다.

그는 막내아들의 혼사를 앞두고 양가 상견례 자리에서 20년 전의 부하를 만났단다. 20년 전에 다른 회사로 전직했던 부하가 예비 며느리의 아버지였던 것이다. 과장과 대리로 만나 좋지 않게 헤어졌던 기억에 두 사람은 상당히 어색할 수밖에 없었고, 양가 부모의 반대로 자녀들은 결국 결혼에 실패하고 말았다고 한다.

사람 관계는 세월이 흘러도 과거의 기억 속에 그대로 남아 있다. 다소 희미해질 수는 있겠지만 상대방을 만나는 순간 과거의 기억을 떠올릴 수밖에 없고 함께했던 추억이 화제가 될 수밖에 없다. 따라서 지금부터라도 의미 있는 관계를 만들어가는 것이 중요하다.

우선 상대방의 단점보다는 장점을 적극적으로 표현해주는 아부에 능숙해져야 한다. 이왕이면 있는 사실에 기초해서 좋게 표현해주자는 의미다. 아부가 어려운 이유는 자기 생각과 주관을 너무 지나치게 내세우기 때문이다. 이 아집을 내려놓으면 마음에 평화가 들어올 공간이 생긴다. 마음이 평화로운 사람의 주위에는 사람이 모여들기 마련이다. 그렇게만 된다면 기회의 문은 저절로 열린다.

이 단순한 공식을 당신의 보스에게 적용하지 못할 이유가 없다. 보스를 위한 아부가 아니라 당신을 위한 아부이며, 보스를 위해 아집을 내려놓는 것이 아니라 당신 자신을 위해 아집을 내려놓자는 것이다.

괘씸죄를 피하는 최소한의 가이드라인

세상에 공소시효도 없고 감형도 없는 유일한 죄가 바로 괘씸죄다.
괘씸하다고 느끼면 윗사람은 어떤 방법으로든 아랫사람을 응징한다.

절대로 보스의 뒤통수는 치지 마라

세상에서 가장 큰 죄는 괘씸죄다. 보스는 괘씸죄에 걸리는 사람을 용서하지 않는다. 괘씸죄는 공소시효가 없다. 한번 걸리면 절대 용서받지 못하기 때문에 세상 모든 사람들이 가장 주의해야 할 중대 범죄다. 그런데 어떤 학교, 어떤 전공, 어떤 교과서에서도 괘씸죄를 가르치는 곳은 없으니 세상은 참 알다가도 모를 일이다. 괘씸죄는 사람들의 경험 속에 존재할 뿐 이에 대해 누구도 가르쳐주지 않기 때문에 순진한 사람들이 1차 희생양이 되고, 경험이 부족한 젊은 사람들이 2차 희생양이 되는 것은 뻔한 이치다.

사전에 의하면, 괘씸죄는 "아랫사람이 윗사람이나 권력자의 의도에 거슬리거나 눈 밖에 나는 행동을 하여 받는 미움"이라고 정의되어 있다. 판단의 주체가 윗사람이나 권력자라는 것이 분명하게 드러난다. 좀 쉽게 설명하자면, 아랫사람이 어떤 행동을 하든지 간에 윗사람이 기분 나쁘다고 느끼면 그건 곧바로 괘씸죄가 된다. 괘씸하다고 느끼고 나면 윗사람은 어떤 방법을 동원해서든 아랫사람을 응징하려고 든다. 응징의 방법에는 수만 가지가 동원될 수 있다. 그래서 괘씸죄는 무섭다. 괘씸하다고 느끼는 원인이 불분명한 데다 수만 가지 방법으로 응징해 와도 부하에게는 이에 대항할 힘이 사실상 없다.

윤이상 팀장은 평소 자신의 능력을 인정해주는 부당환 상무와 상당히 가깝게 지냈다. 10년 이상 한 직장에서 선후배로 지냈을 뿐만 아니라 서로의 마음을 가장 빨리 읽어내는 관계로 알려져 있었다. 두 사람 간에는 어려움이 없었고 윤 팀장은 부 상무의 집무실에 노크도 없이 드나들기도 했다. 그러나 윤 팀장에게는 빠른 시간 안에 임원으로 승진하고자 하는 야망이 있었다. 실제로 그만한 능력도 있었고, 그만한 성과도 냈기 때문에 승진을 바라는 것 자체가 무리는 아니었다. 다만 최근 2년 연속 임원 승진에서 미끄러진 터라 심한 심리적 압박을 받고 있었다. 부 상무가 "최선을 다해보마." 하고 다짐하기는 했지만, 그가 단독으로 결정하는 인사가 아니었다.

그해 임원 인사에서 윤 팀장이 또다시 탈락하자, 부 상무는 한 해만 더 해보자고 이야기를 건넸다. 언짢은 기색으로 침묵하고 있던 윤 팀장은 "알겠습니다." 하고 담담히 말하고는 집으로 돌아갔다. 사고는 며칠 후에 일어났다. 윤이상 팀장이 감기 몸살을 핑계로 생전 안 하던 결근을 하더니 전화로 "아무래도 안 되겠습니다. 조만간 다른 회사를 알아보겠습니다."라며 갑자기 태도를 바꾼 것이었다. 그 이후 윤 팀장은 몇 차례나 공식회의 석상에서 부 상무의 지시에 대놓고 반발하며 거침없는 행동을 보이기 시작했다.

부 상무가 보기에 이것은 명백한 배신이었다. 아무리 가까운 사이라도 지켜야 할 예의가 있는데, 담당 상무를 공격하는 것도 모자라 걸핏하면 그만둔다는 얘기로 협박해대는 것이었다. 윤 팀장을 불러다가 점잖게 타일러도 막무가내였다. 윤 팀장은 부 상무의 말꼬리를 물고 늘어지며 반항했다. 드디어 부 상무가 폭발했다. 두 사람의 관계는 10년 세월이 무색할 정도로 급속하게 냉각되었고, 부 상무의 처절한 보복이 시작되었다. 견디다 못한 윤 팀장이 결국 회사를 떠났지만, 둘은 영원히 회복될 수 없는 상처만 입은 채 지금도 상대방을 비난하고 있다.

괘씸죄는 주로 가까운 사이에 벌어지는 일이라 더욱 위험하다. 상대방을 잘 알기 때문에 기대 심리가 인플레이션될 가능성이 크다. 한 사람은 상대방이 이 정도는 해줄 거라고 기대하고, 다른 한 사람은 상대방이 이 정도는 이해해줄 거라고 기대한다. 그러다가 서로의 기대가 어긋나게 되면 그 폭발력은 상상 외로 크다. 가장 절친했던 친구가 가장 극렬한 원수가 되기도 할 만큼의 위력이다.

아무리 잘 아는 사이라 하더라도 보스의 뒤통수를 쳐서는 절대 안 된다. 협의를 통해 결정된 사항은 반드시 지켜주는 것이 바람직하다. 일방적으로 약속을 깨는 행위도 보스를 섭섭하게 만드는 중요 원인이다. 걸핏하면 보스에게 회사를 그만둔다고 협박하며 입장을 난처하게 만드는 것도 절대 피해야 한다. 보스가 한 번 괘씸죄로 판결해버리고 나면 수습할 방법을 찾기가 너무 어렵기 때문이다.

보스의 약점을 조용히 커버하라

보스들이 괘씸하게 여기는 또 다른 한 가지는 자신의 약점을 함부로 건드리는 것이다. 사람은 누구나 콤플렉스를 가지고 있다. 그것을 굳이 들추어내는 이를 좋아할 사람은 없다. 잘못 건드리면 발끈 화를 낼 수도 있지만, 묵묵히 듣고 있으면서도 속으로 몹시 섭섭해하는 것이 보통 사람들의 심리다. 특히 아랫사람이 모르고 그 약점을 건드리면 치명적이다. 한번은 모르고 그랬다고 봐줄 수도 있지만, 두 번 세 번 반복하는 것을 참아줄 보스는 어디에도 없다.

모 회사에 미국에서 박사를 마치고 돌아와 곧바로 상무로 임명된 분이 계셨다. 반도체 분야의 공학박사인 최유명 상무는 한국에서 대학을 마치고 곧바로 미국으로 건너가 15년을 살다왔기 때문에, 한국 실정이나 회사 실무에 어두울 수밖에 없었다. 지인들에게 이런저런 코치를 받고 왔다고는 하지만 회사 생활은 만만치가 않았다. 자신보다 나이 많은 부하들에게 보고받는 일도 쉽지 않았고, 이론과 실무 사이에는 하늘과 땅만큼이나 커다란 간극이 있어서 어디서부터 어떻게 지도해야 할지도 막막했다.

그의 가장 큰 콤플렉스는 바로 회사생활을 한 번도 해본 적이 없다는 점이었다. 시간이 가면 차츰 나아질 거라고 생각했지만, 그렇게 기다리는 동안 자신의 존재가치가 희석되어가는 것이 두려웠다. 무엇보다 큰 고역은 보고를 받는 자리였다. 잘못 사용된 반도체 개념을 지적할라치면 김 차장은 "학교에만 계셔서 잘 모르실 수도 있지만, 현업에서는 이렇게 말하면 사람들이 더 쉽게 이해하기 때문에…." 하며 은근슬쩍 넘어가려고 했다. 최 상무가 "그게 아니라, 개념은 정확하게 해야…." 하고 말을 시작하면 분위기는 금세 썰렁해져 모두 입을 다물었다. 김 차장은 항상 제품을 빨리 양산해서 내다 팔아야 돈을 벌고, 제 때 돈을 벌어야 회사가 유지될 수 있는데, 웬 한가한 개념 타령이냐는 듯이 그를 대했다. 자신의 약점인 현장 경험 부족을 자꾸 들추는 김 차장이 괘씸하지 않을 수가 없었다.

최 상무는 언젠가 한번은 기회가 올 거라고 벼르며 1년여를 참고 기다렸다. 그리고 마침 상무 주관 전체회의가 있던 날, 5분 정도 일찍 회의장에 도착한 최 상무는 브리핑 준비에 한창인 김 차장을 발견하게 되었다. 브리핑을 시작한 지 10분쯤 지나자, 아니나 다를까 김 차장이 습관처럼 그 말을 내뱉었다. "상무님은 현장 용어에 익숙하지 않으셔서 좀 더 상세하게 설명을 드리면…." 이때다 싶었던 최 상무는 "잠깐만요. 저도 이 일을 한 지 벌써 1년은 지났는데 안 해도 좋은 불필요한 말을 하는 이유가 도대체 뭡니까? 우리 회사는 대체 위아래도 없어요?"라며 정색하고는 브리핑을 중단시켜버렸다. "아, 죄송합니다. 저는 단지 좀 더 상세하게 말씀드리려는 뜻에서 그랬는데…." 당황한 김 차장의 얼굴은 사색이 되었다. 김 차장은 그날 이후로 더 이상 브리핑을 할 수 없었다.

보통 사람도 자신의 약점이 드러나는 것을 좋아하지 않는다. 하물며 한 조직의 보스가 직원들 앞에서 자신의 약점이 들춰지는 것을 반길 리 없다. 아랫사람들을 이끌어야 하는 보스로서는 자신의 리더십을 약화시킬 수 있는 발언들을 최대한 제재해야 한다. 그러니 아랫사람으로서는 보스의 약점을 적극적으로 커버하고 강점을 드러내주는 것이 처세에 이롭다. 보스는 약점을 커버해주는 부하는 믿을 만한 사람으로 여기고, 의도적이든 아니든 자꾸 자신의 약점을 들추는 부하는 믿지 못할 사람으로 인식한다.

천하를 놓고 쟁투를 벌였던 유비에게도 강점과 약점이 있었다. 그에게는 한 나라를 부흥시켜 백성들을 전란에서 구하겠다는 강력한 비전이 있었고, 평생에 걸쳐 이를 실현하기 위해 노력했다. 항상 진심으로 사람을 대했던 그는 전국에 걸쳐 폭넓게 인재를 등용한 통 큰 보스였다. 덕분에 그는 관우와 장비 같은 당대 최고의 무장, 그리고 방통과 제갈량 같은 당대 최고의 책사를 얻을 수 있었다. 반면 그에게는 치명적 약점이 있었다. 우유부단하고 원칙만을 고집하다보니 권모술수에는 능하지 못했던 것이다. 하지만 유비의 부하들은 보스의 약점을 잘 알면서도 아무도 그것을 부각하지 않았다. 오히려 보스의 강점을 강화하고, 약점은 조용히 보완하려고 노력했다.

어리석은 사람들은 상대방의 약점에 주목하여 자꾸만 이를 들추려고 한다. 약점을 보완해야 문제가 해결된다고 믿고 당사자에게 이를 알려야 한다고 생각한다. 하지만 사실은 정반대다. 약점을 지적받는 사람들은 그것을 고치려 하기보다는 본능적으로 감추려 한다. 자신의 치부가 드러나는 것을 달가워하지 않을 뿐만 아니라, 다른 사람들에게 자신의 약점을 노출함으로써 공격의 기회를 제공하고 싶어 하지 않는다. 그래서 역으로 상대방의 강점에 주목해야 하는 법이다. 강점이 강점으로 드러나고 그것을 통해 성취감을 느낄 때, 비로소 약점도 보완될 수 있는 것이다.

그러나 아랫사람이 윗사람의 약점을 보완해주겠다고 대놓고 덤비는 것은 금물이다. 보스가 의식하지 못하도록 최대한 조용한 방법으로 보완해주어야 한다. 그래야 부서 전체가 발전하고 보스와 구성원이 공생할 수 있다.

지나친 공치사는 괘씸죄를 부른다

보스는 공치사를 지나치게 하는 아랫사람을 괘씸하게 여긴다. 엄밀하게 말해서 직장 내에서 이루어지는 모든 성과는 한 사람만의 공으로 돌릴 수 없다. 물론 그중에 공헌도가 가장 높은 사람은 있게 마련이지만, 그렇다고 해서 그 공이 한 사람에게만 귀속되지는 않는다. 일을 성사시키기 위해 직간접적으로 지원한 많은 직원들과, 그것을 진두지휘한 보스의 이름을 가장 먼저 내세우는 것이 자연스럽다.

그런데도 어리석은 사람들은 자신의 능력과 공헌도를 더 앞세우고 싶어 한다. 조금만 기다리면 남들이 다 알아줄 일인데도 굳이 자기 입으로 그 일을 기획하고, 추진하고, 마지막 손질까지 했다는 것을 떠들고 싶어 한다. 그런 행태를 나쁜 보스들이 그냥 두고 볼 리 없다. 어떤 식으로든 제재가 들어간다. 자기 PR의 시대에 무슨 뚱딴지같은 소리냐고 타박할지 모르겠지만, 자기 PR과 공치사는 엄연히 구분되어야 한다. 자기 PR은 자신의 이미지를 긍정적으로 인식시키는 작업이고, 공치사는 한마디로 말해 잘난 체하는 것이다. 잘난 체하는 사람을 자기 PR을 잘하는 사람이라고 생각하는 사람은 없다. 나설 때는 나서되, 겸손할 때는 겸손해야 하는 것이 제대로 된 자기 PR이다.

공치사를 못해 안달하는 사람들이 드물지 않게 있다.

모 백화점의 판매사원인 양백추 대리가 대표적인 예다. 양 대리는 자기 PR을 잘못 배운 탓인지, 공치사가 도를 넘어서 뻔뻔한 수준에 도달한 사람이다. 입만 열면 "제가요…." 하고 말을 시작할 정도다. 무슨 일이든 자기 위주로 시작되고 처리된다는 것을 과시하고픈 마음에서 빚어진 말버릇인 모양이다. "제가요, 이번에 손님들의 동선을 조사해봤는데요, 지금 동선에는 문제가 있어서 이렇게 한번 바꿔봤더니…." "제가요, 오늘 판매한 액수만 해도…." "제가요, 이번에 강남 아줌마만 20명을 단번에 유치했어요." 하는 식이다. 덕분에 양 대리는 직원들 사이에서 '제가요'라는 별명으로 불린다.

하지만 양 대리는 실적이 상위 5퍼센트 이내에 들 정도로 뛰어난 업적을 자랑한다. 고객들이 뽑은 '이 달의 우수사원'에 선발되기도 하고, '베

스트 스마일상'에도 여러 차례 뽑혀서 다른 사원들의 부러움을 한 몸에 받았다. 그런 한편 공식 통계는 없지만 '가장 얄미운 사원' 1위로 당첨될 만큼 동료들이 기피하는 인물이기도 하다.

봄맞이 바겐세일이 한창 진행되던 어느 날이었다. 마침 사장님이 매장을 점검하기 위해 불시 점검을 나온다는 소문이 돌았다. 이 정보를 사전에 입수한 양 대리는 손님들 중에 노인과 어린이에게 특별한 서비스를 제공하기로 치밀하게 준비했다. 어린이를 위해서는 사탕을 준비하고, 노인들을 위해서는 하트 모양의 스티커를 준비해 가슴에 붙여드리며 "할아버지, 할머니 사랑합니다." 하고 너스레를 떨었다. 이 모습을 멀리서 목격한 사장님은 양 대리에게 다가가 그의 서비스 정신을 치켜세웠다. "자네는 어디서 이렇게 기특한 생각을 해냈나?" "제가요 사장님, 날마다 한 가지씩 새로운 일을 하는 것이 제 좌우명이거든요. 요즘은 가정의 달이라 어르신과 어린이들이 많이 방문하는 것을 보고 한번 준비해봤습니다."

끝없이 새로운 시도를 한다는 것 자체가 남다른 일이었기 때문에 양 대리의 행동은 마땅히 칭찬받을 만했다. 거기까지는 좋았다. 문제는 사장님이 다녀간 뒤 각 점포마다 양 대리와 유사한 서비스를 개발해서 시행하라는 지침이 시달된 것이었다. 그는 다시 한 번 동료들의 미움을 살 수밖에 없었다. 점장은 양 대리를 불러 칭찬 반 훈계 반으로 타일렀다. "자네, 뜻은 좋은데 말이야, 그런 것을 하려면 혼자 하지 말고 사전에 상의도 좀 하고 공지도 좀 해주면 좋잖아? 그러면 다른 사람들도 배울 수 있고 매장 서비스 수준도 올라갈 것 아닌가?" 그러자 양 대리는 또다시 "제가요…."로 시작되는 공치사 잔치를 시작했다.

  지나친 자기 자랑은 독이 된다. 그것도 자기 입으로 떠들고 다니면 득보다 실이 많다. 내 자랑은 남이 해주는 것이 더 효과적이다. 공치사는 가급적 전체에게 돌려야 한다. 직장인이라면 보스의 지도와 관심과 배려가 큰 도움이 되었다고 하는 것이 훨씬 현명하다. 그렇게 하면 그 공이 결국 나에게도 돌아오게 되어 있다.

권한 밖의 일에는 관여하지 마라

  괘씸죄에 걸리지 않기 위해서 마지막으로 주의할 것이 있다. 절대로 자기 권한 밖의 일에 끼어들지 말아야 한다. 직장 일은 대부분 부서 간에 긴밀히 연결되어 있기 마련이므로 한 부서에서 시작되고 끝나는 일은 거의 없다. 다른 부서에서 협조해주지 않으면 한참을 기다려야 하는 일이 많다. 성질 급한 사람은 여기저기 뛰어다니며 부탁해야 겨우 남들보다 조금 더 빨리 끝낼 수 있다. 그러다보면 부서 간의 경계를 넘어서 일을 할 때도 있고, 보스의 힘과 권위를 빌려야 할 때도 있다. 이 대목에서 자칫 문제가 발생할 수 있음을 경계하고 있어야 한다.

  마당발 과장이 있었다. 오지랖이 넓어서 그런지 그의 별명은 '발발이'였다. 며칠 있으면 자동으로 결재되는 것을 참지 못하고 온 회사를 발발거리며 뛰어다니다시피 결재를 받아 올 정도로 적극적인 사람이었다.

그가 급기야 소모품 구매 계약서에 담당 팀장의 결재 없이 계약을 체결한 적이 있었다. 팀장이 부재중이라는 이유로 자기가 대충 가짜 사인을 해 놓고 도장을 찍어버린 것이다. 물론 사고가 안 생겼다면 다른 때와 마찬가지로 그냥 넘어갈 일이었다. 그런데 마침 계약서의 물품 청구 수량에 동그라미가 하나 더 추가되어 있다는 사실을 아무도 발견하지 못했다. 1만 개가 10만 개로 표시되어 있었던 것이다. 업체에서 이 사실을 우연히 발견하고 수정을 요청해왔으니 망정이지 아무도 발견하지 못했다면 꼼짝없이 10만 개를 몽땅 구입해야 할 판이었다.

이 일을 보고받은 팀장이 언짢은 표정을 지으며 말했다. "아무리 급해도 그렇지, 내 대신 가짜 사인을 해 넣으면 당신이 책임질 건가? 기본은 지켜야지. 이게 무슨 망신입니까?" "오늘 오후 2시가 마감이었는데 팀장님도 안 계시고 해서 급한 마음에 그만…. 죄송합니다." 아무리 급해도 그렇지 전화로 구두 승낙을 받아도 될 일인데 커다란 월권행위를 저지른 셈이었다.

사실 마 과장의 오버하는 버릇은 유명했다. 공연히 남의 일에 끼어들어 감 놔라 배 놔라 하는 통에 여러 사람들의 입장을 난처하게 만들곤 했다. 가령 노처녀 김 씨의 승진 문제에 개입한 일도 그렇다. "팀장님, 이번에 김 씨가 승진을 했으면 하는데요. 주제넘은 말인 줄 알지만, 김 씨의 노모가 치매로 병원비가 엄청나게 들어간다고 해서요." 팀장은 대놓고 면박을 주는 타입이었다. "김 씨와 마 과장은 어떤 사이죠? 치매가 걸린 것과 승진은 별개 문제인데 대체 그런 일에 왜 참견하는 거예요?" "네에,

주제넘은 말인 줄은 알지만, 제가 이런저런 정보를 좀 많이 알아서요. 참고 하셨으면 합니다." 그는 이렇게 늘 천연덕스럽게 이야기를 이어갔다. "아, 글쎄 그런 얘기는 하는 게 아니라고 하잖아요!" 팀장의 불호령이 떨어지고 나서야 그는 말을 멈추었다.

다정도 지나치면 병이 되는 모양이다. 넘치는 것은 모자람만 못하다고 한다. 괜한 행동으로 불필요한 오해를 불러일으킬 필요는 없다. 사람들이 수군대는 소리가 들려와서는 안 된다. "마 과장이 팀장인 양 행동해. 도대체 자기가 뭔데 이래라저래라 하는지 알 수가 없어" "우리 팀장은 팀장 역할을 마 과장에게 넘겨줬나 봐. 도무지 직접 나서서 결정하는 경우는 거의 없고 마 과장이 하자는 대로 하니까, 마 과장만 쳐다보며 일하게 돼."

이런 소리가 들리면 거의 심각한 수준이다. 보스를 보좌하는 수준을 넘어선 것이다. 이렇게 되면 구성원들이 보스를 보스로 인정하지 않게 될 뿐 아니라, 마 과장은 남의 권위를 빌려서 자신의 힘을 남용하는 사람으로 치부된다. 결국 보스로부터 제재 조치가 내려오는 것은 예정된 수순이다. 그리고 보스가 마 과장을 건방지게 여기는 이상 그는 괘씸죄로부터 자유로울 수 없다.

예로부터 이런 행위를 호가호위(狐假虎威)라 하여 경계했다. 여우가 호랑이의 권세를 빌려 허세를 부린다는 말이다. 보스를 보좌한다는 명분하에 보스의 권위를 잘못 사용하면 이런 문제가 발생한다. 보스 바로 아래에 있는 차상위자는 이런 문제가 생기지 않도록 각별히 조심하지 않으면 큰 화를 자초하게 된다. 그래서 1인자로서 행세하는 것보다 2인자로 처신하는 것이 더 어렵다는 말이 생긴 모양이다. 1인자에게 누가 되지 않으면서도 1인자의 부족함을 말없이 보좌하는 것은 말처럼 쉽지 않다. 2인자의 자리는 조금 지나치면 호가호위가 되고, 조금 부족하면 유명무실(有名無實)이 되어버린다.

의도가 선하다고 해서 반드시 결과도 선하란 법은 없다. 한순간 방심하면 괘씸죄에 걸리기 쉬운 것이 직장인들의 숙명이다. 그런데도 괘씸죄를 명시하는 어떤 법전도 설명서도 없으니 언제 어떤 방식으로 괘씸죄에 걸릴지 알 수 없는 노릇이다. 보스의 뒤통수를 때린다는 느낌이 들지 않도록 처신하는 것, 보스의 약점을 드러내지 않도록 처신하는 것, 지나친 자기 공치사를 하지 않는 것, 그리고 마지막으로 자신의 권한을 넘어서서 행동하지 않는 것이 괘씸죄를 피하는 최소한의 가이드라인이 될 것이다.

세상에 공소시효도 없고 감형도 없는 유일한 죄가 있다면 그건 바로 괘씸죄다. 그리고 누구나 쉽게 걸려들 수 있는 가장 중대한 범죄도 괘씸죄임을 명심해야 한다.

Part 3
Win Over Bad Boss

나쁜 보스와 싸우지 않고 이기는 노하우

사이코패스는 피하는 게 상책이다

보스와 정상적인 인간관계를 맺겠다는 생각은 버리고 헤어지는 그날까지 '일은 확실히, 관계는 무덤덤하게' 지내는 것이 최선이다.

나쁜 보스는 사이코패스다

나쁜 보스와 동행하기 위해 노력하는 것은 무척 중요하다. 그들이 좋아하는 행동을 골라서 해주는 것이 일단 살아가는 데 도움이 되기 때문이다. 그러나 제아무리 눈치를 잘 읽고, 아부를 해대고, 괘씸죄에 걸리지 않기 위해 노력을 해도 불가피한 상황은 항상 존재한다. 그래서 어떤 상황에서 보스를 피해야 하는지, 방어막을 구축하는 방법은 무엇인지, 맞설 때는 무엇을 주의해야 하는지, 언제 도망치는 것이 나은지를 알아야 한다.

믿고 싶지 않겠지만, 대다수 보스는 사이코다. 그들은 살아남기 위해 무슨 짓이든 한다. 사건과 상황을 자신에게 유리하게 해석하고 왜곡하는 일은 기본이고, 자신에게 순종하지 않는 부하를 괘씸하게 여기며 세상 끝까지 쫓아가서 복수하는 일도 서슴지 않는다. 이런 일들을 아무런 죄책감도 없이 행하는 사람들을 우리는 사이코패스(Psychopath)라고 부른다. 백과사전에 의하면 "사이코패스란 반사회적 인격 장애를 앓고 있는 사람을 일컫는다. 평소에는 정신병질이 내부적으로 잠재되어 있다가 범행을 통하여만 밖으로 드러나기 때문에, 주변 사람들이 잘 알아차리지 못하는 것이 특징이다."라고 정의되어 있다.

자세한 설명을 보면 더욱 충격적인 사실이 드러난다. "사이코패스는 반드시 흉악한 범죄자들에게만 국한되는 것은 아니며, 직장과 같은 일상에서 얼마든지 만날 수 있다는 견해가 있다. (중략) 로버트 헤어와 폴 바비악은 남다른 지능과 포장술 등으로 주위 사람들을 조종하여 자신이 속한 조직과 사회를 위기로 몰아넣는 이른바 '화이트컬러 사이코패스'를 '양복을 입는 뱀(Snakes in Suits)'에 비유했다." 상황이 이 정도라면 직장인은 한 번쯤 자신의 보스에 대해 관찰해볼 필요가 있다. 상식적으로 도저히 이해되지 않는 일을 서슴지 않고 해대는 보스라면 '사이코패스'가 아닌지 의심해보아야 한다. 겉으로 봐서는 멀쩡한 사람들이 남의 고통에 너무도 무감각한 나머지 어떤 일을 저지를지 알 수 없기 때문이다.

국내 10대 그룹에 속하는 한 기업의 계열사에서 실제로 일어난 일이다. 무역 부문을 관장하고 있던 오만상 부장은 총 4개과(수출 1과, 수출 2과, 수입 1과, 수입 2과)를 책임지고 있었다. 수려한 외모에 남다른 언변을 지닌 오 부장은 아랫사람들에게는 잔인하기 이를 데 없었지만 윗사람들에게는 철저한 아부로 위장한 이중인격자였다. 자신이 관장하는 4개과 과장들 간에 충성경쟁을 시켜 잘된 일은 자신의 공적으로 상부에 보고하고, 잘못된 일은 부하 탓으로 돌리는 데 능수능란한 인물이었다. 줄서기를 비판하는 대리나 사원들은 철저하게 탄압했다. 그들에게 인사상 불이익을 주는 것은 기본이고 다른 부서로 전출시키는 일도 마다하지 않았다. 오 부장에 대한 원성이 높아지고 있음에도 불구하고 그는 승승장구해 마침내 임원으로 올라앉더니, 얼마 후에는 계열사 대표이사로 승진하여 최고 권력을 장악하게 되었다.

전권을 장악한 오 사장은 자신에게 충성한 세 과장을 임원으로 승진시키고는 그들을 다시 충성경쟁으로 몰아넣었다. 세 명의 임원이 충성경쟁을 하는 동안 그 아래 부장, 과장, 대리들이 혹사당하는 일이 비일비재하게 일어났으며, 급기야 정 과장이라는 사람이 야근 후 근처 사우나에서 잠을 자다가 심장마비로 급사하는 일도 일어났다. 정 과장의 사인이 업무상 재해가 아닌 것으로 만들어내는 데 일등공신 한 사람은 해당 부서의 부장이었다. 물론 그 부장에게는 엄청난 논공행상이 행해졌고, 2년 후 그는 임원으로 승진했다. 오 사장은 이 모든 일을 진두지휘하면서 조금도 양심의 가책을 느끼는 일이 없었다.

그러나 칼로 일어난 자 칼로 망한다고 했으니, 오 사장의 말로는 비참했다. 자신이 충성경쟁시킨 부하 한 명이 퇴직하면서 그룹의 기획조정실에 투서를 넣었고, 그것이 사실로 드러나면서 오 사장은 대표이사직에서 해임된 것은 물론이고 공금횡령 등의 혐의로 형사고발당하는 처지에 이른 것이다.

사이코 성향을 가진 보스는 자신만 불행하게 살지 않는다. 주변 사람들을 고통과 혼란 속으로 몰아넣고, 조직에 씻을 수 없는 상처를 남긴다. 더욱 기막힌 것은 그들은 세월이 흘러도 '무엇이 잘못이었는지' 모른다는 데 있다. 단지 '운이 나빠서' 자신이 이런 일을 당했다고 생각한다.

나쁜 보스는 자기 잘못을 모른다

자신의 잘못을 모르는 경우 사태는 훨씬 심각해진다. 나쁜 보스들은 자신의 잘못을 결코 인정하려 들지 않는다. 오히려 현란한 말과 이론으로 무장하고 자신의 행동을 합리화하는 데 매우 능숙하다.

모 화장품 회사에서 있었던 일이다. 이 회사는 영업목표를 해마다 두 배씩 올리는 것으로 유명했다. 예를 들어, 금년도 영업목표가 200억 원이라면 내년도는 400억 원을 목표로 세우는 것이다. 사정이 이렇다 보니 각 영업본부의 목표 달성률은 해마다 50퍼센트를 넘기기가 쉽지 않았다. 경기가 아주 좋았던 해에도 1등을 한 영업본부가 목표의 70퍼센트밖에 달성하지 못했을 정도니, 목표치가 얼마나 높은지 짐작해볼 수 있다.

대리점들은 하나같이 영업목표에 쫓기며 허겁지겁 달려갔다. 서울 근교의 한 대리점 역시 연간 10억 원의 목표를 향해 매진하고 있었다. 영업본부장이 매장을 방문할 때마다 금년도 영업목표를 달성하지 못하면 불이익이 있을 거라고 협박해대는 통에 대리점 사장인 허대실은 은근히 부아가 치밀었다. "본부장님, 불이익만 말하지 마시고 달성하면 뭘 해주실지도 좀 얘기해주시죠." "그걸 아직도 모른단 말입니까? 목표 달성 초과분에 대해 파격적인 인센티브가 간단 말입니다. 아마 깜짝 놀랄 정도의 현금 보상이 있을 겁니다. 한번 해보고 얘기하시죠." 별로 미덥지는 않았지만 허 사장은 나름대로 최선을 다해서 목표를 달성해보자고 마음먹었다.

운이 좋았던 것일까. 상반기에는 제자리걸음만 하던 매출이 하반기 들어서면서부터 눈에 띄게 신장되고 있었다. 10월을 넘기면서부터 한번 해볼 만하다고 판단한 허 사장은 연말연시에 선물용 화장품 세트를 기획해 대대적인 판촉행사를 벌이면서 재고를 마구 밀어내기 시작했다. 11월 대리점을 방문한 본부장에게 허 사장은 의기양양하게 말했다. "잘하면 올해 매출목표를 달성할 것 같습니다. 그러면 전국 최초로 목표를 달성한 대리점이 되는 것 아니겠습니까?" "그러면, 정말 대단한 성과를 내는 겁니다. 꼭 달성하십시오." 본부장도 이렇게 말하며 허 사장을 치하했다.

그해 허 사장은 간신히 목표를 달성하게 되었다. 커다란 성취감과 함께 열심히 하면 정말 목표에 도달할 수 있다는 데 자신감을 갖고 본사로부터 반가운 소식을 기다리고 있었다. 그런데 1월이 다 가도록 아무런 소식도 들려오지 않았다. 한 달에 한 번씩은 대리점을 방문하던 본부장도 감감무소식이었다. 뭔가 잘못되었다는 느낌에 본부장에게 전화를 걸었지만, 비서가 받아 본부장이 출장 중임을 알려줄 뿐이었다. 메모를 남겨도 전화는 걸려오지 않았다. 답답한 마음에 허 사장은 영업목표를 달성했는데 왜 아무런 설명도 없고 연락도 없는지 궁금하다며 본부장에게 장문의 메일을 보냈다.

그리고 얼마 후 본부장에게서 전화가 걸려왔다. "좀 미안한 얘긴데요, 꼼꼼하게 조사해봤더니 허 사장의 대리점은 사실상 목표를 달성하지 못했어요. 매출 세금계산서에 엉터리가 많고 부실 채권이 많아서 회수 가능한 매출만 계산을 해보니 70퍼센트밖에 달성하지 못했더라고요. 작년에 경기가 좋아서 100퍼센트, 120퍼센트 달성한 데가 다섯 곳이나 되니 그걸로는 명함도 못 내밀어요."

납득할 수 없는 설명이었다. 허 사장은 멍하니 듣기만 하다가 수화기를 내려놓았다. '그걸 왜 이제야 얘기합니까? 부실 채권은 우리만 있나요? 다른 대리점도 다 그렇게 하는데, 이제 와서 그런 핑계를 대면서 목표 달성이 70퍼센트라니 이게 말이나 됩니까?' 이렇게 따지지 못한 것이 분했다. '정말 선전했는데 이번에는 못 챙겨주게 되어 미안합니다. 대형 대리점을 우선 챙겨야 하는 상황이라, 다음을 기약해봅시다.' 이렇게 솔직하게 사과라도 했다면 덜 억울했을 것이다. 하지만 본부장은 애초에 미안해하는 사람이 아니었다. 여기저기 다니면서 경쟁을 부추기다가 그중에 매출이 좋은 곳이 나오면 그 대리점을 인정하면 그뿐이었다. 실적을 부풀리는 방법도, 실적을 깎아내리는 방법도 수없이 많다. 보스들이란 무수한 방법으로 부하들을 올렸다 내렸다 하는 사람들이다.

보스는 잘못을 모른다. 자신이 하는 일에는 다 이유가 있다고 믿는다. 설사 문제가 생겼다고 해도 어쩔 수 없는 상황에서 선택한 결과일 뿐이라고 말한다. 그리고 당연히 그것이 어떤 상황이었는지 설명할 필요도 전혀 느끼지 못한다. 때문에 억울한 입장이라고 해도 다른 방법이 있지 않았냐며 따져 물어서는 절대 안 된다. 분노가 가슴을 짓눌러도 알아서 해소해야 한다. 시간이 해결해주기를 기다리면서. 사정이 이쯤 되면 그 보스를 상대방의 고통을 헤아릴 수 없는 사이코패스로 진단해도 좋다.

조직은 나쁜 보스 편이다

정의는 강자의 것이다. 정말 운이 좋아서 보스의 잘못이 만천하에 드러나지 않는 한, 그것을 입증할 수 있는 확실한 물증이 없는 한, 조직은 보스의 말을 더 신뢰한다. 조직이 보스의 손을 들어주는 순간, 당신은 이미 죽은 목숨이다.

직장에서 투서하는 일은 심심치 않게 일어난다. 그 내용은 공금 유용이나 횡령에서부터 협력업체로부터의 리베이트 수수나 보스의 부당한 대우에 이르기까지 다양하다. 확실한 물증이 포착되면 누구도 책임으로부터 자유로울 수 없지만, 보스에게 유리한 방향으로 사실이 왜곡되는 경우가 많다.

D사 구매부서의 제태구 부장은 협력업체로부터 3억 원에 상당하는 리베이트를 챙겼다. 이 바닥에서 굴러먹은 지가 벌써 20년이나 되다보니 리베이트를 챙기는 수법도 지능적이었다. 장동일 과장은 그런 제 부장으

로부터 "리베이트를 함부로 받아 챙기면 탈이 생길 수 있으니 업체로부터 청탁이 있으면 반드시 나와 상의하도록 하게."라는 말을 귀에 못이 박히도록 들었다. 그래서 되도록 협력업체와 업무 외적으로 만나는 자리를 피하려고 노력했지만, 경쟁사를 따돌리고 더 많은 물량을 배정받으려는 한 업체의 공세는 한 수 위였다.

어느 날, 저녁식사나 하자며 장 과장을 불러낸 그 업체 사장은 평범한 한정식 집에서 저녁을 사준 뒤 룸살롱으로 그를 유인했다. "이번 한 번만 더 밀어줘. 내가 가만히 있을 사람이 아니잖아." 술자리가 무르익자 업체 사장은 대놓고 조르기 시작했다. "요즘 세상이 많이 바뀌었잖아요. 얼마나 공정하게 관리하는데요. 우리 부장님 아시면 큰일 나요. 제가 무슨 권한이 있다고…." 장 과장이 발을 빼자 업체 사장은 현금이 든 봉투를 안주머니에 찔러 넣으며 강하게 밀어붙였다. "장 과장도 엄청 순진한 사람이네. 부장님하고는 이미 얘기 다 됐어. 걱정 말고, 내일 모레 평가회의에서 우리를 세게 밀어주면 되는 거야. 알았지?" "이러면, 안 되는데…."라고 했지만 장 과장도 돈의 유혹에 굴복할 수밖에 없었다. 남들 다 가진 집 한 채도 없어서 2년마다 전세를 전전하는 처지니, 이번 한 번만 눈 딱 감고 받으면 집 한 채는 거뜬히 장만할 수 있을 터였다.

집으로 오는 길에 주머니를 확인해보니 봉투가 두 개였다. 봉투에는 '부장님', '과장님'이라는 글귀가 각각 쓰여 있었다. 머리 좋은 업체 사장이 사이좋게 나누어먹으라고 각각 3억 원, 2억 원씩을 따로 담아 넣어준 것이었다.

다음 날 아침 장 과장은 부장실로 들어가 3억 원짜리 봉투를 슬그머니 내밀었다. "어젯밤에 업체 사장님이 부장님과는 다 얘기가 되었다면서 준 겁니다." 제 부장은 전혀 모르는 일인 양 시치미를 뚝 떼며 말했다. "응? 그래. 난 전혀 모르는 일인데, 뭐 잘 봐달라는 편지를 써 넣었나?" 그러면서 돈 봉투를 옆에다 던져놓는 것이었다. 제 부장은 선수였다. 그는 마치 돈 봉투가 아니라 선처를 호소하는 편지를 받았다는 듯이 행동했다. 장 과장은 뭔가 께름칙한 기분이 들었지만 다 알면서 저러는 거겠지 생각하며 부장실을 나왔다.

아무 문제없이 몇 달이 흘렀다. 갑자기 큰돈을 만지게 된 장 과장이 눈에 띄게 자신감이 붙고 의기양양해진 것 외에는 아무 일도 일어나지 않았다.

그러나 몇 달 후, 장 과장의 금품수수 사실을 확인해달라는 익명의 투서가 감사팀에 접수되고 나서부터 상황이 급변하기 시작했다. 계좌 추적을 통해 장 과장의 금품수수 사실은 금방 확인되었지만, 제 부장에게서는 아무런 단서도 포착되지 않았다. 장 과장은 제 부장을 찾아갔다. "부장님, 이 정도는 막아주셔야 하지 않습니까? 제가 부장님께 보고를 안 드린 것도 아니고, 부장님 역시 3억 원을 받으셨는데 왜 모든 책임을 제가 져야 합니까?" 항변했지만 소용없었다. "장 과장, 제 정신이야? 내가 언제 돈을 받았다고 낭설을 퍼뜨리나? 여기 보게. 자네가 전달한 건 돈이 아니라, 업체 사장의 친필 편지일 뿐일세. 5억 원을 혼자서 먹고 어디서 오리발을 내미는 건가?" 어이없는 일이었다. 장 과장은 분명 수표를 확인하고 건넸는데, 제 부장은 편지 한 장뿐이라고 우겨댔다. 장 과장은 결국 혼자서 모든 것을 뒤집어쓰고 회사를 정리할 수밖에 없었다.

보스는 머리가 좋다. 어떻게 해야 자신은 살아남고 상대방을 희생시킬 수 있는지 잘 알고 있다. 물증이 없는 바에야 조직은 보스의 편이다. 정의도 그들의 편이다.

무거래 원칙으로 이겨라

상대방의 고통에 무감각한 사이코와 맞닥뜨렸을 때 그 상황을 모면하는 방법은 단 하나뿐이다. 그들과 아무런 일도 함께하지 않는 것, 즉 무거래(No Deal) 전략으로 대응하는 것이다.

사람 사이의 갈등을 해소하는 방법에는 4가지가 있다. 가장 좋은 방법은 나도 이기고 상대방도 이기는 '승-승(Win-Win) 전략'이다. 할 수만 있다면 가장 좋은 방법이지만, 현실에서는 자주 성사되지 않는 드문 경우다. 다음으로는 내가 이기고 상대방은 지는 '승-패(Win-Lose) 전략'과 반대로 내가 지고 상대방이 이기는 '패-승(Lose-Win) 전략'이 있다. 이 두 가지 방법은 현실에서 빈번하게 접하는 경우다. 한쪽이 다른 한쪽을 밟고 일어서야만 피 터지는 싸움을 끝내고 갈등을 해소할 수 있다.

그리고 사람들이 잘 모르는 방법이 하나 더 있다. 바로 무거래 전략이다. 상대방과 아무런 싸움도 경쟁도 거래도 하지 않는 것이다. 상대방이 워낙 강해서 붙어봐야 이길 공산이 없을 때 특히 빛을 발하는 최선의 방법이다. 매일같이 보고 살아야 하는 보스에게 무거래 전략이 통할까 의아할 수도 있지만, 그건 생각하기 나름이다.

무거래 전략을 효과적으로 사용해 큰 덕을 본 경우가 있다.

현명환 과장은 우대포 부장을 상종하기에 위험한 인물로 분류했다. 우 부장은 너무 비합리적이었다. 걸핏하면 옆 부서의 팀장을 험담하기 일쑤였다. 그에 따르면 자신을 제외한 다른 모든 부서장들은 애사심도 없고 추진력도 없는 문제아들이었다. 그는 오후 5시만 되면 그때부터 일을 챙기기 시작하면서 야근을 하도록 채근했다. 그러다보니 직원들이 외근을 핑계로 오후 4시 이전에 사무실을 비우는 날이 많았다. 우 부장 다루는 법을 익히지 않고는 이 부서에서 배겨내기가 쉽지가 않았다. 노련한 현 과장의 대처법은 이러했다.

우 부장이 험담을 할 때 그는 맞장구치지 않았다. 다만, 고개를 끄덕이며 그 자리를 피할 방법을 찾았다. 가령 이야기 중에 아내나 동료들에게 슬며시 문자를 보내 구호를 요청한다. "지금 전화 한 통 줄래?" 두세 명에게 문자를 보내면 그중 한 명 정도는 분명히 전화를 해준다. 그러면 "부장님, 지금 급한 전화가 와서요."라고 말하면서 잠시 자리를 비우는 식이다. 20분 정도 통화하고 오면 우 부장은 이미 다른 데로 가고 없다. 회피 전략이 일단 성공한 셈이다.

갑자기 야근을 요청하는 경우에도 피해 갈 방법은 얼마든지 있다. 선약을 핑계로 내세우는 것은 그리 좋은 방법이 아니다. '회사 일이 우선이지 그깟 약속이야 취소하거나 연기하면 그만'이라고 생각하는 우 부장 같은 보스에게는 무용지물이기 때문이다. 이런 경우 현 과장은 이렇게 말한다. "부장님, 그 일 언제까지 끝내야 하는지 알려주시면 제가 혼자서든 누구와 함께하든 시간 맞춰 완료하도록 하겠습니다." 부장이 내일 아침까지 당장 끝내야 한다고 하더라도 잠깐 약속 장소에 갔다가 집에 가서 마무리해 오겠다고 하는 편이 낫다. 혼자서 할 수 없는 일이더라도 동료들과 각자 집에서 메신저나 전화로 해결하는 편이 낫다.

중요한 것은 우 부장과 얼굴을 맞대고 일하는 것을 가급적 피하는 것이다. 우 부장과 함께 사무실에 있으면 일하는 시간보다는 잔소리 듣는 시간이 더 많기 때문에 시간 낭비가 너무 심하다. 그러니 제대로 된 코칭은 만무하고 공연히 말도 안 되는 사건에 휘말릴 수 있다. 대신 한 가지만 주의하면 된다. 일을 소홀히 하거나 일을 피하려 한다는 인상만 주지 않으면 된다. 자칫 일 자체를 피하려 들다가 사이코 성향을 가진 보스에게 걸리기라도 하면 더 큰 불이익을 받을 수 있다. 출근 시간을 당기는 한이 있더라도 정해진 시간은 꼭 지켜서 일을 처리하고, 보스가 지적할 때는 대꾸하지 말고 한 번 더 원하는 대로 손을 봐주면 된다. 사이코 보스와 자연스럽게 헤어지는 그날까지 이렇게 '일은 확실히, 관계는 무덤덤하게' 지내는 것이 상책이다.

보스는 대개 사이코적 성향을 가지고 있다. 그들은 직접 일하지 않고 아랫사람을 부리는 입장이기 때문에 자신의 감정을 잘 조절하지 못한다. 자신의 잘못된 표현이 상대방에게 얼마나 큰 상처를 주는지는 더더욱 모른다. 결정적인 순간에 자신은 빠져나가고, 모든 잘못을 아랫사람들에게 뒤집어씌우는 일도 흔하게 벌인다.

  보스의 횡포에 상처받았다고 해서 그를 비난해봐야 회사는 아랫사람의 입장을 헤아려주지 않는다. 일단 훌훌 털고 일어나서 무거래 전략을 행하라. 사이코 보스와 정상적인 인간관계를 맺겠다는 생각은 버리고 자신에게 주어진 일을 묵묵히 하는 것이 최선이다.

보스의 보스를 내 편으로 만들어라

보스가 어려워하는 것을 잘 파악하고 그 부분을 공략하는 사람이 있다면 보스도 결코 그를 함부로 대하지 못한다. 그런데 대개 보스의 취약점은 보스의 보스인 경우가 많다.

보스의 보스에게 좋은 인상을 심어라

손자병법 《허실》편에 "내가 싸우고자 할 때 적이 아무리 성루를 높이 쌓고 해자를 깊게 파도 나와 교전할 수밖에 없는 것은 적이 꼭 지키고자 하는 것을 내가 공격하기 때문이다(我欲戰, 敵雖高壘深溝, 不得不與我戰者, 攻其所必救也)"라는 말이 있다. 적은 이로움이 있다고 여기면 오지 말라고 해도 오고, 해로움이 있다고 여기면 오라고 해도 오지 않는다는 뜻이다. 다시 말해, 적이 가려워하는 곳을 알고 그곳을 공격해 승기를 잡으라는 말로 해석할 수 있다.

보스와의 관계에서도 마찬가지다. 보스가 어려워하는 것을 잘 파악하고 그 부분을 공략하는 사람이 있다면, 보스도 결코 그를 함부로 대하지 못한다. 그런데 보스의 취약점은 대체로 보스의 보스인 경우가 많다.

중간 규모의 기업 연구소에서 일어난 실제 사례가 있다.

김혜린 선임연구원은 보스가 자신을 신임하지 않는다는 사실을 잘 알고 있었다. 일전에 부서회의에서 자신도 모르게 보스에게 대든 이후, 보스는 눈에 띄게 자신을 구박하고 있었다. 김 선임의 눈에 그날 보스의 행동은 너무 편파적이었다. 입사한 지 1년밖에 안 된 신입사원의 말을 전적으로 신뢰하며 다른 사람이 그의 말을 지적할라치면 "우리 중에 유지환 씨만큼 특화된 기술을 가진 사람도 없는데, 신입사원이라고 해서 깔아뭉개면 어디 신기술을 개발할 수 있겠어요?" 하며 감싸는 식이었다.

참다못한 김 선임이 따지듯이 보스를 향해 각을 세웠다. "그게 아니라, 그동안 우리가 진행해온 연구 방법과 절차가 있는데, 그것을 깡그리 무시하게 되면 업무 진행에 큰 혼란이 오게 된다는 의미입니다. 그런 말도 못합니까?" 그러자 보스가 김 선임을 째려보며 말했다. "아직도 내 말을 못 알아듣는구먼. 그렇게 앞뒤가 막혔으니 만날 그 모양이지." 김 선임은 눈물이 핑 돌았다. 그 신입사원이 국내 일류대학을 졸업하고 미국에서 유학한 재원이라고는 해도, 자신도 배울 만큼 배운 사람이었다. 공연히 신입사원을 시기하는 사람이 된 듯해 무척 속이 상했다. '연구라는 것이 원래 대화와 토론을 통해 새로운 절차를 만들어가는 것 아닌가요?'라고 다시 한 번 항변하지 못한 것이 못내 억울했다.

그 날 이후, 보스의 눈초리는 심상치 않았다. 김 선임의 눈길을 아예 피해버리는 날도 많았고, 심한 경우 김 선임을 회의에서 배제해버리기도 했다. 김 선임은 방어막의 필요성을 절감하고 있었다. 이대로 있다가는 왕따가 되는 것은 시간문제였다. 보스가 자신을 멀리하고 피하니, 동료들도 자연히 자신과 함께 일하는 것을 어려워한다는 것을 느끼고 있었기 때문이다.

김 선임은 결국 보스의 보스, 즉 사장님께 접근하기로 마음먹었다. 그러고는 인트라넷 게시판에 사장님이 올린 글들에 댓글을 달며 사장님의 생각과 판단을 적극 옹호하기 시작했다. 사장님이 소집하는 크고작은 회의나 모임에도 절대 빠지지 않았다. 중소기업이라서 사장님과 대면할 시간이 적지 않은 편이었는데, 그때마다 김 선임은 적극적이고 긍정적인 자세로 대화를 주도해나가기 시작했다.

그렇게 몇 개월이 지난 후, 보스가 김 선임에게 말했다. "김 선임, 사장님께서 김 선임에 대해 무척 호감을 갖고 있더군. 일도 똑 부러지게 하고, 타 부서 사람들과도 격의 없이 지낸다고. 앞으로 우리 회사를 이끌어나갈 인재라고 칭찬이 자자해. 대체 언제부터 사장님과 친해지게 된 거야?" 김 선임의 전략은 주효했다. 자신의 보스인 사장님과 좋은 관계를 형성해야 하는 보스로서는 사장님의 신임을 얻고 있는 김 선임을 자기 사람으로 만들 필요가 있었다. 그러니 김 선임에 대한 보스의 태도가 180도로 달라지는 것은 당연했다. "저는 사장님의 경영방식과 기술에 대한 철학이 너무 좋아요. 틈만 나면 허물없이 지위를 불문하고 토론하려고 하시는 것도 그렇고요." 김 선임은 은근히 사장님과 가까운 사이인 듯 과시했다. 이후 보스의 편파적인 행동은 급속히 사라졌고, 이전처럼 김 선임을 무시하는 일도 일어나지 않았다.

보스의 부당한 대우를 방어하는 한 가지 방법은 보스의 보스를 활용하는 것이다. 보스의 보스와 가까워질 수만 있다면, 게임을 유리하게 전개할 수 있는 힘을 가진 것이나 마찬가지다. 그것을 보스가 눈치채기만 한다면, 보스는 태도를 완전히 바꿀 것이다. 보스는 자신의 안위를 가장 먼저 챙기는 사람이기 때문이다.

어설픈 시도는 화를 부른다

보스의 보스는 섬겨야 할 고객이다. 하지만 보스의 보스를 나의 주고객으로 만드는 일은 그리 수월치 않다. 만만하게 보고 접근했다가는 낭패를 보기 십상이다. 수십 년간 사회생활을 해온 베테랑 직장인인 그는 상대방이 어떤 의도로 접근해오는지 뻔히 다 알고 있다. 따라서 어줍잖게 접근했다가는 오히려 역효과만 나고 두 보스 모두의 눈 밖에 나서 회복할 수 없는 관계로 악화되고 만다.

추진왕 과장이 그런 경우다.

일 욕심이 많았던 추 과장은 보스가 시키지 않는 새로운 일을 벌이기를 좋아했다. 그의 눈에 지금의 업무 방식은 왠지 고리타분하고 비효율적인 것처럼 보였다. 추진왕은 틈만 나면 이것은 저렇게 고치고, 저것은 이렇게 바꾸는 것이 좋겠다고 제안했다. 충분히 일리 있는 의견도 많았지만, 그만큼 터무니없게 느껴지는 일도 많았다.

그러다보니 부서 내에 추 과장을 기피하는 사람들이 대거 생겨났다. "업무 방식이 그렇게 된 데에는 나름대로 다 배경이 있고 이유가 있는데, 덮어놓고 모두 바꾸자고 덤비면 일은 언제 하냐고요? 매번 바꾸는 것이 능사가 아니지 않습니까? 한 번 시작하면 10년이고 20년이고 꾸준히 추진하는 일도 있다는 걸 알아야지요." 여기저기서 불만이 터져나왔다. 말이야 바른 말이지, 노상 바꾸기만 해서야 일상 업무가 제대로 돌아갈 리 없다. 듣기 좋은 노래도 한두 번이지 자꾸 들으면 질리는 법, 추 과장의 변화 지상주의는 더 이상 먹혀들지 않았다.

그를 기피하는 것은 동료들뿐만이 아니었다. 처음에는 참신하고 혁신적이라며 추 과장을 지지해주던 보스도 슬슬 발을 빼는 눈치였다. "부장님, 이번 일만은 꼭 바꾸어야 합니다. 다른 것은 몰라도 이것만 바꾸면 우리 부서의 성과가 눈에 띄게 올라간다니까요. 저를 한 번만 더 믿어주세요!" 한참을 듣고 있던 보스가 천천히 입을 열었다. "자네 생각은 잘 알겠는데, 업무 절차를 바꾼다는 게 그렇게 간단치가 않아요. 우리 부서로 끝나는 일이라면 문제도 아니지만, 영업, 생산, 회계, 기술… 어디 한두 군데 걸쳐 있는 일이라야 시작을 해보지." 벌써 세 번째 설득이었지만 보스는 요지부동이었다. 급기야 보스는 슬슬 짜증스러워하기까지 했다.

그럼에도 불구하고 눈치 없는 추 과장은 다시 한 번 설득하기 시작했다. "부장님, 1안이 안 되면 2안으로 추진해서 절반이라도 해보면…." 그의 말이 채 끝나기도 전에 보스의 불호령이 떨어졌다. "당신, 이제 보니 고집불통이구먼. 대체 누구 좋으라고 이 일을 시작하자는 거야. 그만하라면 그만해야지!" 상황은 끝이었다. 보스는 추 과장이 주장하는 바가 보스 자신을 위한 일도 아니요, 부서 전체에 도움 되는 일도 아니며, 추 과장만 좋아서 하는 일로 치부하기 시작했다. 의욕이 크면 클수록 절망도 큰 법이다. 추 과장으로서는 다른 것은 다 이해해도 '지 좋아서 하는 일에 왜 부서 전체가 동원되어야 하나.'라는 오해는 정말 참기 힘든 모욕이었다. 자신의 진심과 충정을 몰라주는 보스가 야속할 뿐이었다.

일주일의 고민 끝에 추 과장은 보스의 보스인 강 이사를 찾아갔다. 평소에 강 이사가 자신을 인정하는 듯한 느낌을 많이 받았기 때문이다. "이사님, 정말 고민이 있어서 찾아왔습니다." 이사는 그저 듣기만 하면서 가끔 "거 참, 딱하게 되었구먼. 자네 입장이 어렵게 되었네." 하고 맞장구를 쳐주었다. 30분간 혼자 열변을 토하던 추 과장은 불현듯 강 이사가 자신의 말을 더 이상 듣고 있지 않음을 감지했다. 서둘러 말을 중단하고 어색한 표정으로 이사실을 나오면서, 그는 자신이 큰 실수를 저질렀다는 사실을 어렵지 않게 깨달을 수 있었다.

며칠 후, 보스가 추 과장을 회의실로 불렀다. "최근에 이사님 만난 적이 있나?" "네…." 사태는 걷잡을 수 없었다. 아무리 변명하고 양해를 구해도 보스의 오해는 풀릴 수 없는 상태에 도달하고 말았다. 그는 부서 내 문제를 상부에 일러바친 배신자가 되어버렸다. 결국 보스는 폭탄선언을 했다. "자네를 더 이상 믿을 수가 없네. 둘 중에 하나는 다른 길을 찾아야겠지."

보스의 보스를 활용하는 방법에는 함정이 도사리고 있다. 섣불리 접근하거나 속마음을 다 드러내 보였다가는 쉽게 오해를 사고 만다. 아무리 선한 의도였다 하더라도 상대방이 왜곡해 받아들이는 한 깊고 깊은 '불신'의 늪을 피해갈 도리는 없다.

그래서 보스의 보스를 만날 때도 철저한 준비가 필요하다. 보스의 보스도 고객처럼 섬기는 것이다. 1부에서도 살펴보았듯이, 고객은 원래 의심이 많고 까다롭고 툭하면 반품하겠다고 으름장을 놓는 사람들이다. 반면 한 번 감동하면 자기 주머니를 털어서라도 물건을 사주려고 한다. 한 번 믿으면 절대로 한눈팔지 않고 먼 길을 돌아서라도 내 가게를 찾아온다. 그런데 그런 충성심은 단번에 생기지 않는다. 시간을 두고 천천히, 상대방이 원하는 것을 확실하게 파악한 다음, 내 사람으로 만드는 수밖에 없다. 내가 머릿속으로 상대방의 의중을 헤아리고 있듯이 상대방도 머릿속으로 다 계산하고 있다고 보면 틀림없다.

객관적인 시각으로 비전을 제시하라

시오노 나나미는 《나의 인생은 영화관에서 시작되었다》에서 재미있는 비유를 한 적이 있다.

인간에는 세 종류가 있는 것 같다. 천재, 수재, 범재. 영화 '아마데우스'에는 이 세 타입이 모차르트, 살리에리, 오스트리아 황제 레오폴트 1세로 나뉜다. 내가 이렇게 세 종류로 나눈다고 해서 수재와 범재를 경멸하는 것은 아니다. 다만, 다르다는 것을 말하고 싶을 따름이다. 천재―신이 사랑한 사람, 수재―신이 사랑할 정도의 재능은 없으나 천재의 재능을 알아볼 정도는 되는 사람. 그래서 불행한 사람. 범재―수재의 재능은 이해하고 존중하지만, 천재의 재능까지는 모르는 사람. 그러므로 행복한 사람.

　모차르트와 같은 천재성을 타고나지는 못하고, 그의 천재성을 알아볼 수 있는 귀밖에 갖지 못한 살리에리는 그래서 불행한 사람이었다.
　보스에게도 질투가 있다. 자신은 갖지 못한 재능을 가진 아랫사람이 자신을 믿고 따라주지 않을 때 그는 불같은 질투심을 드러낸다. 실상은 유능한 아랫사람을 좋아하면서도 자신의 이기적인 질투심에 사로잡혀 그를 죽이려 들기까지 한다. 그러나 보스의 질투심을 잠재우고 위기를 기회로 전환하는 방법은 있다.
　누구나 탐내는 김명민이라는 사람이 있었다. S대를 졸업한 재원답게 그는 머리 회전이 빨랐다. 남들이 이틀에 걸쳐 처리하는 일을 그는 하루면 끝냈고, 그가 제출한 보고서는 손댈 곳이 없을 정도로 논리 정연했다. 게다가 수려한 외모에 체격도 훤칠했다. 심성도 남달리 겸손하고 조용한 편이었다. 이런저런 구설수에 오르는 법도 없었고, 해내는 일마다 고객으로부터 칭찬받는, 소위 잘나가는 핵심 인재였다. 김명민은 어느 날, 보스가 자신을 놓치지 않기 위해 무척 애쓴다는 사실을 발견했다.
　세무부서에서 회사 일을 시작한 그는 5년차에 접어들면서 더 늦기 전에 영업부서를 다녀와야 최고경영자(CEO)로 성장할 수 있다고 판단하고 있었다. 영업이 어렵고 스트레스를 많이 받는 업무이긴 하지만 더 나이가 들면 절대로 경험할 수 없는 일인 데다, 영업을 모르고는 최고경영자의 자리에 오르기 어려웠다. 그러나 보스는 김명민이 3년만 더 세무업무를 맡아주었으면 했다. 그는 한 해 수백억 원에 달하는 세금을 절감하는 방법을 알고 있는 데다 부서 내에 그만한 실력을 갖춘 세무 전문가도 없었다. 게다가 보스로서는 자칫 잘못해 세무감사에 걸려 혼자 모든 책임을 뒤집어써야 하는 상황이 올까봐 두렵기도 했다.

김명민은 1년 내에 자신을 대체할 유능한 후배를 한 명 육성해놓겠다며 보스를 설득하기도 했다. 그래도 보스는 막무가내였다. 1년 안에 그런 인재를 키워낼 수 있다면 걱정도 안 한다는 것이었다. 세무업무가 워낙 복잡하고 전문적인 영역이라 하루아침에 전문가가 되기는 어려운 것이 사실이었다.

하지만 그로서도 더 이상 한 부서에만 머물러 있을 수는 없는 노릇이었다. 언제까지나 보스의 이기심을 만족시키기 위해 자신의 미래를 좀먹을 수 없었던 그는 끝까지 보스를 설득해보기로 했다. "부장님, 지금부터 6개월 동안 제가 후배를 육성하겠습니다. 그 후배가 업무를 제대로 하는지 한번 지켜봐주십시오. 그때도 만족하지 못하시면 1년 더 세무부서에 머물겠습니다." 보스는 정색하며 반대 의사를 분명히 밝혔다. "좋은 제안이긴 한데, 해보나 마나 한 일을 뭣 때문에 시도하려는 건가? 이러나저러나 3년은 걸릴 텐데…. 정말 몰라서 그래?" "정말 자신 있습니다. 제가 영업부로 가는 게 회사에도 도움이 되고요." "누가 그래? 영업부와 이미 얘기 다

됐다는 거야? 일 좀 잘한다고 칭찬해줬더니 상사인 나를 무시해?"

보스의 오해는 끝이 없었다. 보스는 자신이 3년만 더 있어달라고 이렇게 부탁하는데도 굳이 영업부로 가려는 이유가 상사인 자신을 무시하기 때문이라고 결론지었다. 보스의 질투심이 폭발한 것은 이 때문이었다. "이봐, 내가 오케이하지 않으면 절대로 다른 부서로 갈 수 없다는 것 몰라? 자꾸 우기면 3년이 지나도 아예 안 보내줄 거니까 그리 알고 처신해!" 갑자기 숨이 막혀왔다. 겸손하고 신중한 김명민의 마음도 혼란으로 들끓었다. 보스는 자신의 생각만을 고집하고 있었다.

그때 김명민의 머릿속에 번개 같은 아이디어가 하나 떠올랐다. 매월 세무업무 보고 때마다 뵙는 이사님을 찾아가 속에 있는 이야기를 한번 꺼내보면 좋겠다는 판단이었다. 한 가지 원칙만 지키면 문제될 것은 없다고 생각했다. 이사 앞에서 직속 보스를 흉보는 것이 아니라, 자신의 비전과 회사의 이득만을 강조하는 것이다.

그의 판단은 적중했다. 오히려 이사님은 그의 비전과 용기를 높이 샀다. 영업부는 실적 스트레스 때문에 젊은 사람들이 기피하는데 도리어 도전해보겠다니 정말 대단한 젊은이라고 그를 추켜세웠다. 보스의 보스가 김명민을 인정하자 상황은 정반대로 흘렀다. 결국 1년 후 그는 자신이 원하는 대로 현재의 보스를 피해 무사히 영업부에 안착했다. 보스의 질투심을 악화시키지 않으면서 보스의 보스를 활용해 성공한 셈이다.

도화살의 저주를 경계하라

어딜 가나 인정받고 칭찬받는 사람들이 정말 주의해야 할 점이 있다. 바로 '도화살의 저주'라는 형벌이다. 한동안 잘나가던 사람이 중간에 크게 꺾이는 경우다.

도화살의 사전적 의미는 "여자가 한 남자의 아내로 살지 못하고 사별하거나 뭇 남자와 상관하도록 지워진 살기"이다. 하지만 현대에는 반드시 부정적인 의미로만 쓰이지는 않는다. 세간의 주목을 받아야 하는 연예인의 경우 적절한 도화살을 갖고 있어야 자신만의 매력을 발산하고, 그래야 장기간 인기를 유지할 수 있기 때문에 사주에 꼭 필요한 살이다. 하지만 인기란 물거품과 같아서 어느 정도 유지되다가는 금방 꺼져버리는 속성이 있다. 한 시절이 지나면 사람들의 기억에서 잊히기 십상이다.

직장에서도 마찬가지다. 소위 잘나가는 핵심 인재들은 어딜 가나 환영받고 곧 출세할 사람으로 여겨져 주위의 부러움을 한 몸에 산다. 아무나 못 들어가는 핵심 인재 교육에 차출되어 가는 것은 기본이고, 누구나 가고 싶어 하는 핵심부서에도 별 어려움 없이 들어간다. 남들이 잘 봐주어서 그런지 뭐든 다 잘하는 것 같고, 실제 능력 이상으로 평가받기도 한다. 이 정도 되면 인간은 대개 스스로 우쭐해지고 교만해진다. 그러면서 사태를 오판하기 시작한다. 모든 성취를 오로지 자신만의 능력으로 이루었다고 착각하는 것이다.

김주신은 증권회사에서 첫 직장생활을 시작했다. 3년차가 되자 국내 최고 기업인 P전자에서 대리로 스카우트해 갈 만큼 그는 유능한 인재였다. P전자의 해외지사를 거치며 10년의 세월을 보낸 그는 마침 업무에 지루함을 느끼고 있던 차에 헤드헌터의 주선으로 경쟁사로 자리를 옮기게 되었다. 이번 이직으로 그는 거액의 현금 보너스와 함께 임원 자리를 꿰찰 수 있었다. 그곳에서도 그는 승승장구했다. 누구나 그의 업무 능력을 인정해줬고, 인격적으로도 '된 사람'이라는 소문이 자자했다.

그러나 영원히 지속되는 것은 없다는 것을 그는 알아야 했다. 굴러들어 온 돌이 박힌 돌을 빼낼 정도로 인정받은 터라 언젠가부터 그를 시기하는 무리들이 등장하기 시작했다. 그런데도 이를 간과하고 자신은 언제나 당당하고 쿨하며 업무와 성과로 승부하기 때문에 어떤 난관이 닥쳐와도 헤쳐나갈 수 있다고 자신하고 있었다. 하지만 그의 도화살은 거기까지만 효력을 발휘했고, 불행히도 상황은 서서히 바뀌어갔다.

조직 개편으로 몇 개의 부서가 통폐합되면서 그가 맡고 있던 부서는 통째로 없어지고 그는 동료인 강경호의 수하로 편입되었다. 시련은 그때부터 시작되었다. '하늘 아래 태양이 둘일 수는 없는데, 자기 부서가 날아갔으면 알아서 옷을 벗을 일이지 눈치도 없이 내 밑에 죽치고 앉아서 버티는 이유가 뭐냐.'는 것이 강경호의 노골적인 태도였다. 강경호는 자기 자리를 위협하는 김주신을 극도로 경계했다. 하지만 김주신이 생각하는 실상은 달랐다. 사정이 좀 나아지는 대로 새로운 자리를 마련해줄 테니 조금만 기다리라는 것이 이전 보스가 귀띔해준 말이었다. 그로서는 형식상의 보스일 뿐인 강경호가 좌불안석하는 것이 정말 꼴불견이었다.

그런데 김주신의 예상은 빗나갔다. 김주신은 물론이고 그의 뒤를 봐주던 이전 보스까지 한순간에 해고통지를 받은 것이다. 강경호는 동료와 자신의 보스를 동시에 잘라내는 정치력을 보여주었다. 두 사람이 한 사람의 지략을 당해내지 못한 의외의 결과 앞에 모두가 입을 다물지 못했다. 결국 김주신은 도화살의 저주에 걸려 자신의 능력을 과신하고, 자신을 믿고 지원해주는 보스의 보스가 가진 능력을 과신한 탓에 회사 돌아가는 사정을 오판하기에 이르렀다고 볼 수 있다. 그는 잘나갈 때 오히려 더 잘 처신하고, 주위를 경계해야 한다는 기본적인 사실을 간과했다.

보스의 보스를 적절히 활용하는 것은 매우 중요하다. 현재 보스와 직접 상대하기가 버거울 때 보스의 보스는 분명 구원군이 될 수 있다. 그러나 이때는 조심하지 않으면 안 된다. 신뢰 관계가 형성되어 있지 않은 상태에서 무모하게 접근했다가는 치명상을 입을 수도 있다. 따라서 보스의 보스에게는 고객을 대하듯 접근하는 것이 좋다.

만일 보스가 잘나가는 당신을 향한 질투심에 불타오르고 있다면 이때도 보스의 보스를 활용할 수 있다. 자신의 이기심을 충족시키기 위해 보스가 당신을 끝도 없이 이용하려고 한다면 보스의 보스는 공정한 심판관이 되어줄 수도 있다. 그러나 이때도 조심해야 할 점이 있다. 바로 '도화살의 저주'에 걸리지 않도록 해야 한다. 인기는 영원히 지속되지 않으며, 보스의 보스도 자리가 위태로운 상황일 수 있음을 명심하자.

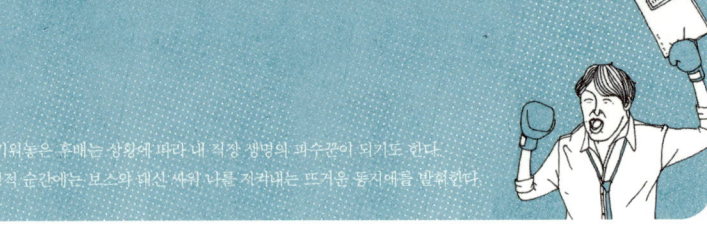

후배를 내 편으로 만들어라

잘 키워놓은 후배는 상황에 따라 내 직장 생명의 파수꾼이 되기도 한다.
결정적 순간에는 보스와 대신 싸워 나를 지켜내는 뜨거운 둥지새를 발휘한다.

후배의 신임은
보스의 신임으로 이어진다

나쁜 보스를 견제하는 효과적인 방법 중에 하나는 후배를 내 편으로 만드는 것이다. 후배들로부터 지지를 많이 받을수록 선배의 위상은 올라간다. 일정한 위상이 확보되면 나의 발언권은 커지고, 나를 대하는 보스의 태도가 달라질 수밖에 없다. 그렇다면 후배들로부터 지지를 많이 얻는 방법에는 어떤 것이 있을까?

가장 손쉬운 방법은 '그들 속으로' 들어가는 것이다. 그들의 대화, 그들의 문화 속으로 들어가지 않고 내 방식대로 끌어오려고만 해서는 낭패를 당하기 십상이다. 입사한 지 5년 미만의 젊은 사원들은 현재 직장을 평생 다녀야 할 곳으로 생각하지 않는다. 팀장이 되기는 아직도 먼 얘기

이기 때문에 충성심이 약하다. 지금 업무에 대한 만족도가 낮은 편이어서 '내가 정말 좋아하는 일을 해야 한다.'는 생각에 마음은 늘 콩밭에 가 있다. 이처럼 불안정한 상태에 있는 후배들은 담당 업무를 시시콜콜 가르쳐주려는 사람보다 자신의 입장을 헤아려주는 사람을 좋은 선배로 여긴다.

모 회사에 '후배는 강하게 키워야 한다.'는 생각을 가진 엄청모라는 선배가 있었다. 엄청모는 신입사원들에게 담당 업무를 제대로 가르쳐주지 않으면 나중에 반드시 후회할 일이 생긴다는 철학의 소유자였다. 연차가 쌓이고도 기안 하나 제대로 못하고 팀장에게 일일이 지적당하게 되면 그 뒷수습이 더 큰 문제라는 것이었다. 실제로 엄청모의 지도 방식대로 신입사원들을 훈련시키면 업무는 척척 굴러갔다. 보스가 좋아하는 것은 당연했다. 그런데 문제는 최근에 입사한 몇몇 사원들이 그의 지도 방식에 불만을 가지면서부터 불거지기 시작했다. 지도를 잘해주는 건 좋지만 엄청모가 지나치게 시시콜콜한 것까지 간섭할 뿐만 아니라 인격적으로 무시하는 태도를 취한다는 것이었다.

예를 들면 "이거 이거 띄어쓰기 하나 제대로 못하고 맞춤법도 다 틀렸잖아. 당신 대학 나온 거 맞아?" 그러면서 빨간색 볼펜으로 틀린 곳마다 줄을 그어 대는 식이다. 이런 일을 몇 번이나 당한 신입사원 중에 혈기 왕성한 친구들은 얼굴이 시뻘개져서 씩씩대거나 자리에서 벌떡 일어나 사무실을 나가버리기도 했다. 그래도 엄청모는 단순히 누구나 겪는 통과의례로 치부했다. '그래, 누구나 다 이런 과정을 겪으면서 성장하는 거야. 이 정도도 못 버티면 여기서 더 이상 못 크지.' 그러나 후배들의 원성은 그칠 줄 몰랐다. 결국 이런 상황은 엄청모의 보스에게도 전달되었고, 어느 날 그는 보스의 호출을 받았다.

"요즘 이상한 얘기들이 많이 들리던데 뭐 들은 거 없어?" "예? 무슨 말씀이세요?" 엄청모는 대충 짐작을 하면서도 시치미를 뚝 뗐다. "자네에 대해 안 좋은 소문이 너무 많아. 신입들을 너무 혹사시킨다고. 심지어 말 안 듣는 후배들 멱살 잡고, 손목을 비틀었다는 말도 있어. 어떻게 된 거야?" 걱정스런 표정으로 보스가 말했다. "제가 욕먹는 게 어디 하루 이틀 일인가요? 그래도 제가 키운 애들이 일 하나는 잘하잖아요." "그건 그래도 조심하지 않으면 문제가 생길 수도 있으니, 이번 일은 후배인 이상환에게 일임하는 게 어때?" 소심한 보스는 문제가 생길까봐 근심하고 있었다. 보스를 안심시키는 것이 도리라고 생각한 엄청모는 그렇게 하기로 약속을 하고, 이상환을 불러 최근 입사자들의 지도를 맡아달라고 당부했다.

이제 모든 것이 잘 해결될 거라고 생각하며 하루하루 마음 편히 지내고 있던 그는, 어느 날 또다시 보스의 호출을 받았다. 보스의 표정은 어두웠다.

서류 한 뭉치를 엄청모 앞에 던지며 보스가 말했다. "이거 한번 읽어 봐. 이게 사실이라면 더 이상 나와 함께 일하기 어려울 거야." 그는 서류들을 빠른 속도로 읽어 내려가기 시작했다. 이상환을 비롯한 신입사원들이 엄청모에게 당한 부당한 행위를 낱낱이 기록한 30페이지에 이르는 '소원 수리서'였다. 신입 교육 시절 엄청모에게 당한 적이 있었던 이상환이 신입사원의 불평을 기회 삼아 확실한 복수를 감행한 것이었다. 그것으로 게임은 끝났다. 해명도 변명도 필요없었다. 엄청모는 잘 키워보려던 후배들로부터 오히려 배척당했고, 후배들의 고발을 사실로 믿어버린 보스로부터 버림을 받았다. 이상환은 선배인 엄청모를 이해하고 두둔하는 대신 후배들과 한편이 되었다.

후배들을 적으로 만들어서는 안 된다. 그들의 신임이 보스의 신임으로 이어진다는 것을 기억하자. 공자도 말하지 않았던가. "젊은 후배를 두려워하라. 먼 훗날 그들이 오늘날의 우리만 못할 것이라고 말할 수 있을까?(後生可畏 焉知來者之不如今也)"라고.

위기에 빛을 발하는 동지애로 포섭하라

제대로 된 후배를 길러두면 그들은 든든한 보호막이나, 심지어 생명의 파수꾼이 되어주기도 한다. 이는 고락을 함께한 사람만 받을 수 있는 특권이다. 상대방이 불리한 상황에 처했는데도 그것을 못 본 체하거나 고소한 마음이 앞선다면, 평소 그 사람을 얄미워했다는 증거다. 반대로 상대방이 걱정되고 도와주고 싶은 마음이 일어난다면, 함께 동고동락한 지난날로 인해 동정심이 생기기 때문이다.

모 컨설팅 회사에서 있었던 일이다. 컨설팅 일은 업무 특성상 날밤 새우는 날이 많다. 평소에는 고객 미팅이다, 자료 조사다 해서 진도가 잘 안 나가다가도 중간보고나 최종보고를 앞두고 있으면 일주일 전부터 비상근무 체제로 들어간다. 용역을 맡긴 고객으로부터 지적당하지 않으려면 하나부터 열까지 치밀하게 준비해야 하고, 한 장 한 장에 표현되는 그림이나 메시지가 충실하지 않았다가는 고객 감동은커녕 처음부터 일을 다시 시작해야 하기 때문이다. 그러다보면 체력은 쉽게 고갈되기 일쑤다.

PM(프로젝트 매니저)으로 활동하고 있던 전용수에게 위기가 찾아왔다. 2개의 프로젝트를 동시에 수행하면서 건강에 적신호가 온 것이다. 몸이 쉬이 피로해져 병원에 가봤더니 B형간염이라고 했다. 그런데 프로젝트가 모두 끝나갈 무렵, 더 이상 버틸 체력조차 없다고 느끼고 있을 때 한 고객으로부터 심한 클레임이 들어왔다. 원하는 프로젝트의 품질이 나오지 않으니 PM을 바꿔주거나 그게 어려우면 프로젝트 대금을 못 주겠다는 협박이었다. 지난 3개월 동안 세 사람이나 투입되어 진행해온 프로젝트인데, 이제 와서 PM을 바꾼다는 것은 일을 처음부터 다시 시작하라는 것이나 마찬가지였다. 이미 투입된 비용과 시간을 감안하면 막대한 손실이 아닐 수 없었다. 고객으로부터 나쁜 평판을 듣게 되면, 차후에 사업을 이어가는 데도 큰 어려움이 생겼다.

보고를 들은 전용수의 보스는 격노했다. 도대체 PM이 무슨 일을 하고 있었기에 이런 사태가 오기까지 일을 방치해두었느냐며 길길이 뛰었다. 누군가는 이 일을 수습해야 했다. 고객을 설득시키는 일이 급선무였다.

이때 팔을 걷어붙인 사람이 전용수와 동고동락하던 후배 안영환이었다. 그는 고객을 찾아가 그동안의 업무 경과를 상세히 보고하며 문제점과 개선 대책을 일목요연하게 설명했다. 한 달 정도만 프로젝트 기간을 연장하면 충분히 문제점을 개선할 수 있으니, 그동안 그들이 만들어낸 결과물은 인정해달라고 부탁했다. 그는 자신들이 만든 제안서는 충분한 가치가 있다고 자신 있게 설득하는 한편, 전용수 PM은 밤낮없이 일하느라 B형 간염에 걸려 요양이 필요한 상황이라며 감정에도 호소했다.

열정적인 사람은 상대를 감복시키는 법이다. 더구나 그 열정이 편파적이지 않고 사실에 근거한다면 더욱 쉽게 감동한다. 안영환이 준비한 개선 계획과 스피치는 고객들로부터 호평을 받았고, 원하던 대로 한 달간의 시간이 더 주어졌다. 그리고 한 달 후 그 프로젝트는 무사히 종료되었다. 하지만 안영환의 노력은 거기서 그치지 않았다. 이번에는 자기 회사의 보스를 찾아갔다. 한 달이라는 시간이 연장되기는 했지만 이번 프로젝트의 성과는 매우 높다고 설명했다.

"우리 회사 역사상 처음으로 진행해본 테마이면서, 월 수임 단가도 가장 높은 프로젝트였습니다. 경험이 없었던 프로젝트다보니 초기에 실수가 있었던 것은 인정합니다만, 결과적으로 대단히 성공한 프로젝트라는 것을 인정해주셨으면 합니다. 앞으로 이와 유사한 프로젝트를 할 때 좋은 참고자료가 된다는 측면을 고려하면, 한 달이 연장되기는 했지만 상당한 이익을 가져다준 프로젝트라고 할 수 있습니다." 그의 설명은 계속되었다. "특히 PM의 역할이 결정적이었습니다. 투입된 인력 대부분이 경험 없는 초보들이라 PM 혼자 방향 잡고, 자료 찾고, 고객들 원성까지 다 받아내고, 막판에 발표 자료 작성에도 직접 개입했습니다. 그러다가 결국 병까지 얻어서 누워 있습니다. 상은 못 줄망정 PM이 욕을 먹어서는 안 될 일입니다."

안영환은 컨설턴트답게 프로젝트의 성과와 PM의 역할을 힘주어 강조했다. 보스의 마음도 움직이기 시작했다. 이번 일을 끝으로 전용수의 퇴사를 기정사실화했던 보스는 반대로 그에게 3개월간의 포상 휴가를 주는 쪽으로 결정을 바꿨다. 프로젝트를 함께 진행하며 동고동락한 후배가 전용수를 살려낸 것이다.

나 혼자 잘한다고 모든 일이 만사형통할 수는 없다. 함께 일하는 사람들이 나를 어떻게 평가해주는가가 더 중요할 때가 많다. 특히 잘 키워놓은 후배는 상황에 따라 내 직장 생명의 파수꾼이 되기도 한다. 내가 의식하지 못하는 순간에도 그들은 나를 지켜보고, 나에 대한 평가를 내리며, 그러다가 결정적 순간에는 나의 보스와 싸워 나를 지켜내는 뜨거운 동지애를 발휘한다.

후원군은 침묵하지 않는다

나를 믿고 따르는 후배는 단순히 어려울 때만 필요한 존재가 아니다. 평소에도 그들은 나의 든든한 후원군이 되어준다. 일단 나를 잘 알기 때문에 내 생각대로 움직여줄 가능성이 높다. 특별히 반대할 이유가 없고, 무리한 요구가 아니라면 웬만해서는 의견을 같이한다. 그리고 내 생각을 대변하는 사람이 되어줄 가능성이 높다.

보스와는 성격에서부터 일하는 스타일까지 너무 달라서 사사건건 대립하고 갈등하던 복성찬 과장이 살아남은 이유를 보면, 마음 맞는 후배를 가졌다는 것이 얼마나 큰 자산인지 알 수 있다.

복 과장은 보스가 자기를 싫어하는 정도를 넘어 기회만 되면 제거하려고 한다는 것을 느끼고 있었다. 이유는 물론 복 과장이 보스의 말에 고분고분하지 않기 때문이었다. 15년간 홍보업무만 해온 보스가 어느 날 갑자기 구매부서의 팀장으로 발령받아 온 자체를 복 과장은 이해할 수 없었다. 신입사원 때부터 15년간 구매부서에서 일하며 통뼈가 굵은 그의 눈에는 보스가 구매의 ABC부터 가르쳐야 할 신입사원이나 다름없어 보였다. 그런데 보스는 남의 말을 귀담아 듣기는커녕 구매업무에 대해 아무것도 모르면서 잘난 척은 혼자서 다 해대는 스타일이었다. 때문에 복 과장은 최근 들어 평소 잘 쓰지 않던 쌍스러운 소리까지 연신 내뱉고 있었다.

"망할 놈의 회사 같으니라고…. 아무리 보낼 데가 없어도 그렇지 구매업무가 아무나 하는 업무인 줄 아는 모양이지? 저런 인간을 팀장으로 앉혀 놓으면 어떻게 일을 하라는 거야! 만만한 게 홍어X이라고…."

불만으로 가득 찬 복 과장의 마음을 보스가 모를 리 없었다. 누가 봐도 그들의 갈등은 일촉즉발의 위기처럼 보였다. 언제 어떤 방식으로 폭발할지 알 수 없는 상황에서 애꿎은 팀원들만 마음을 졸였다.

그런데 이런 상황에서도 사태를 조금씩 풀어가보려는 사람이 하나 나타났다. 바로 복 과장의 수족이자 5년 후배인 남 과장이었다. 남 과장은 신입사원 시절부터 구매부서에서 복 과장에게 업무를 배운 사람이었다.

승진이 빨라서 그도 복 과장과 같은 레벨의 초임 과장이었지만, 한 번도 말년 과장인 복 과장을 무시하는 언행을 한 적이 없었다. 오히려 자신이 이렇게 빨리 승진할 수 있었던 것은 모두 복 선배에게 잘 배웠기 때문이라며 복 과장은 높이고 자신은 낮출 줄 아는 사람이었다. 복 과장과 남 과장은 둘도 없는 선후배 사이로 문제가 생기면 늘 서로에게 의지하곤 했다. 신출내기 보스와 신경전을 벌인 날이면 복 과장은 남 과장에게 슬며시 전화를 걸었다. "야, 오늘 퇴근하고 밥이나 먹자. 회사 앞에 있는 삼겹살 집으로 와."

회사 일에 대해서는 일언반구하지 않았지만 둘은 마치 말하지 않아도 다 안다는 듯이 이심전심으로 서로의 마음을 나누었다. 남 과장이 "형, 애들은 건강한 거지? 형수님은 아직도 회사 다녀요?" 하고 질문하면 복 과장이 "애들이야 잘 크지. 우리 마누라도 회사는 잘 다니는데, 요즘엔 힘들다고 그만두겠다는 걸 내가 말렸지. 나도 어찌될지 모르는 판에 마누라까지 덜컥 그만두면 우리 애들은 누가 먹여 살리냐?" 하는 식으로 대답했다. 사석에서는 호형호제가 훨씬 자연스러웠다. 회사 앞에서 주고받는 얘기이니 함부로 말할 수도 없고, 굳이 속엣말을 적나라하게 하지 않아도 서로 어떤 입장인지 잘 아는 처지였다.

"형, 내가 노력해볼 테니 조금만 참아봐. 응? 급한 성격에 자꾸 엉겨붙지 말고 그냥 모른 척하고 지내. 알겠지?" 남 과장은 은근슬쩍 자기가 뭔가 해보겠다는 식으로 말을 건넸다. "뭔 소리여? 너야말로 일 벌이지 말고 제발 가만히 있어. 살다보면 시간이 해결해주는 일도 있더라. 내 걱정 말고 제발 조용히 살자." 복 과장은 왠지 모를 불안감에 정색을 하며 말했다.

그러고 얼마 후, 복 과장은 보스의 행동이 눈에 띄게 변했음을 느꼈다. 평소와 달리 자신은 구매업무를 잘 모르니 중요한 문제는 반드시 복 과장과 상의하겠다고 겸손을 떨더니, 결제액이 1천만 원이 넘는 경우에는 반드시 복 과장의 합의결재를 거쳐 자신에게 넘어오도록 내부 규정을 바꾸겠다며 복 과장을 띄워주기까지 했다. 더구나 호칭도 '복 과장'에서 언제부터인가 '복 과장님'으로 바뀌어 있었다. 복 과장은 한동안 '이게 뭐지?' 하고 생각하다가 남 과장에게 문자를 보냈다. "너, 대체 무슨 짓을 한 거야? 오늘 저녁에 그 집으로 나와!"

그날 그는 자초지종을 들을 수 있었다. 남 과장은 자신이 팀장으로부터 인정받고 있다는 점을 활용하기로 마음먹고 팀장에게 접근했다. 그리고 보스에게 구매부서 왕고참인 복 과장이 후배들로부터 얼마만큼 신임을 얻고 있는지, 복 과장이 구매부서의 업무성과에 얼마나 큰 역할을 하고 있는지 등을 소상하게 이야기했다. 또한 복 과장의 열정과 노력은 모든 직원이 인정하는 바니 그를 잘만 활용하면 누이 좋고 매부 좋은 것 아니겠느냐며 부임한 지 얼마 안 된 상태에서 복 과장이 큰 도움이 될 것임을 넌지시 암시했다. 머리 좋은 팀장은 남 과장의 말을 금방 알아들었다. 복 과장을 포용하는 것이 잠시 머물다 떠날 구매부서에서 잘 살아가는 방법임을 직관적으로 알아차린 것이다.

이후 복 과장과 보스는 구매부서 사상 최고의 성과를 기록했고, 그 결과 보스는 다른 부서 팀장으로 영전하고, 복 과장은 구매부서 팀장으로 승진할 수 있었다. 잘 키운 후배 하나가 후원군 역할을 제대로 해주어 모든 사람들이 이득을 본 경우가 아닐 수 없다.

'삼인성호'의 진리를 기억하라

자신을 믿고 따르는 사람이 몇 명인가도 중요하다. 한 사람이 나를 믿고 따르면 보스의 눈에는 이렇게 비친다. '원래 둘이 친한 사이인가? 같은 고향 출신이나 학교 선후배 사이인가?' 두 사람이 나를 믿고 따르면 보스는 이렇게 생각한다. '오랫동안 함께 일하면서 정이 들었나 보군. 한번 정들면 쉽사리 끊기가 어려운 법이니까 서로 감싸고 도는 건 당연해.' 그러나 세 사람이 나를 믿고 따르면 사정은 전혀 달라진다. 보스는 나를 새로운 눈으로 바라보기 시작한다. '뭔지 모르지만 사람을 잡아끄는 힘이 있는 사람이군. 함부로 대해서는 안 될 사람이야.'

3의 법칙이 중요하다는 것은 동양의 고전과 서양의 실험에서도 그대로 확인된다. 우선 동양의 고전이 전하는 이야기를 살펴보자.

춘추전국시대 위나라 혜왕 때 일어난 일이다. 위나라는 외교 관례상 조나라에 태자와 수행원을 인질로 보내야만 했다. 수행원으로 선발된 방총은 조나라로 떠나기에 앞서 왕에게 이렇게 간언했다. "시장에 호랑이가 나타났다고 첫 번째 사람이 말하면 사람들이 믿지 않을 것입니다. 두 번째 사람이 말해도 믿지 않을 것입니다. 그러나 세 번째 사람이 똑같은 말을 하면 왕도 그 사실을 믿게 됩니다. 실제로 시장에 호랑이가 없어도 세 명이 똑같이 말하면 시장에 호랑이는 있는 것이 됩니다." 방총이 하고 싶었던 말은 자신이 조나라로 떠난 뒤, 자신을 비방하는 자가 많을 터이니 절대로 믿어서는 안 된다는 것이었다. 혜왕은 "짐은 그런 중상에 넘어가는 사람이 아니니 아무 걱정 말고 다녀오라."고 일렀다.

예상대로 방총이 조나라로 떠나자마자 그를 비방하는 목소리가 높았다. 결국 몇 년 후 인질로 간 태자는 귀국할 수 있었지만, 왕의 의심을 산 방총은 귀국하지 못하는 신세가 되고 말았다. 방총의 예언이 적중한 것이다. 이를 일컬어 '삼인성호(三人成虎)'라고 한다.

서양의 실험은 더욱 구체적이다.

미국의 심리학자 밀그램이 뉴욕의 번화가에서 한 가지 실험을 했다. 실험 보조자들이 아무것도 없는 6층 건물을 뚫어지게 쳐다보고 있을 때 길 가던 행인들이 그의 행동을 따라하는지 알아보는 실험이었다. 먼저 한 명이 6층 건물을 바라보며 손짓을 한다. 마치 무언가 그 건물 위에 있다는 듯이 행동하는 것이다. 이때만 해도 행인들은 별 반응이 없다. 웬 정신 나간 사람이 이상한 행동을 한다고 여기고 그냥 지나친다. 실험 보조자 한 명이 더 추가된다. 두 명이 동시에 6층 건물을 바라보며 손짓을 해댄다. 옥상 위에 뭔가 있다는 듯이 행동하며 뚫어지게 그쪽을 쳐다본다. 그래도 행인들은 힐끔힐끔 그들을 쳐다볼 뿐 그냥 스쳐 지나간다. 실험 보조자 한 명이 더 추가되어, 이제 세 명이 동시에 동일한 방향을 쳐다보며 손짓을 한다. 이때부터 변화가 일어난다. 길 가던 행인의 상당수가 실험 보조자 주위를 둘러싸며 그쪽 방향을 바라보기 시작하는 것이다. 드디어 없던 호랑이가 6층 옥상에 나타난 것이다!

무슨 일이든 세 사람이 같은 말을 하면 그것은 사실이 된다. 보스의 횡포를 적극적으로 방어해야 할 때도 마찬가지다. 아무리 나쁜 보스가 싸우려고 덤벼들어도 세 명의 후배가 나를 변호하고, 세 명의 후배가 나와 생각을 같이한다면 그도 더 이상 나를 함부로 대하지 못한다. 3의 법칙이 동서양을 막론하고 적용되는 이치를 되새길 필요가 여기에 있다.

후배를 잘 키우는 것은 직장에서 생존하는 데 매우 중요한 기술이다. 후배들은 자기들만의 세상을 구축하고 있다. 결정적인 순간 그들은 아랫사람이라는 의식을 공유하며 보스에 맞서는 반대 집단이 된다. 그들의 세계 속으로 들어가지 않으면 그들과 한 부류가 될 수 없다. 반대로 그들과 한번 동고동락하게 되면 그들은 어려운 순간에 나를 지켜주는 생명의 파수꾼이 되기도 한다. 나의 입장을 스스로 변호할 수 없는 순간에 기꺼이 나의 후원군 역할을 자처해주는 것이다. 시키지 않아도 그들은 '인간적 의리'에 의해 움직이게 되어 있다. 그리고 마지막으로 그런 후배는 세 명 이상이라야 안심할 수 있다는 사실을 명심하자.

영리하게 맞서기 위한 4가지 조건

보스에게 맞서는 것을 두려워할 필요는 없다. 하지만 최소한 불필요한 싸움으로 존재 보는 일은 피해야 한다.

심증의 함정에 빠지지 말고 사실을 확인하라

보스를 마냥 피해 다니는 것이 여의치 않을 수 있다. 보스의 보스를 활용하기 어려운 경우도 있고, 후배를 길러 내 사람으로 만드는 것이 쉽지 않은 상황에 있을 수도 있다. 이제 남은 건 보스와 직접 맞서는 길뿐인 것 같다. 그러나 무턱대고 맞섰다가는 낭패를 당하기 십상이다. 골리앗과의 싸움에서 이기려면 기초 체력부터 다지는 것이 순서. 보스에게 덤벼들기 전에 꼭 고려해야 할 4가지 조건이 있다.

나약해 씨는 스트레스에 유독 약했다. 특히, 독선적인 보스를 만나면 거의 알레르기 반응을 일으킬 정도로 그 사람을 싫어했다. 스트레스에 약한 사람들이 으레 그렇듯이 그냥 넘어가도 될 만한 일에도 지나치게 예민하게 반응했다. 그런데 지금의 보스는 독선적인 데다 사람을 편애하는 경향까지 있었다. 자신이 믿는 아랫사람들에게는 대체로 관대한 반면, 자신이 싫어하는 아랫사람에게는 까다롭게 따지고 들었다. 보스는 나약해의 예민한 성품을 못마땅히 여겼다. '일을 뭐 저리 오래 붙잡고 있는지 알 수가 없단 말이야. 그래봐야 특별히 잘 해내는 것도 아니면서 혼자서 끙끙대는 모습이 마음에 안 들어.' '속에 능구렁이가 백 마리는 들어앉아 있는 게 분명해. 이번엔 무슨 꼼수를 부리려고 저러는지 조심해야겠군.' 보스는 의문을 잔뜩 품고 있었다.

나약해 역시 보스가 너무 성급하고, 자기 마음에 드는 사람들만 인정하고 있는 것이 마음에 들지 않았다. '오늘 얘기해서 내일 뚝딱 결과가 나오기를 바라는 심보를 이해할 수가 없어. 자기가 한번 직접 해보면 그런 소리를 안 할 텐데…' '방 과장을 너무 감싸고도는 게 아무래도 수상해. 방 과장이 일은 빨리 처리하지만, 실수가 잦아서 다시 작업해야 할 때가 많은데도 방 과장을 치켜세우는 걸 보면 두 사람 사이에 뭔가 있는 게 틀림없어.' 두 사람 다 기회만 있으면 미심쩍은 부분을 확실하게 짚고 넘어가리라고 벼르고 있었다.

어느 날 퇴근 무렵, 보스가 나약해의 자리로 와서 서류를 툭 던지며 말했다. "이사님께서 내일 아침까지 검토안을 내라고 주신 건데 준비 좀 해주겠어?" 자료에는 경쟁사의 신제품 개발 정보라고 적혀 있었지만, 훑어보니 대부분이 여기저기서 주워 모은 '카더라 통신'에 불과한 내용들이었다. "이건 기자들이 여기저기서 주워 모은 데이터고, 이걸 곧이 믿고 검토안을 작성하기는 어렵겠는데요. 시간을 좀 더 주시면 자료를 보충해서 검토해보겠습니다." 나약해의 답변에 보스가 더 이상은 못 참겠다는 듯이 쏘아붙였다. "또 그 소리군. 직장생활이 몇 년짼데 그러고 있나. 윗사람이 시키면 자기 능력껏 하고 보는 거지, 아직도 시간 타령인가?" "그게 아니라, 시간을 좀 더 벌 수 있는지 여쭤보는 겁니다." "그럴 시간 없어. 내일 아침에 보고해야 하니 준비나 해!" 그러고 보스는 퇴근해버렸다.

예민한 사람은 공격을 받으면 흥분 상태가 된다. 흥분 상태에서 자료 조사가 제대로 될 리 없고, 제대로 된 검토안이 나올 리 없었다. 다음 날, 후배 한 명과 함께 밤새 만든 검토안을 들고 이사실로 들어간 그는 기겁하지 않을 수 없었다. 방 과장이 같은 일의 검토안을 보고하고 있었던 것이다. 영악한 보스는 똑같은 업무를 두 사람에게 시켜 더 나은 검토안을 보고할 심산이었다. 충격에 휩싸인 채 멍하니 천장을 바라보는 그에게 후배가 소곤거렸다. "이상해요. 방 과장 어제 작업하는 거 못 봤거든요. 그리고 저 정도로 준비했다면 아마 며칠 전에 지시받은 게 분명해요." 보스가 자신을 물 먹이기 위해 치밀하게 계산한 것이 분명했다. 방 과장처럼 엄벙덤벙 일하는 사람이 저렇게 완벽한 보고서를 만들었다는 사실이 그 증거였다. 결과는 뻔했다.

나약해는 도저히 참을 수가 없었다. 곧바로 보스의 방으로 찾아가서 따지기 시작했다. "저에게는 어제 퇴근 무렵에 자료를 주셨잖습니까. 그런데 왜 방 과장에게는 먼저 지시하셔서 준비하도록 하셨는지 그 이유가 궁금합니다." 눈을 동그랗게 뜬 보스가 어이없다는 듯이 말했다. "그게 무슨 소린가? 나를 지금 거짓말쟁이로 만들 셈인가?" 뭔가 잘못되었다는 것을 느꼈지만 이미 저질러버린 일이었다. 보스는 수화기를 들어 비서를 불렀다. "잠깐 들어와주겠어요?" 그리고 비서에게 확인을 부탁했다. "똑같은 서류 두 부를 복사해서 어제 저녁 퇴근 무렵에 드렸는데요." 나약해는 꼼짝없이 당할 수밖에 없었다.

사실을 확인하지도 않고 심증만 가지고 보스를 공격하려고 했기 때문에 치명적 실수를 범할 수밖에 없었던 것이다. 따라서 보스와 맞서기 전에는 자기가 알고 있는 것이 사실인지 아닌지 확인하는 것이 중요하다. 이것이 보스와 맞서기 전에 꼭 고려해야 할 첫 번째 조건이다.

동료에게조차 내 패를 다 보여주지 마라

두 번째 조건은 내가 가진 패를 섣불리 공개해서는 안 된다는 것이다. 성실한 사람들이 흔히 저지르는 실수가, 자신이 그렇게 하기 때문에 상대방도 그들의 카드를 다 보여주고 있다고 착각하는 것이다. 한 직장에서 이렇게까지 해야 하느냐고 항변하는 사람들이 있을지도 모르겠다. 그러나 책에서 배운 대로 내가 양심껏 대하면 상대방도 나를 그렇게 대해줄 거라고 믿고 살다가는 뒤통수 맞기 십상이다. 더구나 직장생활에서 속내를 다 내비치는 것만큼 어리석은 짓은 없다.

솔직함을 미덕으로 여기는 정도진이라는 사람이 있었다. 뭐든 있는 그대로 말하는 그와는 비밀을 공유하기가 어려웠다. 품성은 나쁘지 않았지만, 그는 당연히 함구해야 할 이야기까지 스스럼없이 해 동료들을 민망하고 난처하게 만들기 일쑤였다. 그런 행동은 무식해 보이기도 하고, 한편 용감해 보이기도 했다. 영리한 사람들 중에는 정도진의 이런 성향을 이용하는 경우도 있었다.

하루는 보스에게 얻어터진 강심장이 술이나 한잔하자며 정도진을 찾아왔다. 두 사람은 회사에서 멀리 떨어진 한 맥주 집에 마주앉았다. 강심장이 먼저 말을 꺼냈다. "사실 요즘에 보스가 지적을 많이 해서 좀 스트레스예요. 뭐 그래도 보스로부터 배우는 게 더 많긴 하죠. 생각지도 못한 점들을 집어내시는데, 그 예리함에 깜짝깜짝 놀란다니까요. 난 언제나 그런 경지에 오를 수 있을지 까마득해요." 영리한 강심장은 보스를 험담하는 게 아니라 도리어 칭찬하고 있었다. 강심장이 물었다. "선배는 요즘 어때요? 보스 때문에 받는 스트레스는 없죠?"

정도진은 그야말로 너무 솔직했다. "아뇨. 제가 보기에 우리 보스는 아는 게 많은 데 비해 이상적인 얘기를 너무 많이 해요. 현실과 좀 동떨어진 소리라고나 할까." 게다가 묻지도 않은 말까지 보탰다. "1, 2년 있다가 부서를 옮겨볼까 합니다. 제 비전을 찾아가야죠. 여기서는 더 이상 배울 것도 없고, 앞이 보이질 않아요." 정도진은 이 정도는 술자리에서 충분히 나올 수 있는 이야기라고 생각했다. 그런데 나중에 알고 보니 강심장에 대해서는 좋은 이야기만, 정도진에 대해서는 나쁜 이야기만 보스에게 전달되고 있었다.

상반기 인사 면담 때 보스가 느닷없이 정도진에게 물었다. "하반기 대비 대대적인 조직개편이 있을 예정인데, 어떤 부서로 보내줄까?" 정도진은 아직 준비가 되어 있지 않았다. 1,2년 후에 좋은 자리를 잡아서 가고 싶다는 이야기였는데, 정도진은 갑작스럽게 원치 않는 부서로 발령을 받아서 원치 않은 일을 하게 되었다.

불쌍 모드를 전략적으로 활용하라

목소리 큰 사람이 이기던 시절이 있었다. 목소리의 위세에 눌려 주로 약자들이 꼬리를 내리는 것으로 반란은 순식간에 종결되었다. 그런데 보스와 부하의 관계로 눈을 돌려 보면, 부하의 목소리가 아무리 커봤자 보스에게 큰소리로 대드는 경우는 상상하기 어렵다. 보스의 지위가 주는 위압감 때문에 부하들은 감히 맞설 생각을 언감생심 하지도 못하고 지레 포기하거나, 조금 반항을 하는 듯하다가도 금세 사그라진다. 어차피 보스와의 싸움은 안 되는 게임이다.

과거보다 조금 나아진 게 있다면 '소극적 저항'이 좀 더 활성화되었다는 것일 게다. 대놓고 보스에게 대드는 사람은 전체 중 극소수에 불과하고 그들은 조만간 회사를 떠날 각오를 한 사람들이라고 봤을 때, 대부분의 사람들은 그저 '업무 태만'이라는 소극적인 방법으로 저항하고 있다고 봐도 무방하다. 업무 태만의 징후는 보통 지각이나 결근이 잦은 것, 또는 과거에 비해 업무 속도나 업무 품질이 현저히 떨어지는 것 등이다. 더 이상 이 회사에 다니고 싶지 않다는 의사를 행동을 통해 여실히 드러냄으로써 '나 불만 많아요.' 하고 말하는 것과 같다.

장기적으로 봤을 때 이런 업무 태만의 최대 피해자는 다름 아닌 바로 자기 자신이다. 지각이나 결근이 잦으면 근태에 문제가 있는 사람으로 인식될 것이고, 업무 속도나 업무 품질에 문제가 생기면 결국 능력을 의심받게 될 것이다. 사람들에게 한 번 인식이 되어버린 것을 바꾸는 데는 상당한 노력과 시간이 필요하다는 것을 감안하면, 업무 태만이라는 소극적 저항은 별 효과도 없을 뿐더러 결국 자신만 치명상을 입고 마는 가장 나쁜 방법이다. 그렇다면 대놓고 싸우지 않으면서도 보스에게 더 적극적으로 맞서는 방법은 없을까?

'불쌍 모드'를 이용하는 것을 생각해볼 수 있다. 보스로부터 끝없이 괴롭힘을 당하는 경우에 스스로 '불쌍한 존재'가 되는 연기를 할 필요가 있다. 남들에 비해 자신의 업무량이 얼마나 많은지, 능력에 비해 얼마나 어려운 업무를 맡고 있는지, 자신의 적성과 다른 업무를 하기 위해 얼마나 노력하고 있는지를 어필하는 것이다.

실제 사례가 있다.

어떤 이유인지는 모르지만, 송장태는 자신이 보스에게 찍혔다는 것을 직감했다. 보스는 중요한 업무는 다른 사람들에게 맡기고 그에게는 별로 중요하진 않지만 업무량이 많은 일을 할당했다. 예를 들면, 사장님이 참석하는 조찬 모임에 외부 인사들을 초청하는 업무 같은 것인데, 이런 일들은 대개 잡일투성이다. 갑자기 비가 쏟아져도 우산을 충분히 준비하지 않아 손님들이 비를 맞았다며 지적하고, 사전 결재를 거쳤음에도 초청인 명단에 주요 인사가 빠졌다는 이유로 야단을 맞는다. 한두 번이 아니었다. 처음에는 그런 문제를 따지고 들만큼 한가한 틈도 없어 그냥 넘어가곤 했다. 하지만 더 이상 가만히 있을 수만은 없었다.

송장태는 이 상황에서 벗어나기에 앞서 자신의 업무가 얼마나 어려운 일이며, 누군가 꼭 하지 않으면 안 되는 일인지를 알릴 필요가 있다고 생각했다.

비가 억수같이 내리는 어느 날 아침, 매월 있는 조찬 모임을 준비하기 위해 그는 여느 때와 다름없이 새벽 4시에 일어나서 모임 장소로 향했다. 처마가 없는 모임 장소의 특성상, 그는 우산을 들고 이리 뛰고 저리 뛰며 손님들을 접대하다가 비에 흠뻑 젖어버렸다. 조찬 모임은 무사히 끝났지만, 그날 오후 송장태는 심한 감기 몸살로 병원에 입원하는 신세가 되고 말았다. 그는 이 기회를 놓치지 않고 병문안 온 보스에게 이렇게 호소했다. "매월 조찬 모임 때마다 새벽 4시에 일어나서 아침도 못 먹고 이리저리 뛰어다니며 VIP들을 모시다보면 육체적 정신적 소모가 너무 심합니다. 그렇다고 누가 알아주는 업무도 아니지 않습니까?" 그의 불쌍 모드는 곧바로 효과를 발휘했다. 조찬 모임 업무에 두 명의 스탭이 추가 보강되었고, 송장태는 3개월의 업무 인수인계 후 다른 업무로 배치되었다.

자기보다 강한 힘을 가진 사람에게 무턱대고 대드는 사람의 승률은 그다지 높지 않다. 소원 수리를 하거나 투서하는 방법으로도 확실하게 이긴다는 보장은 없다. 옷 벗을 각오가 되어 있다면 모르지만, 그렇지 않다면 자신의 처지를 충분히 이해시키는 방법을 찾는 것이 더 현명하다. 그렇다고 무턱대고 보스를 찾아가서 '제가 얼마나 힘들고 어려운 상황에 있는지 알고 계십니까?' 하고 외쳐봐야 오해만 살 것이 뻔하다. '누구는 쉬운 일을 하고 있다는 얘깁니까?'라거나 '조금만 더 참아보시죠. 대안이 나올 때까지 누군가는 그 일을 해야 하는 것 아닙니까?'라는 말을 듣고 더 좌절하게 될지도 모를 일이다.

이럴 때, 적절한 기회에 '가장 불쌍하게 보이는 방법'으로 자신의 존재를 알리는 것도 한 방법이 될 수 있다. 자신이 얼마나 어렵고 중요한 일을 수행하고 있는지, 어려운 상황 속에서 얼마나 묵묵히 일해왔는지를 보여줄 수 있다면 더욱 좋다. 힘 있는 자는 아랫사람이 자신보다 약해 보일 때는 동정심을 느끼지만, 아랫사람이 자신보다 강해 보일 때는 한 번씩 밟아줘야 한다는 심리 상태에 빠지기 때문이다.

따라서 '불쌍하게 보이는 것'은 보스의 자존심은 높여주면서 내 실속을 챙길 수 있는 좋은 방법이다. 이런 방법도 적극적으로 보스에게 대항하는 '맞서기'가 될 수 있음을 기억해두자.

자기감정을 적절히 표현하라

보스와 맞서야 할 때 가장 넘기 어려운 벽이 '착한 사람 콤플렉스'다. 학교에서부터 우리는 착한 사람 되기를 강요받았다. 성인이 되어서도 신입사원 오리엔테이션에서부터 '착한 사람 되기'를 주입받는다. 말로야 '신입사원의 기본자세'니 '대인관계의 기술'이니 하고 포장하지만, 따지고 보면 다 '착한 사람'이 되어야 직장에서 인정받고 성장할 수 있다는 이야기다.

그중에 반드시 알고 실천해야 할 덕목들이 포함되어 있다는 것을 부정하지는 않는다. 하지만 과중한 업무를 부여받거나 부당한 대우를 받을 때는 어떻게 처신해야 하는지, 잘못된 시스템과 제도를 개선하고자 할 때는 어떤 절차를 밟아야 하는지를 가르쳐주는 곳은 없다. 결국 많은 사람들이 자신의 기분과 감정을 적절히 표현하는 법을 알지 못하기 때문에 심한 스트레스 상황에 처하게 된다.

타고난 심성이 착하고 부드러워서 "No!"라고 말하지 못하는 유순한 씨가 있었다. 요즘 젊은 사람들처럼 강하게 자기주장을 펼치는 데 익숙하지 못했던 그는 불리한 업무가 주어져도 마다하지 못했다. "제가 한번 해보겠습니다." 그게 그의 대답이었다. 그러다보니 남들이 하기 싫어하는 일이나 어려운 일은 모두 그의 차지가 되었다. 업무가 몰리다보니 속도도 나지 않고, 어려운 일이다보니 좋은 결과를 얻기도 어려웠다. 보다 못한 동료가 "제발 아닌 건 아니라고 하세요. 왜 만날 혼자서 끙끙대고 그러세요?" 하고 한마디 하면, "그럼 어떡해요, 누군가는 해야 되는 일인데."라고 응수할 뿐이었다.

그는 새벽 2시까지 야근을 하고도 8시 30분이면 칼같이 출근하는 사람이었다. 야근한 다음 날은 2시간 정도 늦게 나오거나 점심시간 때 사우나로 슬며시 사라져서 몇 시간 후에나 나타나는 다른 사람들과는 정반대였다. 그렇게 착하고 성실한데도 그는 보스에게 인정받지 못하고 있었다. 보스가 대놓고 "유순한 씨가 더할 수 없이 성실하다는 건 잘 알지만, 솔직히 업무 결과를 놓고 보면 영 마음에 안 듭니다."라고 말해도 유순한은 늘 "제가 더 노력하겠습니다." 하고 답하는 식이었다.

그런데 한 날은 보스의 추궁이 도를 지나치고 있었다. "뭘 더 노력한다는 겁니까? 매번 말은 그렇게 해놓고 일의 속도는 느려 터지고, 결과는 엉망이고, 이게 노력으로 되는 일입니까?" 얼굴이 시뻘게진 유순한은 그제서야 떨리는 목소리로 대항했다. "저도 솔직히 힘듭니다. 업무량이 너무 많아서 그런 건데, 업무 배분이 좀 공평하게 되었으면 좋았을 텐데요…." 보스는 눈을 휘둥그레 떴다. "그걸 왜 이제야 이야기합니까? 본인이 하겠다고 자청한 일 아니었습니까?" 그는 보스에게 맞서야 할 적절한 타이밍을 놓치고 있었다.

산업혁명 이후 사람들은 노동을 육체노동과 정신노동으로 분리해 생각하기 시작했다. 몸을 써서 하는 노동을 육체노동이라고 한다면, 지식을 사용하는 노동은 정신노동이라고 할 수 있다. 이제 여기에 새로운 노동의 범주를 하나 더 추가해야 할 시점이 되었다. 바로 '감정노동(Emotional Labor)'이라는 영역이다.

현재 자신의 감정 상태가 어떻든 절대로 드러내서는 안 되는 직업이 있다. 비행기 승무원이나 대형마트 판매 사원, 간호사 등이 대표적인 '감정노동' 직업에 속한다. 고객으로부터 아무리 부당한 대우를 받더라도 그들은 자신의 감정을 숨겨야 하고, 고객들에게 좋은 서비스를 제공하기 위해 '웃음'을 잃어서는 안 된다. 내적인 불쾌감을 숨기고 외적으로 미소를 지어야 하는 '감정 노동자'들의 스트레스는 상상 이상이라는 보고가 있다. 하지만 이런 '감정노동'이 특정 직업에만 한정되지 않는다는 사실을 알아야 한다.

보스를 상대하는 모든 직장인들은 사실상 '감정 노동자'다. 직장생활을 하는 사람이 자기감정을 잘 통제하지 못하고 현재의 기분을 적절하게 드러내는 방법을 모르는 것은 큰 문제를 야기한다. 연구에 의하면 기분이나 감정을 적절하게 표현하지 못하면 업무 속도가 더 느려지고 업무 성과도 마이너스가 된다고 한다. 결국 본인도 손해, 보스도 손해, 직장도 손해를 보는 결과를 초래할 수밖에 없다.

보스와 맞서는 것을 두려워할 필요는 없다. 다만 이 4가지 기본 조건들을 한 번쯤 고려해본 후 맞선다면 최소한 불필요한 싸움으로 손해 보는 일은 피할 수 있다.

첫째, 정확한 사실을 확인하지도 않고 섣불리 맞서서는 안 된다. 감정에 치우치다 보면 사실을 왜곡하거나 과장해서 받아들이게 되므로 상대방이 파놓은 함정에 쉽게 걸려들 수 있다. 둘째, 내 생각을 너무 적나라하게 드러내서는 안 된다. 상대방이 내 패를 다 읽어버리면 내가 쓸 수 있는 카드가 없다. 카드가 없으면 협상력도 떨어진다. 셋째, 불쌍 모드를 적극적으로 활용한다. 나를 낮춤으로써 상대방의 마음도 얻고 내가 필요한 것도 얻을 수 있는 가장 효과적인 방법이다. 넷째, 착한 사람 콤플렉스에서 벗어나야 한다. 착한 사람으로 보이기 위해 자신의 감정을 지나치게 감추거나 미화할 필요는 없다. 내 생각과 감정을 적절히 표현해주는 것이 오히려 상대방으로부터 필요한 것을 얻어내는 데 유리하다. 우는 아이 떡 하나 더 주는 법이다.

나쁜 보스 유형에 따른 실전 노하우

보스의 성향을 파악하고 전략적으로 대응할 필요가 있다. 보스의 아킬레스건을 건드리지 않으면서 원하는 것을 얻어낼 방안을 찾아야 한다.

똑부형: 똑똑하고 부지런한 보스에게 맞서는 법

보스와 맞서기 위한 기초를 다졌으니 이제부터 보스의 유형에 따른 실전 노하우를 알아보자. 나쁜 보스에는 뚜렷한 유형이 있으며, 그에 따른 대처 방법도 제각각 다르다.

똑똑하면서도 부지런한 보스가 있다. 이런 유형을 우리는 '똑부형' 보스라고 부른다. 똑부형 보스의 가장 큰 특징은 말발과 글발이 좋다는 데 있다. 누구하고 말싸움이 붙어서 져본 일이 별로 없다. 말도 흠 잡을 데 없이 똑 부러지게 하지만, 문서도 손볼 여지없이 논리적이고 탄탄하게 작성한다. 감정 조절은 또 어떤가. 웬만해서는 흥분도 하지 않으며, 아랫사람을 나무랄 때도 어쩌면 그렇게 차분하게 말할 수 있는지 감탄할 정도다. 게다가 단 한 번도 게으름을 피우거나 늦게 출근하는 법이 없다. 항상 그 모습 그대로 자리를 지키고 앉아 있으니, 아랫사람들은 숨이 막혀 죽을 지경이다.

김유능 부장이 바로 그 똑부형 보스다. 김 부장은 똑똑하고 부지런한데다 도무지 재미라고는 모르는 최악의 보스였다. 이런 보스와 싸워 이긴 사람이 있었으니 그는 이대로 과장이었다. 이대로 과장의 전법은 매우 단순했다. 김 부장이 가장 중요하게 여기는 한 가지는 지켜주되, 나머지는 지켜주지 못하겠다고 맞서는 것이었다. 다시 말해, 부지런함은 지켜주되 똑똑함은 지켜주지 못하겠다는 전법이었다. 이 과장의 방법은 상당히 전략적이었다. '나는 아무리 노력해도 부장님의 영민함에는 못 미치니 그것은 포기할 수밖에 없다. 대신 부장님이 중시하는 부지런함만은 지키겠다.'는 식이다.

전략은 항상 여러 대안 중 하나를 선택하는 것이다. 둘 다 잘하겠다고 덤볐다가는 둘 다 놓치게 되어 있다. 물론, 김 부장이 처음부터 이 과장을 인정했을 리 없다. "빨리 해서 오면 뭘 합니까? 논리는 엉망이고 뭘 해보겠다는 것인지 도통 알 수가 없는데요." 김 부장은 차분한 목소리로 말하며 이 과장을 올려다보았다. "부장님, 그래서 제가 빨리 가지고 온 거라니까요. 어떻게 접근해야 할지 도통 모르겠습니다. 부장님께서 좋은 아이디어 좀 주세요." 이 과장은 한 번이고 두 번이고 열 번이고 김 부장이 오케이할 때까지 찾아다녔다. 결재를 30번이나 퇴짜 맞은 적도 있었다. '조금만 비겁하면 내가 이긴다.'는 것이 이 과장의 지론이 되어버렸다. 하다 보면 반려 횟수도 점점 줄게 되고, 자주 만나다보면 오히려 보스와 친숙

함마저 느낄 수 있다.

똑부형 보스와 싸워 이기는 방법은 하나다. 보스의 잘난 척을 무한히 인정해주되 취사선택에 능해야 한다. 똑똑함과 부지런함 중에 하나를 골라라. 본인이 똑똑함에 자신이 있으면 그것을 공략하고, 부지런함에 자신이 있으면 그것을 공략하라. 그러나 똑똑함을 공략해서 이길 가능성은 매우 낮다. 왜냐하면 똑부형 보스의 아킬레스건은 부지런함보다는 똑똑함에 있을 가능성이 더 높기 때문이다.

똑게형 : 똑똑하지만 게으른 보스에게 맞서는 법

똑똑하지만 게으른 보스가 있다. 이런 유형을 우리는 '똑게형' 보스라고 부른다. 똑게형 보스의 가장 큰 특징은 머리가 비상해 일의 처음과 끝을 꿰고 있으나, 성실함과는 거리가 멀고, 뭔가를 이루어보려는 열정이나 추진력도 약하다는 것이다. 매사에 적당히 일하고 적당히 즐기는 것이 장땡이라는 태도다.

결재를 올리면 "두고 가면 검토해보겠다."고 하고는 감감 무소식이다. 일주일을 끄는 것은 기본, 때때로 한 달을 넘기기도 한다. 그러다가 윗사람이 "지난번에 지시한 일은 잘 되어가고 있습니까?" 하고 한마디 하면 그제서야 아랫사람을 호출해 묻는다. "김 과장, 사장님이 지시한 거 준비되고 있어요?" 김 과장이 눈을 동그랗게 뜨면서 되묻는다. "열흘 전에 결재 올렸는데요. 그때 검토해보신다고 하셨는데요." 무안해진 똑게형 보스는 시치미를 뚝 떼며 오히려 큰소리로 야단을 친다. "아니, 이 사람아. 내가 얼마나 바쁜 사람인 줄 알면, 알아서 챙겨주고 해야지. 한 번 결재 올렸다고 그러고 있으면 어떻게 하나?" 그러고는 뒤늦게 허둥지둥 이것 고쳐라 저것 바꿔라 야단법석을 떤다.

똑게형 보스의 주된 관심사는 적당하게 일하고 크게 칭찬받는 데 있다. 잘되면 본인 덕이고, 잘못되면 아랫사람 탓이다. 머리가 좋아서 칭찬도 전략적으로 하고, 자기에게 책임이 돌아올 기미가 보이면 다른 사람에게 척 갖다 붙이는 데 능숙하다.

똑게형 보스에게 맞서 이기는 가장 좋은 방법은 가능한 많은 증거를 수집해 결정적 순간에 보스 앞에 들이미는 것이다. 이수완 이사에게 보란 듯이 대들어 승리를 쟁취한 박대기 부장의 예가 좋은 본보기가 될 것이다.

이수완 이사는 전형적인 똑게형 보스였다. 업무 지시를 내려놓고는 한참 뜸을 들이는 경우가 다반사였는데, 그 이유가 자신의 보스가 무슨 생각을 하는지 알아보기 위함이었다. 혹시나 보스의 생각이 바뀌거나 돌아가는 분위기가 영 아니다 싶으면 내가 언제 그랬냐는 식으로 아랫사람들을 비난하기 일쑤였다. 몇 번을 당해본 박대기 부장은 어느 날부터 이수완 이사의 지시 사항을 일일이 노트에 기록하기 시작했다. 지시 내용뿐만 아니라 시간, 동석자까지도 기록했고 구두 보고를 한 후에는 반드시 이메일로 확인 메일을 보내두었다. 예상했던 대로 기회는 왔다.

이수완 이사는 자신의 평소 버릇대로 자기가 내린 지시를 뒤집어엎으면서 일언반구 설명도 양해도 구하지 않았다. "박 부장이 내 말귀를 못 알아들어서 그런 거지, 나는 처음부터 이런 지시를 내린 적이 없어." 하고 발뺌하는 것이었다. 박대기 부장은 이수완 이사의 코앞에 보란 듯이 그동안의 일지와 이메일 기록을 내밀었다. 얼굴이 시뻘겋게 달아오른 이수완 이사는 "내가 언제 이런 말을 했지?"를 연발하면서 머리 좋은 사람답게 금세 태도를 바꾸었다. "이 사람아, 내가 일부러 그런 것도 아닌데 이렇게까지 해야 되나? 어쨌든 미안하네." 이후로 박대기 부장은 "처음에는 이런 지시를 내리셨지만, 바뀐 지시대로 2일 이내에 처리하도록 하겠습니다." 하는 식으로 확인하는 버릇이 생겼다고 한다.

똑게형 보스를 잘 다루는 방법은, 확인하고 또 확인하여 결정적 순간에 증거를 보여주는 것이다. 한 번은 짚고 넘어가야 할 고비가 온다. 그렇지 않으면 보스의 영원한 밥이 되고 만다.

멍부형: 멍청하고 부지런한 보스에게 맞서는 법

멍청하면서 부지런한 보스가 있다. 이런 유형을 우리는 '멍부형' 보스라고 부른다. 멍부형 보스의 가장 큰 특징은 단순 무식하면서 용감하다는 데 있다. 도무지 융통성이라고는 없으며, 조직에서 한 번 정한 일은 누구도 예외 없이 따라야 직성이 풀리는 사람이다. 가장 큰 문제는 이런 사람들이 가장 충성스러운 사람처럼 보인다는 점이다.

윗사람에게 절대로 "No!"라고 말하는 법이 없고, 일을 시키면 밤낮없이 해서 뭐라도 턱하니 안겨주니 조직에서 싫어할 리가 없다. 게다가 아랫사람들도 자기와 똑같이 행동해주기를 바라고, 그렇게 하지 않으면 노골적으로 강요하는 스타일이다. 그들은 늘 당당하고 떳떳하다. 자기만큼 조직에 충성하고 조직을 위해 몸 바치는 사람들이 없다는 명분을 갖고 있으며, 자신과 뜻을 같이하지 않는 사람들은 '기회주의자들'이라고 싸잡아 비난한다. 상당수 나쁜 보스들이 이런 유형에 속한다. 걸핏하면 과거에 자기가 석 달 동안 집에도 들어가지 않고 밤새워 일한 무용담을 늘어놓으며, 자기처럼 일을 열심히 하지 않으면 결코 성공할 수 없다고 단정적으로 말한다. 요즘 젊은이들은 배짱도 없고 근성도 없어서 죽도 밥도 아니라며 "우리 회사 정말 큰일났다."는 말을 입에 달고 산다.

이런 명분형 보스에게 맞서는 방법은 시키는 일은 하되, 다른 방식으로도 잘할 수 있다는 것을 보여주는 것이다. 노무식 팀장에게 맞서 이긴 안충성 과장이 좋은 예다. 노무식 팀장은 전형적인 명분형 보스인데, 젊은 시절에 열심히 하지 않으면 미래가 없다고 믿는 사람이었다. 심지어 노 팀장은 자기가 일을 많이 시키는 것은 아랫사람들이 빨리 성공하기를 바라는 마음이므로 불평하지 말라고 이야기했다. 이들은 차라리 일 못하는 사람은 용서할지언정 일을 조금 하고 노는 사람은 절대 용서하지 못한다.

날마다 야근을 해대던 어느 날, 안충성 과장은 노 팀장이 근무 시간 이

후에 지시하는 일의 80퍼센트가 불필요한 업무라는 것을 발견했다. 대체로 단순 작업들일 뿐만 아니라 몇 년 전부터 비슷한 업무를 반복적으로 시켜왔기 때문에, 이미 비슷한 형태의 비슷한 결과물들이 곳곳에 쌓여 있었던 것이다. 안 과장은 용기를 내어 '의도된 반란'을 일으켜야겠다고 생각했다. "팀장님, 집에 가서 마무리하고 내일 아침까지 보고하겠습니다." 노 팀장은 눈을 동그랗게 뜨면서 말했다. "집에 가면 쉬고 싶기 때문에 일이 안 될 거야. 여기서 선후배들 도움을 받아가면서 하도록 해." 노 팀장은 완강했다. 그러나 안 과장도 물러서지 않았다. "한번 해보겠습니다. 믿어주십시오." 노 팀장은 한두 번 저러다 말겠지 하면서 마지못해 허락해주기 시작했다.

안 과장은 기존에 작업되어 있던 자료를 그대로 활용하되, 거기다 한두 가지 아이디어만 덧붙이는 방법을 생각해냈다. 불과 한두 시간만 투자하면 끝낼 일인데, 회사에 죽치고 있어봐야 실제 일하는 시간보다 잡담하고 밥 먹고 술 마시며 낭비하는 시간이 더 많아 효율적이지 못하다는 것을 누구나 알고 있던 차였다.

안 과장을 필두로 한 명, 두 명 야근을 빠져나가기 시작하자 노 팀장은 자신의 업무 스타일이 먹히지 않는다는 것을 깨닫게 되었다. 그런데도 원하는 결과물이 손에 들어오자 그는 업무 방식을 바꾸어도 괜찮겠다는 생각이 조금씩 들기 시작했다. 노 팀장의 변화를 느낀 안 과장은 과감하게 자신의 의견을 전하기로 마음먹었다. "업무량이 많아서 반드시 야근을 해야 하는 날 외에는 낮 업무에 집중하는 것이 더 효율적입니다. 퇴근 이

후에는 쉬는 것이 오히려 경쟁력입니다. 재충전이 되어야 다음 날 생산성도 더 좋아지고 창조적인 일도 할 수 있죠."

멍부형 보스들은 스스로 새로운 방식을 생각해내지 못하므로, 변화가 필요하다는 것을 아랫사람이 먼저 보여주어 타당성을 인정받는다면 이를 쉽게 수용한다. 따라서 멍부형 보스를 만난다면 반드시 '의도적 반란'을 준비할 필요가 있다. 멍부형 보스의 아킬레스건은 누군가가 생각지도 못한 새로운 아이디어를 가져왔을 때 반응한다. 열심히 일하는 것 외에 다른 방법은 없다고 여기는 사람에게 부화뇌동해서는 미래가 없다. 다른 방법이 있다는 것을 몸소 보여주어야 무턱대고 착취당하는 일은 겪지 않을 수 있다.

멍게형: 멍청하면서 게으른 보스에게 맞서는 법

마지막으로 멍청하면서 게으른 보스가 있다. 이런 유형을 우리는 '멍게형' 보스라고 부른다. 멍게형 보스의 가장 큰 특징은 무능하다는 것이다. 어떻게 그 자리까지 올라갔는지 의아할 정도로 업무에 무지하고 아무런 추진력도 야망도 없다. 앞의 세 유형에 비해 아랫사람을 괴롭히려고 의도적으로 일을 꾸미지는 않지만 존재 자체가 성가시다. 뭔가 확실하게 방향을 제시해주지도 못하고, 그렇다고 윗사람에게 명확한 지시를 받아오지도 못한다.

월간 실적 보고에서 죽어라 얻어터지고 와서도 어떤 조치를 취해야 하는지 전혀 감을 잡지 못한다. 보다 못해 아랫사람들이 기획팀장을 찾아가서 회의 분위기가 어땠는지, 이사님 불만이 무엇인지를 파악하고 와야 한다. 멍부형 보스는 우유부단해서 잘 맺고 끊지도 못한다. 부서 실적이 곤두박질치고 있어도 책임 소재도 정확하게 못 가리고 업무 지시도 명확하게 내리지 못한다. 멍게형 보스에게 조직은 '때가 되면 다 떠나게 되어 있는 장소' 정도로 이해된다. 이쯤 되면 사람이 좋은 것도 유분수지, 도대체 내가 왜 이런 보스와 함께 일해야 하는지 알 수 없는 상황에 빠진다.

멍게형 보스와 맞서는 방법은 내 스스로 일을 만드는 것이다. 조직이 돌아가는 메커니즘을 파악한 다음, 어떻게 하면 내가 주목받을 수 있을지, 어떻게 하면 우리 부서가 돋보일 수 있을지를 찾아내야 한다.

전형적인 멍게형 보스인 조용희 팀장에게 맞서서 이긴 서용기 대리가 있다. 조용희 팀장은 멍청하고 게으른 데다 부서의 이익을 위해 아무것도 챙겨주지 못하는 팀장이었다. 서용기 대리는 이대로 1, 2년 더 가다가는 승진에서 불이익을 보는 것은 물론 전문가로 성장하고 발전할 기회를 영영 놓쳐버릴 것 같은 불안감에 사로잡혔다. 뭔가를 시작해야 했다. 그가 가장 먼저 한 일은 주간 및 월간 업무 실적보고 자료를 직접 만들어보는 것이었다. 어려운 일은 아니지만, 여간 귀찮고 성가신 일이 아니었다. 더구나 계산을 정확히 맞추려면 기획, 회계, 총무, 구매 부서를 일일이 찾아다녀야 하기 때문에 본인의 업무 외로 상당한 시간을 투자해야 했다. 자칫 숫자 하나라도 틀렸다가는 여기저기서 원성을 들을 수 있기 때문에 누구도 선뜻 나서지 않는 일이기도 했다.

그러나 서용기 대리에게는 목표가 있었다. 스스로 자신을 드러내지 않으면 누구도 자기를 알아주지 않는 상황이었고, 무능한 보스를 둔 탓에 보스에게 뭔가를 기대하기도 어려운 상황이었다. 한 달 두 달 자료를 만드는 횟수가 늘어가면서, 서 대리는 회사 돌아가는 사정을 파악할 수 있는 유익한 정보들을 얻기 시작했다. 게다가 요직에 있는 사람들과 친분도 쌓게 되었다. 또 언제부턴가 무슨 일이 생기면 사람들이 서용기 대리를 찾기 시작했다. 그의 존재는 사람들에게 각인되었고, 이듬해 그는 멍게형 보스에게서 벗어나 가장 힘 있는 부서로 옮겨갈 수 있었다.

멍게형 보스와 맞서는 방법은 현 상태를 벗어나기 위해 뭔가를 시작하는 것이다. 멍게형 보스의 그늘에 묻혀 신세 한탄이나 하고 있을 시간이 없다. 자기계발을 위해 남들이 꺼려하는 일도 기꺼이 시작할 마음만 가지고 있다면 새로운 길은 열리게 되어 있다.

Part 4
Learn From Bad Boss

나쁜 보스와의 불운을
학습으로 전환하는 노하우

조직의 생리를 배워라

조직에는 조직 심리가 따로 있다. 조직은 옳고 그름으로 판단하지도 않고 능력만으로 선택하지도 않는다. 나쁜 보스는 이런 조직의 생리를 잘 알고 있다.

이타적인 이기주의자가 되라

보스는 일견 성공한 사람이다. 크든 작든 자기가 속한 조직에서 인정받는 위치에 있기 때문이다. 그들은 윗사람으로부터 인정받으려면 무슨 일을 어떻게 해야 하는지 알고 있다. 개인의 지위나 명예를 위해서 그들은 '이기적인 태도'를 유지해야 한다는 것을 본능적으로 안다. 그들이 업무에서 높은 성과를 내야 한다고 믿는 것도, 윗사람들에게 전략적으로 아부를 하는 것도, 따지고 보면 자신들의 성공과 출세를 위해 체계적으로 학습한 것이다. 겉보기에 남을 잘 배려하고 친절해 보인다고 해서 이타적인 사람이라고 성급하게 판단해서는 안 된다. 타고난 기질과 성격이 달라서 부드러운 성정을 가진 사람도 있고 다소 거칠게 보이는 사람들도 있지만, 모든 보스의 유전자는 '이기적'이다. 이기적이지 않고서는 남을 뛰어

넘어 조직에서 인정받는 것이 사실상 어려운 세상이다.

남을 잘 배려하는 보스가 있었다. 배여준이라는 보스는 대기업의 인사팀장이었는데, 5천 명이 넘는 직원들의 이름을 대부분 기억하는 것은 기본이고 각 직원들이 현재 살고 있는 지역을 줄줄이 꿰고 있어서 새로운 지하철 노선이 생기거나 버스 노선이 변경될 때마다 그들에게 친절하게 알려주는 사람이었다. 인사팀장이니 가능한 일이라고 생각할 수도 있지만, 그의 배려심은 보통 사람의 상상 이상이었다. 본사는 물론 지사 직원들의 대소사를 직접 챙기고, 아무리 멀리 사는 직원이라도 부모 장례식에는 어김없이 참석했다.

배 팀장의 진가는 구조조정 시기에 발휘되었다. 본사와 공장을 포함해 약 300명의 직원들이 회사를 떠나게 되었다. 희망퇴직을 통해 조용히 회사를 떠나는 사람들도 있었지만, 회사의 구조조정에 거세게 항의하는 사람들이 상당수였다. 그러나 배 팀장의 수완은 보통이 아니었다. 노조를 완벽하게 설득했을 뿐만 아니라, 300명에 가까운 구조조정 대상자를 일일이 만나서 그들의 손을 붙잡고 함께 눈물을 흘렸다. 희망 퇴직금을 지급하는 것은 물론이고, 다른 일자리를 알선하는 데 최선을 다하겠다는 약속, 회사의 사정이 좋아지는 대로 재입사를 할 수 있도록 우선적으로 고려하겠다는 약속으로 사람들의 마음을 사로잡았다.

그해 성공적인 구조조정을 통해 배 팀장의 진가는 여지없이 드러났고, 전반적인 경기 호전에 힘입어 회사의 실적마저 크게 개선되면서 배 팀장은 연말에 임원으로 승진했다. 문제는 그 다음에 일어났다. 구조조정 당시 약속했던 대로 회사 사정이 나아지면 재입사를 추진해보겠노라고 말했던 것을 기억하는 사람들이 있었기 때문이다. 약 10여 명의 사람들이 배 이사를 찾아왔다. 구직 활동을 열심히 하고 있지만 좀처럼 원하는 자리가 나오지 않으니, 다시 입사할 수 있도록 선처해달라고 했다. 배려심이 많은 사람으로 유명한 배 이사는 "충분히 검토해보고 연락드리겠습니다. 시간을 좀 주십시오." 하면서 사람들을 돌려보냈다.

함께 회의에 배석했던 팀장이 물었다. "모두 다시 받아들일 수는 없을 텐데, 어떤 기준으로 사람을 뽑아야 합니까?" 배 이사는 빙그레 웃더니 대답했다. "구조조정 당시 사람들의 마음을 위로하기 위해 인사치레로 한 약속을 지켜야 할 의무는 없습니다." 경위야 어찌됐든 한 번 회사를 떠난 사람을 다시 받아들일 수는 없다는 것이었다. "검토해보겠다고 하셔서 사람들이 답변을 기다리고 있을 텐데, 나중에 문제가 생기지 않겠습니까?" "시간을 벌어야죠. 제 풀에 나가떨어질 때까지 시간을 끌면 다들 포기하게 되어 있어요." 배 이사의 본색은 여지없이 드러났다. 지난 십 수 년 동안 배 이사가 보여줬던 모든 행동은 결국 '자신의 성공을 위해' 의도된 것일 뿐이었다. 물론 그는 모든 것을 회사를 위한 불가피한 선택이라며 위장했지만, 자세히 들여다보면 결국 '자신의 사적인 이익'을 전혀 생각지 않았다고는 볼 수 없었다.

인간의 이기심을 보여주는 극단적 사례는 무수히 많다.

조선의 영조대왕이 자신이 그토록 아끼고 사랑한 사도세자를 오뉴월 뒤주에 가둬서 죽인 사례는 너무도 유명하다. 이런저런 역사적 원인을 굳이 분석하지 않더라도, 자신의 혈육이 자신을 왕위에서 쫓아내기 위해 역모를 꾀하고 있다는 모함을 그대로 믿었다는 자체가 인간의 자기 보호본능이 어디까지 갈 수 있는지를 여실히 보여주고 있다. 혈육 간의 이기심도 이 정도인데, 피 한 방울 섞이지 않은 보스와 부하가 서로 쉽게 배신하고 버림받는 관계라는 것은 너무도 당연한 일이다.

젊은 나이에 꽤 합리적이었던 보스들이 나이가 들면서 노회해지는 것을 많이 목격할 수 있다. 개인의 지위나 명예를 지키기 위해서 서슴없이 비합리적인 행동을 저지르고도 자신의 잘못을 합리화한다. 또한 나이가 들면서 무사안일과 개인의 행복을 우선시하면서 극도로 이기주의적인 경향이나 태도를 강화한다. 어떤 일에도 적극적으로 나서지 않으면서 현재 상태를 유지하려 드는 태도를 보인다. 그러면서 아랫사람들의 의견이나 조언에 귀를 기울이려 하지 않는다. 단지 자기를 편하게 해주는 사람들을 가까이하고 그들을 키워주면서 적당히 세월을 보내다가 은퇴하는 것을 최고의 복으로 여긴다. 바로 이 대목이 가장 주의해야 할 지점이다. 이들에게 잠시 인정받고 나중에 영원히 버림받는 일이 없도록 처신해야 한다.

보스 가까이서 자주 눈도장을 찍어라

인간은 대단히 합리적인 듯하지만 가끔 이해하기 어려운 측면을 가지고 있다. 예를 들면, 보이지 않는 곳에서 정말 묵묵히 일하는 사람보다는 자주 얼굴을 보이는 사람이 일을 더 많이 한다고 믿어버리는 경향이 있다. 높은 사람에게 눈도장을 자주 찍어주면, 그 사람에 대한 잔상이 머리에 많이 남아 있게 되고, 그러다보면 중요한 순간에 그 사람의 얼굴이 떠오르기 때문에 그를 중용할 가능성이 높아진다. 마치 특정 제품에 대한 광고를 많이 접하게 되면 무의식에 그 기억이 남아 있다가 자기도 모르게 그 제품을 집어 들게 되는 것과 같은 이치다.

박동혁 부장의 고백을 들어보면 이런 현상에 고개가 끄덕여진다. 박 부장은 국내 최고 기업에서 최연소 부장으로 승진할 정도로 빨리 성장한 사람이었다. 업무 능력도 탁월했고 영어에도 능통했기 때문에 일찌감치 해외사업을 성장시켜줄 사람으로 낙점되었고, 부장으로 승진하자마자 미주사업을 개척할 적임자로 선발되어 미국법인으로 발령을 받았다. 그는 미국 전역을 다니면서 지사망을 개척하고 현지인을 채용함으로써 미국 시장 진출에 큰 공헌을 했다. 그렇게 미국에서 4년을 보낸 후 그는 한국 본사로의 복귀를 희망했지만, 회사에서는 다시 남미 시장을 개척해달라는 지시를 내렸다. 그는 다시 가족들을 대동하고 브라질로 향했다. 브라질을 거점으로 아르헨티나, 칠레 등지로 다시 현지 지사망을 개척하면서 4년을 보냈다.

1년에 한두 번 한국을 다녀가긴 했지만, 머무는 기간은 길어야 일주일이었다. 남들보다 먼저 부장으로 승진했고, 회사에서 가장 중요하게 여기는 북미, 남미 시장을 개척한 그가 임원 승진을 바라보는 것은 누가 봐도 당연했다. 아내와 아이들은 해외생활에 완전히 적응해 한국으로 돌아가는 것을 못마땅해 했지만, 박 부장은 더 이상 귀국을 미루어서는 안 되겠다고 마음먹고 있었다. 본사를 떠난 지 8년이나 지난 탓에 국내 사정에도 어두워지고, 자기보다 늦게 부장을 단 사람들이 하나 둘 임원 자리를 꿰차고 있는 실정이었다. 입사 동기의 3분의 2가 회사를 옮겨 새로 자리를 잡고 있다는 소식도 들려왔다.

그는 더 이상 해외생활을 할 수 없다고 회사에 강력하게 요청했고, 이듬해에 귀국할 수 있었다. 가족들은 브라질에 남겨둔 채였다. 아이들이 국제학교를 졸업하고 국내 대학이나 미국 대학에 들어갈 때까지는 한국에 들어올 수 없는 형편이었다. 그렇게 본사로 돌아온 그는 당황할 수밖에 없었다. 업무 환경이 너무 달랐던 것이다. 해외에서는 혼자 결정하고 혼자 뛰어도 적정한 실적만 나오면 회사에서 거의 관여하지 않았는데, 본사에서는 정해진 스케줄과 의사결정 절차에 따라 모든 업무가 진행되었다. 쓸데없는 회의는 왜 그렇게 많은지, 진행된 일은 하나도 없는데 회의만 몇 날 며칠 반복하는 식이었다.

더 큰 문제는 자기를 끌어줄 사람이 아무도 없다는 것이었다. 그를 인정해주던 사람들은 거의 회사를 떠났거나 한직으로 밀려나 있었고, 지금의 보스는 과거에 거의 인정받지 못하던 사람이었다. 뭔가 크게 잘못되었다는 생각이 들었지만 하소연할 곳도 없었고, 가족들은 너무나 멀리 있었다. 북미, 남미 시장 개척을 위해 몸이 부서져라 뛰어다닌 8년간의 세월이 무상하게 느껴졌다. 그동안은 가족들을 부양하며 잘 살아왔는데 앞으로 살아갈 일이 막막했다. 사람들이 완전히 물갈이된 상황에서 박 부장이 끼어들 자리는 없었고, 보스가 박 부장을 자기 사람으로 인정하지 않는 이상 임원으로 승진할 가능성은 거의 없어 보였다.

쉰을 바라보는 박 부장은 결국 그 회사를 떠날 수밖에 없었다. 남들이 모두 부러워하는 직장이었지만, 박 부장으로서는 더 이상 견뎌낼 수 없었다. 지금은 남미로 수출하는 중견 기업에서 열심히 일하고 있지만, 이 일로 그는 큰 교훈을 하나 얻었다고 한다. "본사 보스들에게 전혀 눈도장을 찍어두지 않고, 해외지사에서 열심히 일만 하는 것은 어리석은 짓입니다."

요즘은 외국에서도 한국 유명 기업들의 광고판을 자주 목격할 수 있다. 20년 전부터 미개척 시장을 뚫기 위해 수많은 한국의 젊은이들이 세계 각지에서 청춘을 바쳤기 때문에 가능한 일이다. 그런데 그 젊은이들이 고생한 만큼 대우를 받고 있는 곳은 별로 없다. 그들은 너무 먼 곳에서 일만 열심히 했지, 요직에 있는 본사 보스들의 눈도장을 찍지 못했기 때문에 결국 회사의 핵심으로 들어갈 수 없었다. 중요한 자리는 원래 가까이 있는 사람들이 차지하는 법이다.

옳은 사람이 아니라 필요한 사람이 되라

사람은 홀로 있을 때와 남과 더불어 있을 때가 다르다. 홀로 있을 때의 인간 심리와 더불어 있을 때의 인간 심리도 다르다. 조직에는 조직 심리가 따로 있다. 한 개인이 혼자일 때는 높은 도덕심과 윤리의식을 유지할 수 있지만, 여러 사람이 모인 조직이라는 집단 속으로 들어가면 어떻게 행동할지 아무도 알 수 없다.

적어도 조직 전체를 보았을 때 선이 악을 이긴다고 할 수는 없다. 이긴 집단이 선이었다고 주장할 뿐이다. 수많은 조직을 들여다보면, 오히려 정반대의 경우가 더 많다는 것을 확연하게 알 수 있다. 여러분이 잠시 소속되었던 조직을 한번 떠올려보라. 아직도 거기서 일하는 사람들의 면면이 생각날 것이다. 과연 그들이 조직의 선한 목적을 위해 일한 사람들인지, 또는 그만한 능력이 있는지를 곰곰이 생각해보라. 완전히 객관적인 시각을 유지하기는 어렵다고 하더라도, 고개를 끄덕이기보다는 고개를 흔드는 경우가 더 많을 것이다.

어떤 조직이나 대립하는 두 개의 세력이 존재한다. 급진적인 변화를 주장하는 세력이 있는가 하면, 점진적인 변화를 주장하는 세력이 그에 맞선다. 둘 다 그럴듯한 주장을 내세우지만 실상은 누가 주도권을 잡느냐의 싸움인 경우가 대부분이다. 모 기업의 한상준 상무와 김현대 상무가 그런 예에 속한다.

급진적인 전략적 변화를 주도한 한 상무는 외부에서 영입된 인재로 사내에 기반이 거의 없었다. 그는 이번 기회에 회사가 변신을 해야 살아남는다고 주장했고, 그에 동조하는 사람들이 급속하게 세력을 형성했다. 회사가 추구하는 기본 전략에서부터 조직 구조 및 시스템까지 바꾸지 않으면, 업계 내에서 상대적으로 규모가 작은 이 회사는 살아남기 힘들다는 것이었다.

반면 김 상무의 입장은 달랐다. 회사가 변신하기 위해서는 충분한 준비가 우선되어야 한다는 것이었다. 생각이 아무리 좋아도 너무 급진적으로 추진하다보면 득보다 실이 훨씬 클 뿐만 아니라, 자칫 회사의 생존을 위협할 수도 있다는 것이다. 김 상무는 입사한 지 30년이 넘은 사람으로서 회사 설립 초창기부터 지금까지 산전수전을 다 겪어온 사람이었다. 그는 5년에 한 번씩 불경기가 닥쳐올 때마다 보수적이고 신중하게 대처한 덕분에 좋은 결과를 얻었다고 주장했다.

하지만 한 상무는 이번 위기는 이전과는 질적으로 다르다고 강하게 맞섰다. 호경기, 불경기를 번갈아 반복하는 경기 사이클이 예전에 비해 훨씬 짧아진 데다 제품 자체가 노후화되었기 때문에, 근본적으로 제품을 혁신하지 않으면 제품 자체가 시장에서 사라질지도 모른다는 근거를 내세웠다. 김 상무는 30년 전에도 그랬고, 20년 전, 10년 전에도 그런 말을 하는 사람들이 많았지만 내구재가 그렇게 쉽게 시장에서 퇴출될 리 없다며 의견을 굽히지 않았다. 김 상무의 입장을 지지하는 사람들도 나름대로 세를 형성하면서 그를 따르고 있었다.

수년에 걸친 두 사람 간의 대립과 반목은 조직을 피폐하게 만들었다. 합의와 양보로 절충 가능한 사안마저도 한쪽이 찬성하면 다른 쪽에서 반대하고, 또 한쪽이 반대하면 다른 쪽에서 찬성하는 분위기로 흘러갔다. 겉으로 보기에는 평화로워 보이는 조직이었지만, 물밑에서 일어나는 치열한 다툼은 달이 가고 해가 가도 사라지지 않았다. 이런 사실을 모를 리 없는 사장은 짐짓 모른 척하기도 하고, 경우에 따라서 경쟁을 조장하기도 했다. 회사에 치명적인 손해를 끼치지 않는 선에서 두 사람의 경쟁이 어느 정도는 필요하다고 인식하고 있었기 때문이다. 그러나 언젠가는 승패가 가려져야 했다.

최후의 승자는 한 상무가 되었다. 뚜렷한 이유는 없었다. 다만 사장 입장에서 보았을 때 한 상무의 생각이 옳아서라기보다는, 김 상무보다는 한 상무의 손을 들어주는 것이 유리하다고 판단했기 때문이었다. 회사의 전략은 한 상무가 원하는 방향으로 급속하게 흘러가서 현재 생산하고 있는 제품의 대체재를 개발하는 것이었다. 약 3개월의 시간이 흐른 뒤, 개발이 한창 진행되는 와중에 사장은 또다시 새로운 임원으로 조영래 상무를 영입해 제품 생산 업무를 맡겼다. 신제품과 구제품의 균형을 꾀해야 회사가 더욱 발전할 수 있다는 의미에서였다. 회사는 또다시 한 상무와 조 상무를 중심으로 재편되었고, 한 상무의 앞날이 어떻게 될지는 아무도 모르는 상황이 되었다.

선악의 관점으로 조직을 바라보는 것은 큰 실수다. 경쟁관계에 있는 두 세력은 서로 자신의 주장을 합리화하기 위해서 그것이 옳다고 강력하게 주장할 수 있지만, 정작 누가 승리할지는 아무도 모른다. 누가 잘하고 옳기 때문에 선택되기보다는, 당시의 여건으로 봤을 때 필요한 사람이 선택되기 때문에 옳고 그름을 따져서 판단할 문제가 아니라는 것이다. 그에 대한 판단과 결정은 결국 오너가 한다.

보스의 신임으로 능력을 증명하라

최후의 판단과 결정을 오너가 하는 것이라면, 오너의 생각이 어디서 오는지 궁금하지 않을 수 없다. 아주 단순하게 말하면 오너는 자기가 좋아하는 사람을 선택한다. 좋아하는 사람이란 결국 '자주 만나는 사람 중에서 내가 믿을 만한 사람'이라고 판단하는 사람이 된다. 결국 '내 사람'으로 여기는 사람 중에서도 절대 배신하지 않을 사람을 고르는 것이다. 그래서 조직은 그 조직의 최고 수장의 그릇 이상을 넘지 못하는 법이다. 최고 수장의 그릇이 간장 종지만 한데, 접시만 한 조직으로 성장하기는 애초부터 어렵다. 반대로 접시만 한 배포를 가졌다면 최소한 그 접시만 한 회사는 만들 수 있다. 그 정도 도량으로 사람을 쓰기 때문에 가능한 일이다.

기업에서 가장 힘이 있는 부서는 돈을 관리하는 재무부서와 사람을 관리하는 인사부서다. 흔히 영업부서가 가장 힘이 세고 중요한 부서라고 생각할지 모르지만 사실과 다르다.

영업부서는 돈을 벌어오는 곳이기 때문에 매우 중요한 부서이기는 하지만, 성과에 시달리다보니 오래 버티기가 쉽지 않다. 그래서 인력시장에는 영업자들이 가장 많이 거래되고, 그만큼 사람을 구하기도 쉽다. 한 회사의 영업부서에 10년이고 20년이고 버텨주는 사람이 있다면, 회사 입장에서는 참 고마운 일이다. 계속해서 돈을 벌어주기 때문이기도 하고, 다른 사람을 찾아야 하는 회사의 수고를 덜어주기 때문이기도 하다. 하지만 그런 영업자는 흔치 않다.

오너들이 가치 있게 여기는 사람은 쉽게 배신하지 않을 사람이다. 세상에 사람은 많지만, 배신하지 않을 사람을 찾기는 쉽지 않다. 돈을 맡기고, 인사를 맡기는 직원을 함부로 쓸 수 없는 이유가 바로 여기에 있다.

어떤 기업에서 있었던 일이다.

윤도현 씨는 부장 시절에 술자리에서 오너에게 한 번 크게 대든 적이 있었다. 회사의 영업 실적은 엉망인데, 영업부서를 교체하거나 야단치지 않고 계속 승진만 시킨다는 것이 그의 불만이었다. 그는 비교적 다혈질에다가 아랫사람들에게 말을 가리지 않고 하는 스타일이었다.

그런데 마침 오너가 영업부서에 관한 얘기를 먼저 꺼냈다. "우리 회사 영업실적이 썩 좋지는 않지만 아직까지 잘하고 있습니다. 이번 고비만 넘기면 크게 히트 칠 상품들이 줄줄이 개발되고 있어요." 오너가 영업부서를 띄워주기 위해 말을 이어가고 있는 중에 원가 및 회계를 맡고 있던 윤 부장이 끼어들었다. "사장님, 죄송한데요. 저는 생각이 좀 다릅니다. 우리 회사 이대로 가다가는 3년을 못 버틸 수도 있습니다. 경쟁사와 비교해서 제품 원가가 얼마나 되는지 알고 계십니까? 브랜드에 비해서 우리 제품의 원가가 턱없이 높습니다. 그러니 물건이 안 팔리는 겁니다. 영업에서 안 팔리도록 제품을 기획해놓고도 책임지는 사람은 아무도 없습니다."

술자리의 분위기는 찬물을 끼얹은 듯 싸늘하게 변하기 시작했다. "윤 부장님, 아무리 술자리라고 하지만 할 말과 안 할 말은 가려서 하셔야

죠." 영업담당 박 부장이 신경질적으로 반응했다. 영리한 오너는 헛기침을 하더니 "자아, 오늘은 이쯤에서 마무리합시다."라며 자리에서 일어섰다. 그날 이후 사내에는 윤 부장이 오너에게 찍혀서 오래가기 힘들 것이라는 둥, 영업부 박 부장이 실세라는 둥 갖은 소문들이 한동안 떠돌았다. 머지않아 판도는 결정되었다. 신제품 출시 후 시장의 반응이 생각만큼 나오지 않자 박 부장은 자리를 내놓을 수밖에 없었다. 반면 윤 부장은 임원으로 승진했다.

겉보기에 박 부장은 영업실적이 나빠서 회사를 떠났다고 생각하기 쉽다. 그러나 내막을 들여다보면 영업실적이 좋았더라도 기껏해야 몇 년 더 목숨을 연명했을 뿐일 것이다. 오너 입장에서 보면 박 부장은 실적이 좋은 동안 데리고 있다가 실적이 나빠지면 버리면 되는 카드였다. 반면 윤 부장은 처음부터 믿을 만한 사람이었기 때문에 그 자리에 앉힌 것이다. 다혈질이라서 가끔 실수도 하지만, 그런 실수조차 회사를 아끼는 사람임을 반증하는 것으로 인식되었다. 그렇지 않고서 무엇 때문에 손해 볼 짓을 하겠느냐는 것이다. 두 사람이 대립할 경우 누구를 내 사람으로 선택할지는 이미 결정되어 있었다. 윤 부장은 임원으로 승진한 후 지금까지도 오너의 오른팔이 되어 열심히 뛰고 있다.

마이크로소프트를 창업해 세계적인 기업으로 성장시킨 빌 게이츠가 이런 말을 한 적이 있다. "인생은 불공평하다. 그런 현실에 대해 투덜대지 말고 받아들여라(Life is not fair. Get used to it)." 우리가 살고 있는 현실을 정확하게 꿰뚫고 있는 명언이 아닐 수 없다.

조직을 움직이는 것은 사람이다. 사람은 믿을 만한 사람과 일한다. 그 외에는 언제나 대체 가능한 사람들이다.

토사구팽은 숙명, 누구나 버림받을 수 있다

직장생활을 하는 사람은 평생에 한 번은 섭섭하게 되어 있다고 한다. 언젠가는 자의가 아닌 타의에 의해 회사를 그만두어야 하기 때문이다. 아무리 능력이 뛰어난 사람도 자신이 오너가 아닌 이상 영원히 한 직장에 머물 수는 없다. 결국 직장인의 화두는 누가 오랫동안 자리를 지키면서 높은 지위와 권력을 누리고, 남보다 많은 연봉과 성과급을 받을 수 있는 가로 귀착된다. 언젠가 회사를 떠나야 하는 것이 자명한 사실인 이상 언젠가는 토사구팽(兔死狗烹) 당할 수 있다는 것을 숙명처럼 머리에 이고 살아가야 한다.

창업 공신들이 헤어지는 경우를 보면 토사구팽이 얼마나 잔인하게 행해지는가를 알 수 있다. 한때 생사고락을 함께한 사람들이 회사가 안정기에 도달하면 피 튀기는 싸움을 벌이는 것을 어렵지 않게 찾아볼 수 있다. 지금은 매출 천억 원대를 넘어서는 중견기업이 그 사례이다.

6:4의 비율로 지분을 투자해 벤처 사업을 시작한 김선배와 나후배는 두 차례의 부도 위기를 넘기면서 더욱 굳건히 뭉친 사이였다. 10명으로 시작한 직원의 수가 50명을 넘기더니, 급기야 300명에 육박하는 커다란

회사로 성장하면서 더욱 조직다운 면모를 갖추어가기 시작했다. 두 사람의 갈등이 시작된 것은 직원 150명, 매출 500억 원을 넘기면서부터였다. 회사가 어려울 때는 아무런 문제가 되지 않던 것들이, 매출이 안정기에 접어들면서부터는 사사건건 충돌하기 시작했다. 거래선을 개척하고 관리하는 방법과 같이 중요한 문제에서 부딪히는 거라면 이해할 만도 하지만, 여비서 한 명을 뽑는 문제까지 티격태격 이견을 내놓으니 직원들 마음이 편할 리 없었다.

결정적인 사건은 나후배 부사장이 자신의 처남을 관리자로 채용하겠다고 제안하면서부터 시작되었다. 김선배 사장은 친인척을 등용하면 직원들 사이에 위화감만 조성한다고 강력하게 반대했다. 부사장은 우리 같은 중견기업에서는 대기업 출신을 뽑기도 쉽지 않은데, 능력만 갖추면 될 일이지 친인척이냐 아니냐는 반대 명분이 될 수 없다고 주장했다. 처남이 능력이 없는 것도 아니고, 매형을 도와서 회사를 키워보겠다고 잘 다니고 있는 대기업까지 포기하고 오겠다는 상황에서 반대할 이유가 없다는 것이었다. 급기야 자신도 지분을 20퍼센트 이상 가진 대주주임을 내세워 사장을 압박했고, 서로 이것만큼은 양보할 수 없다며 팽팽한 신경전을 벌였다.

결국 부사장은 사장의 승인을 받지도 않은 채, 처남을 회사로 출근시키는 반란을 감행했다. 이후 회사는 하루도 편할 날이 없었다. 처남은 처남대로 시스템이 갖춰지지 않은 중견기업에서 일하려니 불만이 날로 늘어갔고, 부사장은 사장과 직원들이 처남에 대해 안 좋은 소리를 하고 다니는 것을 알고는 그들에 대한 반감이 더욱 커졌다. 게다가 어느 날, 사장이 한마디 상의도 없이 부사장과 그의 처남에게 이메일로 해고통지서를 보내면서 문제는 더욱 악화되었다. 메일에는 최근 경영악화에 대한 책임을 묻는 것이라는 해고 사유와, 지분은 단계적으로 정리해나가자는 내용이 들어 있었다. 동의할 수 없다는 부사장과 강압적으로 밀어붙이는 김 사장은 법정까지 가서 싸움을 벌이다가 결국 모든 관계를 청산하기로 합의했다.

부사장은 자기 소유의 지분을 처분해 새로운 사업을 시작했지만 2년 만에 실패하고 말았다. 자신뿐만 아니라 처남까지 실업자로 만들면서 실패의 나락으로 굴러 떨어지게 된 것이다. 반면 김 사장의 사업은 승승장구했다. 더욱 재미있는 것은 나 부사장을 축출한 후 김 사장은 자신의 매제를 회사의 중역에 앉혔다. 친인척을 등용하지 말아야 한다는 그의 주장은 공연한 변명에 불과했던 것이다.

토사구팽은 월급쟁이의 숙명을 가장 잘 표현하는 사자성어다. 원래 유방을 도와 천하를 통일하는 데 큰 공을 세운 한신이 유방에게 죽임을 당하면서 남긴 말로 유명하다.

초나라 무장으로 항우를 섬겼던 한신은 중용이 되지 않자 한나라 왕인 유방의 수하가 되었다. 이후 천하를 통일한 유방은 한신을 초나라 왕으로 봉했으나, 언젠가 세력을 키워 자신에게 도전할 것을 걱정하고 있었다. 마침 항우의 장수였던 종리매가 옛 친구인 한신에게 몸을 의탁하고 있다는 사실을 알게 된 유방은 한신을 의심하기 시작했다. 급기야 한신이 유방을 찾아가 종리매의 목을 바치지만 때는 이미 늦었다. 유방은 도리어 한신을 포박하고 죽였다. 이때 한신이 남긴 말이 바로 '토사구팽'이다.

교활한 토끼가 죽고 나면 사냥개도 잡혀 삶아지며, 높이 나는 새도 다 잡히고 나면 좋은 활도 광에 들어가며, 적국이 타파되면 모신도 망한다. 천하가 평정되었으니 나도 마땅히 팽당함이 마땅하도다(狡兎死良狗烹 飛鳥盡良弓藏 敵國破謀臣亡 天下已定 我固當烹).

조직의 생리를 아는 것은 현명하게 처신하는 데 도움이 된다. 옳은 일을 하는 집단이 이기는 것이 아니라, 이기는 집단이 옳은 것으로 합리화된다는 사실을 명심해야 한다. 이때 옳고 그름을 가려주는 것은 바로 오너다. 오너는 자신을 배신하지 않을 사람의 손을 잡지, 열심히 일하는 사람의 손을 잡지는 않는다. 직장인은 언젠가 한 번은 버림을 받는다. 그것이 언제가 될지 알 수 없으니 항상 마음의 준비가 필요하다.

은근과 끈기를 배워라

내가 없으면 회사가 큰 타격을 입을 것이라는 생각은 어리석다. 조직은 어떤 자리도 새로운 사람으로 대체할 수 있다. 차라리 인내심을 기르는 편이 낫다.

나서지 않고 인정받는 길을 찾아라

인간의 심리나 조직의 생리 외에도 나쁜 보스로부터 배워야 할 것이 있다. 바로 참고 견디는 능력이다. 나쁜 보스라고 해서 고난과 시련이 없을 수가 없다. 그들 역시 나쁜 보스를 만나 심한 마음고생을 이겨내며 살아왔고, 그것을 슬기롭게 극복해왔다는 사실을 인정해야 한다. 현재 그들이 처한 위치가 낮든 높든, 큰 조직이든 작은 조직이든 상관없이 보스가 되기까지의 그 인내심 하나만큼은 배워야 할 것이다.

마성용이 경험한 실제 이야기다.

마성용은 자신의 보스를 지독하게 싫어했다. 촌티 나게 입고 다니는 모습도 싫었고, 말할 때마다 입 냄새가 뿜어져 나오는 것도 역겨웠다. 그래서 조만간 보스가 바뀌지 않으면 회사를 그만두려는 마음을 먹고 있었다.

특히 보스가 사적인 일을 시킬 때는 '내가 자기 비서도 아닌데 왜 나한테 이런 일을 시키는지 모르겠군.' 하는 반발심에 대든 적도 있었다. 매월 초 보스는 마성용에게 선물 보따리를 챙겨서 복지원에 가져다주도록 시켰다. 회사에서 그리 멀지 않은 곳이라 30분 이내에 처리할 수 있었지만, 도대체 자기가 왜 이런 일을 대행해야 하는지 알 수 없었다. "부장님, 다음부터는 택배로 배달시키는 게 어떻겠습니까? 바쁘지 않을 때는 괜찮은데, 업무가 겹치면 좀 부담이 됩니다." 보스는 이해할 수 없다는 듯한 표정으로 "그런 날은 그 다음 날 가도 돼. 날이 정해진 일이 아니니, 매월 첫 주 이내로만 배달하도록 해. 자네가 정 시간이 안 되면 후배한테 시켜도 되잖아." 더 이상 할 말이 없었다. 좋은 일을 하려면 직접 하든지 남모르게 처리할 일이지, 왜 자기에게 시키는지 알 수가 없었다.

그런데 두 번째인가 방문했을 때 이상한 점을 발견할 수 있었다. 복지원 담당자가 나오더니 "아, ○○사의 장 이사님께서 보내신 거죠?" 하는 것이었다. 마성용은 얼떨결에 "아, 네? 네." 하며 얼버무리고 말았다. 장 이사님이라면 부장님의 직속 보스인데, 그렇다면 부장님이 장 이사님 이름으로 매월 선물을 보내는 것이라는 뜻이었다. "벌써 2년째 매월 필요한 물건도 보내주시고 현금까지 넣어주시는데 한 번도 제대로 감사 인사를 못해서요. 직접 방문해주시면 조촐하게 식사라도 대접하고 기념사진이라도 찍어두고 싶은데 시간이 되실까요?" 마성용은 순간 머릿속이 환하게 밝아오는 것을 느꼈다. 게다가 부장님이 자기 이름이 아니라 보스의 이름으로 기부를 하고 있었다는 사실이 놀라울 따름이었다. 더구나 그 복

지원은 매년 신입사원들이 방문해 청소, 빨래 등 봉사활동을 벌이는 곳이니 후원활동을 하고 있다는 소문이 사내에 알려지기도 쉬웠다.

회사로 돌아온 마성용은 복지원 관계자의 말을 그대로 전하며 물었다. "그런데 부장님! 기부자 명의가 장 이사님으로 되어 있나 봐요. 이사님도 알고 계세요?" "그럼, 알고 계실 거야. 물건은 우리 회사 제품으로 기부하니까 회사 비용으로 처리한다고 말씀드렸는데, 오래전 일이라 잊으셨는지도 모르지. 현금만 내가 보내는 거야." 마성용은 눈이 휘둥그레져 다시 물었다. "그럼, 현금 봉투에는 부장님 이름을 쓰시는 거예요?" "아니, 좋은 일 하는데 굳이 알릴 필요 있나. 그냥 아무것도 안 써." 보스는 쑥스럽다는 듯이 얼굴을 붉히며 대답했다.

이 일은 며칠 후 장 이사에게 보고되었고, 부장은 장 이사로부터 큰 칭찬을 받았다. 금액으로 따지면 얼마 안 되지만, 회사의 이름을 인근 지역에 널리 알리게 되었으니 칭찬하지 않을 수 없다는 것이었다. 장 이사가 복지원을 방문하고 온 내용은 사보에 실리면서 회사에도 알려지게 되었고, 지역신문의 한 귀퉁이를 장식하기에 이르렀다. 입소문은 빨랐다. 좋은 소식은 좋은 소식대로 나쁜 소식은 나쁜 소식대로 사람들의 입에 오르내리게 마련이다.

마성용은 보스의 행동이 참으로 묘하다는 생각을 하면서도 그의 열성과 노력을 인정하지 않을 수 없었다. 자신을 내세우지 않으면서도 인정받는 법을 보스는 정확하게 파악하고 있었던 것이다. 보스는 시간과 정성과 자비까지 들이면서 노력하고 있었다. 세상에 공짜는 없다. 누군가 어떤 일을 성취해냈다면, 그는 그만한 대가를 지불했기 때문일 것이다.

못생긴 나무가 산을 지킨다

세월이 흐른 뒤 조직을 되돌아보면 매우 재미있는 현상을 발견할 수 있다. 한때 이름을 드날리던 사람들은 온데간데없고 저 밑에서 이름조차 없이 지내던 사람들이 조직의 요직을 차지하고 있는 경우가 많다는 점이다. 그들은 초반이나 중반까지는 두각을 나타내지 못하다가 후반에 치고 나오는 스피드 스케이트 선수들과 흡사하다. 끝까지 가봐야 누가 진정한 승자가 되는지 알 수 있기 때문에, 조직생활을 관찰하는 것은 흥미진진할 수밖에 없다.

분명한 것은 오래 참고 견디는 사람이 그 조직의 승자가 될 확률이 높다는 것이다. 초반에 너무 스피드를 내다가 쉽게 지치는 사람은 오래갈 수 없다. 너무 이름이 알려져서 유명세를 탄 사람도 오래가기가 쉽지 않다. 이런저런 일들을 겪다가 나중에 기회를 잡는 사람들에게 더 큰 보상이 돌아오는 편이다.

"특별한 재능도 없고 남들처럼 어디 오라는 데도 없어서 그냥 있다 보니 여기까지 왔습니다." 겸손하게 너털웃음을 터뜨리며 모 그룹의 송후용 연수원장이 말했다. 지방대학을 졸업하고 당시 한직으로 여겨지던 연수원으로 발령을 받았지만 그는 기쁜 마음으로 받아들였다고 한다. 연수원이 강원도에 가까운 경기도 끝자락에 위치해 있어 직원들은 연수원 근무를 기피했다. 연수원으로 내려가기 싫어서 회사를 옮긴 사람들도 있었고, 대부분은 5년 이내에 다른 부서로 발령받아서 연수원을 떠나갔다. 하지만 송 원장은 지난 30년 세월 동안 한눈을 판 적이 없었다. "저는 공기 좋은 이곳이 그냥 좋았습니다. 처음에는 읍내에 나가려고 해도 30분이나 버스를 타야 해서 많이 불편했는데, 오토바이를 산 후로는 읍내 나가는 일도 즐거워졌어요. 이런 말을 하면 서울 출신인 우리 직원들이 저를 보고 영락없는 촌놈이라고 놀리지만 아무렇지도 않았어요."

그는 자신의 근무지에 아무런 불만이 없었다. 서울에서 내려온 직원들이 교통이 불편하다, 연수원에서 근무하면 미래가 어떻게 될지 불안하다며 불평하는 것이 오히려 이상하게 느껴졌다. 직원이라고 해봐야 고작 15명 수준이니 가족처럼 잘 지내고 싶었지만, 그들은 이런저런 이유를 대며 연수원을 빠져나가기 바빴다. 자연히 연수원의 시설 관리 업무에서부터 신입사원 교육, 여타 행동훈련에 이르기까지 다양한 업무를 송 원장이 도맡아 할 수밖에 없었다.

서울은 1년에 대여섯 번 정도 드나들었을 뿐이고, 읍내는 1주일에 한 번 정도 나갔다. 현지 처녀와 결혼해 읍내 주민이 되었고, 땅을 조금 사서 주말에는 농사도 지었다. 그런데 근처에 스키장이 들어서면서 그 땅이 다락같이 오른 덕분에 제법 땅 부자라는 소리도 듣게 되었다. "그냥 그렇게 살다보니 여기까지 왔지, 특별한 욕심도 목표도 저는 모르고 살았어요." 그는 겸손이 아니라 있는 그대로 말하는 것임을 강조했다.

최근에는 입사 동기들이 가끔 연수원을 찾아온다. 그중에는 큰 목표를 좇아 다른 회사로 옮겨간 사람도 여럿 있고, 사내 다른 부서로 이동한 사람들도 있단다. "참 이상하죠? 다 나보다 잘난 사람들이었어요. 인물도 멀쩡하게 잘생기고, 일류대학 출신들인 데다 장가들도 잘 가고, 강남에 집 샀다는 사람들도 많고요. 근데 요즘엔 다 나보고 부럽다고 난리예요. 이렇게 공기 좋은 곳에서 사는 게 좋아 보인대요."

그에게도 여러 차례 고비는 있었다. 본사의 보스가 걸핏하면 바뀌는 통에 한 번은 연수 비용을 너무 많이 쓴다고 난리를 치고, 또 한 번은 연수원을 매각한다는 소문이 떠돌았다. 한동안 연수원 매각 비용을 평가한다며 서울에서 사람들이 들락거리더니 잠잠해진 일도 있었다. 연수원이 매각되면 그는 일자리를 잃을 처지였다. 또 한 번은 외환위기로 1년 동안 거의 교육이 없었던 시절도 있었다. 가급적 경비를 절감해야 했기 때문에 그해에는 교육예산을 거의 잡지 않았던 것이다. 몇 달 동안 그는 연수원 청소만 하며 지내야 했다.

《채근담》에 이런 구절이 나온다.

산중에 있는 여러 나무들 가운데, 가장 곧고 잘생긴 나무는 가장 먼저 잘려 나가서 '서까래'감으로 쓰인다. 그 다음으로 적당히 생긴 나무가 큰 나무로 자라면 잘려서 '기둥'으로 쓰이게 된다. 그러나 가장 못생긴 나무는 아무도 거들떠보지 않기에 큰 거목으로 자라서 산을 지키는 나무로 남게 되고 행여 목수의 눈에 띄어서 잘리게 되더라도 '대들보'로 쓰이는 것이다.

그래서 못생긴 나무가 산을 지킨다는 말이 나오는 것이다. 나쁜 보스들에게 우리가 배워야 할 점은 이것이다. 아무리 무능력해 보이는 보스라도 참고 견디며 조직을 지켜왔다는 사실이다. 월급쟁이로 살아가는 한, 그들의 살아가는 모습이 나의 앞길을 암시하고 있는지도 모른다. 혹시 내가 능력에 비해 과대평가되고 있는 것은 아닌지, 조금 더 기다려야 하는데 너무 성급하게 구는 것은 아닌지 나쁜 보스를 통해 짚어볼 일이다.

보스의 비굴 모드를 비웃지 마라

보스의 비굴함을 목격할 때 직장인들은 적잖이 실망한다. 살아남기 위해 무슨 짓이든 하겠다는 태도를 보여주는 보스의 비굴함은 분노를 넘어 연민의 정까지 느끼게 한다. 결국 보스를 무시하고 싶은 마음을 갖게 만든다. 담당 임원이 어제와 다른 얘기를 하는데도 무조건 맞장구를 치지 않나, 굳이 보고하지 않아도 되는 사항을 일일이 브리핑해대는 통에 날마다 야근을 시키질 않나. 때문에 어떤 날은 그냥 아프다고 핑계를 대고 조퇴해버릴까 하는 유혹에 빠지기도 한다. 무능한 보스를 만나 고생한다는 생각을 하면 억울해서 잠도 오지 않는다.

김경기 부장은 비굴모드의 전형을 보여준다.

40대 중반의 그는 더 이상 갈 곳이 없다고 판단했는지 어떻게든 살아남아야 한다는 생각으로 똘똘 뭉친 사람 같았다. 담당 임원의 잦은 변덕과 횡포에도 눈 하나 깜짝하지 않고 다 맞춰주는가 하면, 예스맨의 경지를 넘어 없는 일도 만들어서 보고하는 식이었다. 또 매주 월요일에 하는 실적보고로도 모자라 매일 저녁 업무동향을 만들어서 다음 날 아침 보스의 책상 위에 올려놓았다. 보스가 "매일 보고할 필요 없어요. 특별한 사항이 발생할 때만 하시면 됩니다."라고 해도 "알겠습니다. 특별 사항만 요약해서 한 페이지로 보고 올리겠습니다."라며 계속해서 그 일을 고집했다.

어쩌다 보스가 자세한 설명을 요구하기라도 하면, 다음 날부터 일일 보고서의 양이 50배로 늘어났다. 그럴 때는 아랫사람들까지 야근을 해야만 했다. 50장이 넘는 보고서를 만들고, 오류가 없도록 교정을 보려면 밤 12시를 넘기는 일은 보통이었다. "부장님, 일일 보고는 한 페이지로 하기로 하셨잖아요. 곧 주간 보고서도 만들어야 하는데, 굳이 이렇게까지 할 필요가 있을까요?" 부하들이 볼멘소리를 해도 그는 개의치 않았다. "내 말대로 해줘. 다 생각이 있어서 그러는 거니까." 그 일로 야근을 하는 날이면 부하들은 투덜거렸다. "보고만 하다가 날 새겠네. 일은 도대체 언제 하라는 거야. 우리 이번에는 대충 대충 해서 넘깁시다." 짜증이 머리끝까지 치솟은 직원들은 지난 보고서에 날짜만 바꾸고 숫자만 바꿔 일을 대충 마무리했다.

다음 날 아침, 드디어 사고는 터졌다. 보스가 부르자 김 부장이 후다닥 뛰어가는 모습이 보였다. 곧이어 이사실에서 큰소리가 들리더니 선임 과장을 호출하는 전화가 걸려왔다. 이성주 과장이 이사실로 들어가 보니 진

풍경이 연출되고 있었다. 어제 만든 서류는 온 사무실에 흩어져서 팽개쳐져 있고, 김 부장은 보스의 발밑에 무릎을 꿇고 눈물을 흘리고 있었던 것이다. "이사님, 제가 미처 체크를 하지 못하고 올려서 이런 일이 생긴 겁니다. 한 번만 용서해주시면 앞으로 절대 이런 일은 없을 겁니다. 용서해주십시오." 김 부장은 연신 머리를 조아리며 용서를 빌었다. "이 과장, 앞으로 이딴 보고서를 만들려면 올리지 마. 지난주 보고서 살짝 바꾼 거 맞지? 오탈자 투성이에 합계가 제대로 맞기를 하나, 날 뭘로 보고 이따위 보고서를 아침부터 책상 위에 올려놓는 거야!"

이사는 화가 머리끝까지 뻗쳐서 주먹으로 책상을 꽝꽝 내려치고 있었다. "죄송합니다." 이 과장은 고개를 푹 숙이고 서 있었다. 연신 머리를 조아리며 용서를 빌고 있는 김 부장의 벗겨진 머리통을 보자니 화가 치밀었다. '그러게, 대강했으면 이런 일도 안 생겼을 텐데, 오버하더니 사단이 날 줄 알았어. 고소하다 고소해.' 이 과장은 보스의 비굴함을 비웃고 싶은 마음이 구름처럼 몰려드는 것을 느꼈다.

간신히 사태를 수습한 뒤 김 부장과 이 과장은 임원실을 나왔다. 그러나 김 부장은 이대로 물러설 위인이 아니었다. 이제 보고서를 올리기 전에 매일 아침 자신이 직접 검토하겠다고 했다. 아침 8시에 출근하는 보스의 책상에 보고서를 올리기 위해서는 7시까지 출근해 7시 30분까지는 검토를 마쳐야 했다. 그날부터 새벽 출근이 시작되었다. 무결점 보고서를 만들기 위한 부서 전체의 노력은 시작되었고, 마침내 김 부장의 진심은 받아들여졌다. 매일 보고서가 완벽하게 준비되었기 때문에 주간보고에서 김 부장은 지적받는 일이 거의 없어진 반면, 타 부서 부서장들이 보스의 밥이 되었다.

얼마 전 '인크루트'에서 발표한 내용을 보면 "불황으로 직장에서 비굴한 행동을 한 적이 있는가."하는 질문에 80.1퍼센트가 "그렇다"고 답했다고 한다. 살기 위해 비굴함을 선택하는 보스의 행동을 비웃을 것이 아니라, 어려운 시기를 함께 넘어갈 수 있도록 지혜를 모으는 방안을 생각해 보아야 한다.

최후의 승자는 결국 조직이다

결국 최후의 승자는 보스도 아니고 부하도 아니다. 시스템과 인프라를 갖추고 사람들을 끊임없이 고용할 수 있는 힘을 가진 조직만이 최후의 승자가 될 수 있다. 세상에 일을 구하는 사람은 부지기수고, 보스가 떠나거나 부하가 떠나거나 조직은 어떻게든 굴러가게 되어 있다. '내가 없으면 우리 조직이 큰 타격을 입을 것'이라고 자만하는 사람은 어리석다. 세월이 흐르면 산천은 의구하되 인걸은 간 데 없다고 생각할지 모르지만, 당신보다 더 뛰어난 새로운 인걸들이 다시 조직을 꽉 채우게 된다.

김철호는 지금 프리랜서로 활동하고 있다. 한때 국내에서 알아주는 대기업을 다니며 누구보다 승승장구하던 사람이었다. 그는 그룹 전체의 경영 혁신을 주관하는 부서에서 10년 이상 일하다보니 자연히 전 계열사의 경영 상황과 재무 상태를 훤히 들여다볼 정도로 사업 안목을 기르게 되었다. 50여 개가 넘는 계열사의 사장을 면담하고 그들의 경영혁신 마인드를 평가한 결과를 피드백하며 향후 각 계열사가 나아갈 방향을 조언할 정도로 그룹 경영 전반에 깊숙이 개입했다. 그러나 문제는 일이 아니었다.

직장생활에서 일을 열심히 하고 잘하는 것은 가장 쉬운 영역이다. 중요한 것은 사람이다. 경영 혁신을 한답시고 전 계열사를 뒤지고 평가하고 다니던 처음 몇 년간은 사람들의 부러움을 한 몸에 받았다. 유능해 보이고 권력도 있어 보이고, 무엇보다 가장 많은 정보를 손에 쥔 사람으로 보였기 때문에 아무도 그의 성공을 의심하지 않았다. 경영혁신을 총괄하는 보스와도 큰 잡음 없이 일을 해왔기 때문에, 그 또한 이대로 몇 년만 더 가면 그룹을 크게 성장시킬 수 있다는 자신감에 차 있었다. 돈 안 들이고 경영수업을 받고 있으니 개인적인 성취감도 클 수밖에 없었다. 문제는 의외의 방향으로부터 불거져 나왔다.

보스의 경쟁자들로부터 강력한 견제가 들어오기 시작한 것이다. 경영혁신을 시작한 지 10년이 넘었지만, 계열사의 약점을 들쑤시기만 했지 소득이 없다는 불만이 터져나왔다. 현장에서 발로 뛰며 고생하는 사람들의 노고는 모르고 남의 약점이나 캐고 평가나 해대는 것이 경영혁신이라면 누구나 할 수 있는 일이라고들 했다. 각 계열사의 영업실적이 개선되고 재무상황이 호전되는 것은 계열사의 임직원들이 합심한 결과지 경영혁신 부서가 잘했기 때문이 아니라고도 했다. 10년이 지나도 성과가 없으니 경영혁신 부서를 해체하고 각 계열사로 그 기능을 내려보내서 자발적인 혁신을 추구하도록 해야 한다는 목소리가 드높았다.

일견 일리 있는 주장 같지만, 계열사들의 실적이 개선되면서 사장들이 조직적으로 반발하는 것임을 금방 알아차릴 수 있었다. 더 이상 게슈타포 같은 역할을 하는 경영혁신 부서로부터 감시와 통제를 받을 수 없다는 저항인 것이다. 경영실적이 현저하게 좋아졌음에도 불구하고 경영혁신 부서의 공로를 인정하기는커녕 자신들의 발언권을 강화하려는 형국이었다.

전략적 후퇴가 불가피해 보였다. 최고경영자 회의에서 경영혁신 업무를 행정적으로 관리하는 5명만 남고, 나머지 25명은 각 계열사로 흩어져서 근무하기로 결정되었다. 계열사 사장과 대등한 위치에서 계열사 사정을 논의하던 컨설턴트들은 각 계열사 사장들의 휘하로 들어갔다. 이후에 전개되는 상황은 뻔했다. 그룹 차원의 경영혁신은 거의 힘을 잃었고, 계열사 사장들의 전횡은 더욱 심해졌으며, 계열사 사장들의 휘하로 들어간 경영혁신 담당자들은 하나 둘 회사를 떠날 수밖에 없었다.

아랫사람이 감 놔라 배 놔라 하는 소리를 좋아할 보스는 없다. 각 계열사로 파견된 경영혁신 담당자들이 초토화되는 데는 불과 2년 정도밖에 걸리지 않았다. 그들은 뿔뿔이 흩어져서 경쟁사로 이직하거나 김철호와 같은 경영혁신 전문 프리랜서로 명맥을 이어가고 있었다.

그런데 세상은 다시 돌고 도는 모양이다. 계열사의 경영 상황이 급속히 나빠지고 있다는 소문이 돌았다. 금융 위기로 인한 세계적 불황 때문이기도 하지만, 그동안 경영혁신 기능이 너무나 위축되었다는 소식이 여기저기서 흘러나왔다. 경영혁신실을 다시 만든다는 얘기도 들렸다. 그러나 정작 과거에 몸 바쳐 일했던 30여 명의 핵심 스텝들을 다시 부르는 일은 일어나지 않았다. 대부분 새로운 일을 시작했고 나이가 들어서 경영혁신 업무를 더 이상 할 수 없어서이기도 했지만, 일부는 다시 입사하고 싶다는 의사를 전달했다.

하지만 그룹의 반응은 차가웠다. 새 술은 새 부대에 담가야 한다는 것이었다. 2년 동안 외부 환경도 많이 변했으니 조직으로서는 과거의 시각이 아니라 새로운 시각을 가진 사람이 필요했을 것이다. 얼마 후 하버드대학에서 박사를 따고 온 30대 중반의 젊은 사람이 경영혁신실 실장으로 결정되었으며, 그 사람 아래로 20여 명의 전문가를 다시 채용했다는 소식이 들려왔다.

세상에 공짜는 없다. 자기 위치에서 꾸준히 참고 기다리는 사람이 가장 오래갈 수 있다. 보스들의 비굴함을 비웃지 말고 그들의 열성과 노력을 배울 줄도 알아야 한다. 아무리 노력하며 열심히 일해도 최후의 승자는 조직일 뿐이다.

상처를 통해 스스로 터득하라

중요한 것은 상처를 어떻게 해석하고 어떻게 받아들이느냐입니다. 숱한 갈등과 방황 속에서도 자신의 길을 꾸준히 개척해나간다면 길은 열리게 되어 있다.

모든 직장인은 상처를 안고 살아간다

세상에는 보스로부터 마음의 상처를 받고 신음하며 살아가는 사람들이 수도 없이 존재한다. 그래서 마음속으로 보스를 단죄하며 언젠가 반드시 복수하고야 말겠다고 다짐하는 사람들이 직장인의 90퍼센트가 넘는다고 한다. 지금 내가 불행한 이유는 같은 직장에서 우연히 그 인간을 만났기 때문이며, 그 인간만 만나지 않았더라면 내 인생이 이렇게 꼬이지는 않았을 거라고 한탄하며 살아가는 것이다.

나의 절친한 친구 김두영의 경우가 그랬다. 그는 자신이 너무도 순진해서 보스로부터 결정타를 먹었다고 주장했다. 보스는 멀쩡하게 회사 잘 다니고 있는 김두영을 함께 일해보자며 꼬셔댔다. 한두 번도 아니고 2년에 걸쳐 수십 차례 찾아와 그를 유혹했다. 처음에는 단칼에 거절했지만,

한 번 두 번 얘기를 듣다보니 솔깃한 구석이 생기기 시작했다. "지금은 괜찮겠지만, 몇 년 후를 생각해봐. 기회가 왔을 때 잡는 것도 괜찮아." "어차피 월급쟁이 생활할 거면 확실하게 밀어주는 사람과 일하는 게 낫지." 보스의 말이 귓전에 뱅뱅 맴돌았다. 김두영은 오랫동안 망설이고 신중하게 생각한 후에 보스의 회사로 옮겨갔지만 시작부터 만만치가 않았다.

우선 생각했던 것만큼 선배이자 보스인 사람에게 권력이 없었다. 보스는 윗사람 눈치 보기에 급급했고, 김두영을 통해 자신의 능력을 인정받고자 하는 모습이 역력했다. "도대체 왜 저를 부르신 거예요?" 김두영은 자주 이렇게 짜증을 부렸다. 회사 분위기도 다른 데다 업무에 대한 권한이 거의 없는 상황에서 위에서 내려오는 지시사항만을 수행할 뿐인데, 굳이 자신과 같은 능력을 갖춘 사람이 필요하지 않아 보였다. "조금만 더 기다려봐. 좋은 일이 생기지 않겠니?" 보스는 늘 조금만 더 시간을 가져보자며 김두영을 위로했다. 이미 회사를 옮긴 상황에서 딱히 대안도 없었다.

그런데 문제는 인사 때문에 더욱 악화되기 시작했다. 다른 회사에서 옮겨온 지 1년도 안 된 사람을 곧바로 승진시킬 수는 없다는 주장이 위에서 터져나왔다. 입사할 때 확실히 정하고 들어와야 곧바로 승진은 안 된다는 인사팀의 말에 보스는 단 한마디도 못하고 돌아왔다. "그러게, 제가 처음부터 챙겨달라고 했을 때 차장 자리 챙겨주셨으면 될 일이었는데 이제 와서 어떻게 하란 말입니까?" 푸념을 해도 소용없는 일이었다. 보스는 미안해하면서도 자기 입장을 이해해주지 않는 후배에게 야속한 마음을 갖게 되었고, 김두영은 선배가 이렇게 엉터리인지 몰랐다며 한숨을 푹 푹 내쉬었다. '내가 왜 여기에 왔는지 도무지 이해가 안 돼. 내가 바보지.' 김두영은 자신을 책망할 수밖에 없는 현실 앞에서 서서히 무너지고 있었다.

일은 일대로 안 되고, 마음은 마음대로 상해서 자신감을 상실해가고 있었다. '지금이라도 그만둬야 하나? 그만둔다고 해도 당장 갈 곳도 없는데.' 그는 점점 감정의 소용돌이에 휩싸이게 되었다. '선배에게 허심탄회하게 털어놓고 얘기를 해볼까? 선배가 무슨 힘이 있겠어. 자기 앞가림도 못하는 주제인데.' 이런저런 마음이 한꺼번에 들이닥쳐 갈피를 잡을 수 없었다. 불안정한 심리 상태의 그를 좋아하는 사람은 아무도 없었다. 원래 성격이 우울하고 욕심은 많은 데다 생각만큼 업무 능력이 없는 사람으로 낙인 찍혀가고 있었다.

3개월 후, 김두영은 급기야 해고 통지까지 받게 되었다. 믿었던 사람에게 속았다는 생각에 마음속의 분노는 커져갔지만, 어떻게 풀어야 할지 알지도 못한 채 그는 심각한 우울증까지 보이고 있었다. 이 사태를 눈치 챈 부인의 권유로 김두영은 정신과 치료를 받으며 회복해가고 있다. 하지만 가슴 속에 치밀어 오르는 분노를 제어하는 것은 여전히 힘들다고 한다.

언제까지나 상처를 싸안고 분노에 휩싸여 살아갈 수는 없다. 끓어오르는 화를 잠재우고 새로운 문을 열어젖혀야 한다. 그게 어렵게만 느껴진다면 상처를 받아들이는 3단계가 도움이 될 수 있다.

1단계: 화가 나면 화를 내라

누군가로부터 심각한 상처를 받았을 때, 상대방을 용서한다는 것이 말처럼 쉽지 않은 경우가 많다. 시간이 흐르면 나아진다는 말도 사실이 아니다. 분노의 증상이 다소 엷어질 수는 있겠지만 가끔씩 불쑥 불쑥 치밀어 오르는 분노를 주체하지 못해 아무 일도 하지 못하고 한참을 가슴을 쥐어뜯고 있어야 한다. 이제는 다 잊었다, 용서했다고 생각했는데 그렇지 못한 자신을 발견할 때도 많다. 정말 만나고 싶지 않은 보스를 먼발치에서 바라보고는 얼른 고개를 돌려 다른 길로 돌아가 버리는 자신을 발견하면서 '아직도 내가 그 인간을 용서하지 못했구나.' 하고 인식한다. 용서란 그만큼 어려운 일이다. 나에게 상처를 준 그 사람을 떠올려도 아무렇지 않을 수 있어야 진정한 용서라고 할 수 있는데, 그것이 그리 쉬운 일이라면 용서할 대상이 처음부터 존재하지 않았다고 말할 수밖에 없다.

김두영의 이야기로 다시 돌아가보자.

그가 분노의 감정에서 빠져나오기 어려웠던 이유는, 어떤 때는 '그 인간을 잊어야 한다.'고 자신에게 주입하다가 또 어떤 때는 '그 인간을 용서해야 내가 산다.'라고 생각하는 것을 반복하고 있었기 때문이다. 차라리 화날 때 화내고 그런 자신이 당연하다고 생각했다면 받아들이기가 쉬웠을 텐데, 분노를 자꾸 억누르려고 했던 것이다. 가장 가까운 부인에게조차 '사람 보는 눈이 그 정도밖에 안 되는 무능한 사람'으로 보일까봐, '내가 화를 내면 얼마나 우스운 남자로 보일까'라는 걱정 때문에 제대로 표현조차 하지 못했다. 함께 정신과 상담을 받고 돌아온 어느 날 밤, 부인이 이렇게 말했다. "여보, 당신이 힘들다는 것 알고 있어요. 화나면 그냥 막 화를 내세요." 그 말을 들은 김두영은 비로소 부인 품에 안겨서 어린아이처럼 울 수 있었다.

사람들은 대개 용서에 대해 큰 오해를 하고 있다. 피해자가 가해자를 용서하는 것이 당연한 일이라도 되는 듯이 말한다. "그냥 한번 봐줘. 자기도 먹고 살려고 그랬겠지." 그것을 위로라고 하면서 툭 내던져버린다. 또는 "잊어버리는 게 상책이야. 다음에 어디서 어떻게 만날지 모르는 사람인데 적당히 하고 넘어가." 하고 말하기도 한다. 이쯤 되면, 상처 받은 사람이 상대방을 용서하지 못하면 속 좁은 인간이 되고, 먼 미래를 내다볼 줄 모르는 소인배가 되고 만다. 하지만 이때 가장 중요한 것은, 상처 입은 사람이 분노를 주체하지 못해 자기감정을 어떻게 처리해야 할지 모른다는 것이다. 거기다 대고 섣부른 위로를 하거나 미래가 어쩌고 저쩌고 하면서 훈계를 해대는 것은 상처에다 소금을 들이붓는 것과 다를 바 없다.

진정한 용서는 내 감정을 있는 그대로 받아들이는 것이다. 이유나 논리는 중요치 않다. 상대방이 무슨 짓을 했는가도 중요하지 않다. 내가 지금 분노하고 있다는 것, 내가 지금 억울하다는 것, 내가 지금 울고 싶다는 것에 집중하고 그것에 솔직해져야 한다.

칸 영화제에서 전도연이 여우주연상을 받은 '밀양'이라는 영화를 보면, 용서라는 것이 얼마나 복잡하고 어려운지가 절절히 드러나 있다.

남편이 죽고 아들과 함께 밀양으로 내려와서 살아가던 여주인공은 아들마저 유괴범에게 살해당하는 비극을 겪게 된다. 자신의 고통을 해결하고자 몸부림치던 그녀는 교회를 통해 마음의 안정을 찾게 되고, 자신의 아들을 죽인 유괴범을 용서할 수 있다는 자신감을 갖게 된다. 어느 날 그녀는 용기를 내어 "내가 당신을 용서할 테니 하느님을 영접하라."는 말을 전하기 위해 유괴범을 면회하러 갔다. 교도소에서 만난 유괴범은 "나는 이미 하느님을 영접해 용서를 받았다."는 놀라운 고백을 한다. 그때부터 상황은 다시 반전된다. 내가 내 아들을 죽인 유괴범을 용서하지 않았는데, 누가 먼저 용서할 수 있단 말인가. 이보다 더 잔인할 수 없는 상황이 찾아온 것이다. 용서할 수 있다고 믿었던 자신을 부정하면서 그녀는 감정의 혼란 속에 빠져버린다.

정확한 통계자료는 없지만, 우리나라에는 보스로부터 배신당하고 상처 받은 사람들이 수도 없이 많다고 한다. 그들이 대부분 한 가정의 가장이라는 사실을 감안하면, 함부로 떠들고 다닐 수 있는 입장도 아니라는 것을 쉽게 짐작할 수 있다. 언제 어디서 다시 만날지 모른다는 두려움 때문에 혼자서 삭히는 경우가 대부분이다. 또 다른 이유는 대한민국 남성들이 갖고 있는 자존심 때문이다. 그들은 어떻게 그렇게 어리석은 일을 당할 수 있느냐며 사람들이 자신을 업신여기는 것을 두려워한다.

한국에는 '남자들이 해서는 안 되는 불문율'이 존재한다. 선배나 동료들에게 '의리 없다'는 소리를 들어서는 안 되고, 회사 일을 집으로 가져가서 부인에게 꼬치꼬치 이야기하는 것도 안 된다. 그러니 회사에서 당하는 남자들의 고충은 완전히 베일에 가려져 남자라면 당연히 참고 넘어가야 할 통과의례로 치부된다. 고통스러운 상황에 직면했을 때 자신의 감정을 어떻게 처리해야 하는지를 배울 수 있는 환경도 조성되어 있지 않다. 남자답지 못한 사람으로 보이는 것이 싫은 상황에서 자기의 고통을 진솔하게 이야기할 수는 없을 것이다. 그러니 당연히 용서가 무엇인지, 용서를 어떻게 해야 하는지도 모를 수밖에 없다.

2단계: 새로운 사람들과 교류하라

자신의 감정을 있는 그대로 받아들이기 시작하면서 희망이 보이기 시작한다. 분노하고 욕하고 울기를 반복하다보면, 언젠가 텅 빈 자기 자신을 발견한다. 그것이 언제쯤이라고 말할 수 있는 사람은 아무도 없다. 사람마다 개성과 기질이 다르듯이, 언제 그만하고 싶어질지 알 수 없는 일이다. 분명한 것은 그 끝이 있다는 것이다. 끝이 왔다는 느낌이 들 때까지 섣불리 '용서'라는 말을 입 밖에 내서는 안 된다. 그것은 진정한 용서도 아닐 뿐더러 용서가 분노로 뒤바뀌는 것은 시간문제이기 때문이다.

이후 김두영은 자신의 감정을 숨기지 않고 '정말 분하다. 정말 이해할 수 없다. 그 인간을 용서할 수 없다.'고 한참을 떠들고 다녔다. 누구를 위해서 자기가 참아야 하는지 모르겠다는 이야기도 망설임 없이 했다. 옛날 같으면 남들이 나를 어떻게 볼까 염려하며 말했을 테지만, 언제부터인가 그는 남들의 시선이 중요한 게 아니라는 것을 깨달았다고 한다. 지금 중요한 것은 나 자신이고 내 감정이지, '남의 눈'에 신경 쓰다가는 내가 죽을 것 같다는 생각이 들었단다. 6개월 정도 그렇게 하다보니 마음이 휑하니 비어간다는 것을 발견할 수 있었다. '그래, 이제 뭔가를 찾아보자.' 그런 마음이 저절로 들면서 자기가 잘할 수 있는 것이 무엇인지에 집중하게 되었다. 그리고 그동안 알고 지냈던 사람들보다는 처음 만나는 사람들과 새롭게 교제를 시작했다.

등산을 시작해 매 주말마다 전국의 유명한 산들을 누비고 다녔다. 설악산 종주, 지리산 종주는 기본이고, 여름 산 겨울 산을 가리지 않았다. 산을 다니기 시작하면서 김두영은 두 가지를 얻을 수 있었다고 자신 있게 말한다.

우선 앞만 보고 걷다보면 '잡념'을 버릴 수밖에 없다는 것이다. 나를 배신한 사람에 대해 억울했던 감정, 그 정도 인간에게 당했다는 자책감이 파고들 틈은 없었다. 산에 쭉쭉 뻗어 있는 나무를 보는 것만으로, 바위틈에 끼어 살아가는 작은 초목을 보는 것만으로 충분히 행복한 시간이었다. 산악회에서 만난 사람들과 이야기를 나누다보면, 직업 귀천에 관계없이 상대방을 순수한 마음으로 도와준다는 것을 느낄 수 있었다. 누가 무슨 일을 하는지 묻지 않으면 얘기하지 않는 것이 불문율이었다. 설사 묻는다 해도 얘기하고 싶지 않으면 안 하면 그만이었다. 사람 사는 세상, 거기서 거기라는 생각이 산 타는 사람들의 상식이었기 때문이다.

산을 타면서 두 번째로 김두영이 얻은 것이 있다면 '불교'에 대한 이해가 깊어진 것이다. 어느 산을 가나 절 하나쯤은 있으니 갈 때마다 절에 들르게 된다. 그러다보니 산행지로 향하는 버스나 기차 안에서 산과 절에 관한 책들을 많이 보게 되었고, 자연히 사찰의 유래와 그곳을 거쳐 간 스님들에 대해 공부할 수 있었다. 그렇게 취미로 시작한 등산을 통해 불교와 사찰을 연구하고, 그러다가 산, 절, 스님에 대해 알고 있는 것들을 기록하고, 한 걸음 더 나아가 사진도 찍게 되었다. 그리고 그동안 틈틈이 기록하고 찍어놓은 사진으로 '잃어버린 마음, 잃어버린 절'이라는 책을 낼까 구상 중이다.

김두영은 처음에는 서서히 그러다가 급속하게 회복되고 있었다. 누가 시키지도 않았지만, 자신만의 세계를 찾아내면서 스스로를 완벽하게 개조해나간 것이다. 최근에 김두영을 만났더니, 그는 놀라운 이야기를 털어놓았다. "결국 나에게 문제가 있었다는 것을 발견했어. 내 욕심에 내가 속았을 뿐이지. 내 맘대로 할 수 있는 것은 나 자신밖에 없다는 게 분명한데, 공연히 남을 향해, 세상을 향해 삿대질을 하고 살아온 거야." "절에 다니더니 제법 스님 같은 소리를 하는구나." 내가 빙긋이 웃으며 말했다. "중요한 것은 종교 그 자체가 아니야. 나를 발견하는 과정에서 산을 보았고 절을 보았을 뿐이지." 나는 절친했던 친구가 이렇게 건강해졌다는 사실만으로도 가슴이 벅차오르는 것을 느꼈다.

나쁜 보스를 만났다면 단순히 운이 나빴다고 생각할 것이 아니라, 그 속에 있는 자신의 모습을 발견하는 것이 중요하다. 조용히 눈을 감고 바라보면 '진정한 자신의 모습'이 보일 것이다.

3단계: 새로운 일을 시작하라

나쁜 보스로부터 모진 시련을 겪은 후에는, 자신에게 왜 이런 일이 일어났을까를 이해하는 데에 그보다 더 많은 고통의 나날을 보내야 한다. 길고 긴 고통의 터널을 통과하면 뜻밖에도 새로운 사실을 발견할 수도 있다. 어느 순간부터 지난 시간의 고통이 감사로 바뀌어간다는 사실이다. 그 일을 당하지 않았다면 도저히 깨달을 수 없는 것을 긴 시련의 끝에서 발견하게 된다.

공연한 말장난을 하자는 것이 아니다. 어른으로 성장하기 위해서는 반드시 성장통을 겪어야 하는 것처럼 단순히 '나이만 먹은 어른'에서 '지혜로운 어른'으로 변신하는 과정 역시 고통스러운 법이다. 한국처럼 좁은 땅에 많은 인구를 가진 나라에서 '지혜로운 어른'이 되는 과정이 그리 순탄할 리 없다. 특히, 지금 베이비 부머(Baby Boomer)에 해당되는 연령대에 있는 사람들은 어려서부터 치열한 경쟁 속에서 살아왔기 때문에 나이가 들었다고 해서 저절로 승진하는 일은 결코 일어나지 않는다. 그들에게 시련은 어차피 불가피한 운명이다. 누구인지는 몰라도 그들을 좌절하게 하고, 그들을 심한 분노에 떨게 만들 사람은 언젠가 나타나게 되어 있다.

자신에게 문제가 있었다는 것을 발견한 김두영의 삶은 이후 급속하게 달라졌다. 배신의 상처와 원망을 훌훌 털어 버리자 자신이 잘할 수 있는 분야에 집중할 수 있게 되었다. 그리고 자신이 정말 잘할 수 있는 분야가 무엇일까 깊이 고민해보았다. 15년 동안 해온 수출업무를 다시 시작할지, 계속한다면 재입사를 할지 사업을 시작할지, 그게 아니면 지금까지 해보지 않은 새로운 일에 도전할지. 어떤 사람들은 그래도 해본 일이 안전하다고 조언해주었고, 또 다른 사람들은 평생 직업으로 삼을 수 있는 새로운 일을 찾아보는 것이 어떠냐고 제안해주었다. 결정은 쉽지 않았다. 어떤 것을 선택하든지 간에 초반에 상당한 고생을 각오해야 했다.

그런데 세상에 모든 일이 계획대로 되는 것이 아닌 것처럼 그의 선택은 정말 우연하게 이루어졌다.

김두영은 산을 다니면서 섬유업에 종사하는 중소기업 사장을 만나게 되었다. 1년 정도 함께 산행하면서 김두영이 수출업무 전문가라는 사실을 알게 된 그는, 자기 회사에 와서 수출실무에 대해 직원들을 지도해달라고 요청했다. 최근 미국이나 유럽, 남미 등지에서 수출 요청이 쇄도하고 있는데, 직원들이 서툴러서 선적에서부터 대금결제까지 실수가 빈발하고 있다는 것이었다. 대기업에서 제대로 배운 사람이 체계적으로 지도만 해주면 금방 궤도에 올라설 것 같은데 마침 적임자를 만났다며 그는 기뻐했다. 그렇게 우연히 연을 맺은 중소기업에서 김두영에게 새로운 인생이 열릴 줄은 아무도 몰랐다.

김두영은 우선 직원들을 모아놓고 '수출입 실무'라는 기본적인 강의부터 시작했다. 과거 직장에서 활용한 양식들을 토대로 좋은 사례, 잘못된 사례를 정리해서 교본도 만들었다. 강의가 끝나면 실습을 시키고 그것을 직접 활용할 수 있도록 업무지도까지 해나갔다. 결과는 대만족이었다. 사장님도 그랬지만, 수출업무를 배우는 직원들도 무척 좋아했다. 이론뿐만 아니라 실패 사례가 생생한 경험이 된다는 것이었다.

단 한 번도 남 앞에 서서 강의를 해본 적도, 하고 싶다고 생각해본 적도 없었다. 그런데 이 일이 계기가 되어 그는 주변 공단에 있는 다른 기업에도 불려 다니기 시작했다. 소문에 소문을 타고 여기저기서 자문 요청을 해대는 바람에 '수출업무 전문 컨설팅'이라는 직업을 갖기까지는 그리 오랜 시간이 걸리지 않았다. 두 개의 회사에서 몸으로 익힌 실무가 돈벌이로 이어질 거라고는 누구도 예상하지 못한 일이었다.

그러던 어느 날, 그는 이전의 그 보스로부터 전화를 받게 되었다. 한번 만나자는 전갈이었다. 이미 마음속에 가득했던 분노와 원망을 모두 털어버린 뒤라 못 만날 이유가 없었다.

"정말 미안하다. 내 딴에는 잘해보자고 한 일이었는데, 그렇게까지 네가 힘들어하는 줄은 몰랐어." 옛 보스는 진심으로 미안해하고 있었다. 몇 년의 세월이 흐르는 사이 그는 이미 임원이 되어 있었다. "이상하게 들릴지 모르지만, 저 요즘 잘 살고 있어요. 오히려 감사한 마음까지 들어요. 그때 이후로 제 인생이 완전히 달라졌거든요. 매주 산을 다니니 몸도 마음도 너무 좋아졌고, 조만간 책도 내요. 강의나 컨설팅 일이 많아져서 예전보다 수입도 몇 배나 늘었고요. 이보다 더 좋을 수도 있나요?" 진심이었다. "정말 미안하고 정말 고마워. 네가 이렇게 잘 살아주니 내가 진 빚을 다 갚은 느낌이다."

그날 이후 선배는 그를 돕겠다며 발 벗고 나섰다. 여러 기업을 소개해주고, 해외 거래선까지 연결시켜준 덕분에 김두영은 오퍼상 일을 하면서

틈틈이 강의와 컨설팅을 병행해 사업을 확장시켜나갈 수 있었다. 지금은 어떤 월급쟁이보다 수입이 많은 확실한 사업가로 자리를 잡게 되었다.

과거에 어떤 일을 겪었는지는 그다지 중요하지 않다. 그 일을 어떻게 해석하고 어떻게 받아들이느냐가 더 중요하다. 숱한 갈등과 방황을 겪을지라도 자신만의 길을 꾸준히 개척해나갈 수만 있다면 길은 열리게 되어 있다. 누군가는 나를 발견할 것이고, 그 누군가가 또 다른 누군가를 데려다줄 것이다. 그런 행운을 만나기 위한 전제 조건이 하나 있다면, 현재의 삶에 감사해하는 일이다. 다시 시작할 수 있는 체력이 있다는 것에 감사하고, 나를 이해해줄 수 있는 가족들에게 감사해야 한다. 행운은 그 다음에 찾아온다.

나쁜 보스가 되는 법을 배워라

누군가는 악역을 맡아야 한다. 감정적으로 비난만 하지 말고 보스의 조직 작용력을 벤치마킹하라. 지금 열렬히 비판하고 있는 보스의 자리는 머지않아 당신의 차지가 된다.

나쁜 보스는 우리의 미래다

이제 우리에게 남은 과제가 있다면, '나쁜 보스'가 되는 법을 제대로 배우는 것이다. 무슨 말인가 하면 '이 세상의 보스는 정말 나쁜 사람들'이라고 할 때, 우리 역시 보스가 되면 '나쁜 보스'가 될 가능성이 매우 높아진다는 것이다. 이왕 '나쁜 보스'가 되어야 한다면, 제대로 된 '나쁜 보스'가 되자.

고생왕 부장은 팀장으로 발령을 받고 나서 악몽을 자주 꾼다. 자신이 정말로 싫어했던 전직 팀장이 꿈에 자주 보이기 때문이다. 하루는 그 팀장이 꿈에 나타나서 이런 말을 하며 빈정댄 적도 있다. "그래, 너도 어디 고생 좀 해봐라." 식은땀을 흘리며 잠자리에서 일어나자, 어제 오후에 회사에서 있었던 일이 주마등처럼 스치며 지나갔다.

담당임원이 소집한 회의가 오후 2시에 열리기로 되어 있었는데, 오후 1시가 넘도록 보고 자료가 올라오지 않았다. 적어도 한 시간 전에는 준비해서 한 번은 검토하고 수정한 후에 회의에 들어가야 했다. 은근히 부아가 치밀었지만 꾹 참았다. 그래도 도통 올라올 기미가 보이지 않자 참다못한 고 팀장은 자료 준비를 하고 있는 조창기 과장을 불러 세웠다. "거, 보고 자료는 언제 준비되는 거지? 지금 30분밖에 안 남았는데 어떻게 된 건가?" 은근히 짜증 섞인 목소리로 물었다. "금방 끝나기는 하는데요, 프린트하고 나면 읽어볼 시간이 없을 것 같습니다. 요즘 급한 업무가 밀려서…." 고 팀장은 '이런….' 하는 소리가 목구멍까지 올라오는 것을 간신히 참았다.

고 팀장에게는 임원이 주관하는 회의보다 더 급하고 중요한 업무가 없는데, 다른 직원들 입장에서는 그냥 팀장의 업무를 대신 해준다고 생각하고 있었다. 마음 같아서는 직접 보고서를 쓰고 싶었지만 잘못하면 그것도 버릇이 되어 중요한 일을 팀장이 도맡아 해야 하는 상황이 될 판이었다. 회의 시간 5분 전에 겨우 준비된 자료를 그냥 한 번 훑어보고 회의에 참석했다. 당연히 담당임원의 이런저런 질문에 제대로 답변하지 못하고 더듬거릴 수밖에 없었다. 담당임원의 호통이 곧바로 날아와 가슴에 꽂혔다. "고 팀장! 자료를 한 번도 안 읽어보고 들어왔어? 답변에 영 자신이 없어 보여. 다음부터 꼼꼼하게 챙겨 보고 확실하게 답변해야 합니다. 팀장으로서 책임감을 보여줘야지요." 얼굴이 시뻘게진 고 팀장은 몸 둘 바를 몰랐다. 간신히 회의를 마치고 자리로 돌아온 고 팀장은 곧바로 팀

회의를 소집했다.

"오늘 회의가 있다는 것을 여러분들도 다 알고 있었을 겁니다. 회의 시작 최소 30분 전에는 자료 준비가 되어야 하는데 겨우 5분 전에 준비되는 바람에 제가 읽어볼 틈이 없었습니다. 그러니 보고가 제대로 됐겠습니까? 이런 상황에서 어떻게 대처를 해야 한다고 생각하세요?" 다들 고개를 숙이고 아무 말이 없었다. 할 일이 한두 가지가 아닌데, 그것까지 챙길 시간이 부족했다고 말하고 싶었을 것이다. "팀장의 업무는 바로 여러분들의 업무이기도 하다는 것을 명심해야 합니다. 여러분 각자가 하는 업무를 취합하면 팀 전체의 업무가 되는 것입니다. 팀 전체의 업무가 상부에 제대로 보고되어야만 여러분의 실적이 제대로 반영된다는 것을 왜 모른단 말입니까?"

고 팀장의 목소리는 점점 격앙되어갔다. 처음에는 설명이었다가 다음에는 설득이 되었고 마지막에는 훈계로 이어졌다. 핏대를 올리며 팀원들을 야단치는 자신을 보며, 문득 전직 팀장의 별명이 '왕핏대'였다는 사실이 생각났다. 걸핏하면 팀원들을 모아놓고 훈계를 일삼던 전직 팀장을 무척이나 싫어했었는데, 지금 자기가 그러고 있다는 생각에 얼굴이 붉어졌다. 모르긴 해도 팀원들은 '같은 팀원일 때는 자기도 팀장 뒷담화를 하더니, 팀장이 되고 나니 별반 다르지 않구먼.'이라며 빈정대고 있을 것이었다. 고 팀장도 이런 보스가 되고 싶지는 않았다. 하지만 보스가 되어보니 상황에 따라 입장도 달라질 수밖에 없었다.

보스는 철저하게 회사의 입장과 이익을 대변하는 사람임을 빨리 인식하는 것이 중요하다. 감정적으로 보스를 비판하고만 있을 것이 아니라, 객관적이고 중립적인 시각으로 지금의 보스로부터 무엇을 배워두어야 하는지를 먼저 생각해볼 수 있어야 한다. 지금 열렬히 비판하고 있는 보스의 자리는 언젠가 당신의 차지가 된다.

보스는 실적으로 말한다
절대로 양보하지 마라

경영진들과 특별한 관계를 형성하지 못한 보통 보스의 생명은 업무 성과를 내느냐 못 내느냐에 달려 있다. 하지만 보스는 실무를 직접 하는 사람이 아니다. 팀원들로 하여금 실무를 잘하게 만들어야 하며, 실무를 잘하는 직원들의 업무 성과가 모두 합해져 당초 목표치를 넘어서도록 이끌어내야 하는 위치에 있다. 당초 목표에 미달하면 문책을 받는 것이요, 당초 목표를 넘어서면 칭찬을 받고 인정을 받는다. 이에 대한 종합적인 책임을 지는 사람이 보스다. 팀원 각자의 입장을 헤아려주지 않으면 부하들의 불만이 터져나오고, 반대로 팀원 개개의 입장을 너무 헤아려주다가 성과가 목표에 못 미치면 보스의 불만이 터져나오게 되어 있다. 보스들의 딜레마는 바로 여기에서 출발한다.

고 팀장의 이야기로 돌아가보자.

고 팀장이 이전 보스를 싫어한 또 다른 이유 하나는 월말이 되기 직전에 팀원들을 못 살게 군다는 것이었다. 매월 실적보고에는 3주차까지의 달성치가 들어가야 하는데, 팀원들은 그 부분에 신경을 쓰기보다 자기한테 주어진 업무에 급급해 허둥대고 있었다. "이런 업무는 우리 팀 선임인 고 부장이 적극적으로 챙겨줘야 하는 것 아니야? 다른 팀원들과 똑같이 자기 업무만 신경 쓰고 있으면 전체 실적은 누가 챙기나? 내가 직접 챙겨야 되나?" 고 부장은 월말이 되면 보스의 잔소리를 듣느라고 온 신경이 곤두서곤 했다.

누구 하나 노는 사람 없이 열심히 하면 그만이지 그깟 실적 자료 가지고 너무한다 싶었다. 어떤 달은 월말 보고 후에 물량이 몰리니 당월의 실적이 나빠 보일 수도 있고, 또 어떤 달은 월초에 물량이 몰리니 당월의 실적이 좋아 보일 수도 있는데 보고할 때 구두로 설명하면 될 일을 굳이 자료에 반영해서 보고해야 하느냐고 투덜댔다. 심지어 어떤 때는 갓 입사한 신입사원을 붙잡고 팀장이 너무한다고 욕을 한 적도 있었다. '하는 일이 별로 없으니 이런 일에 신경을 쓰고 윗사람 눈치나 보고 산다'고 폄하하기도 했다. 물론 그 말을 입 밖으로 낸 적은 없었다.

그런데 자신이 팀장이 되어보니 사정이 영 딴판이었다. 우선 담당임원이 그냥 넘어가는 법이 없었다. 실적에 관한 한 어떤 변명도 용납하지 않겠다는 태도였기 때문에 월말 실적회의는 모든 팀장들이 거의 초죽음이 되는 시간이었다. 한번은 별다른 준비 없이 들어갔다가 담당임원에게 속칭 '개박살'이 났었다. "고 팀장은 팀장 된 지 얼마 안 돼 잘 모르는 모양인데, 앞으로 계속 입으로만 때우려거든 팀장 자리를 내놓아야 할 거요.

그러고 싶지 않으면 모든 것을 자료에 꼼꼼히 기록해서 들어오도록 하세요. 아시겠습니까?" 고 팀장을 쳐다보는 담당임원의 눈초리는 매서웠다. "네, 죄송합니다. 앞으로는 이런 일 없도록 하겠습니다." 기어들어가는 목소리로 대답하는 고 팀장의 얼굴은 다시 한 번 상기되었다.

회의가 끝나고 그는 다시 팀 회의를 소집할 수밖에 없었다. 이번에는 더욱 강경한 어조로 실적 관리의 중요성을 역설했고, 월말 보고 자료는 최소 하루 전까지 준비되어야 한다고 강조했다. 고 팀장은 영락없이 이전의 보스를 닮아가고 있었다.

그날 저녁 무렵, 고 팀장은 큰 맘 먹고 이전 보스를 찾아갔다. 다른 부서로 자리를 옮기면서 팀 내 가장 선임인 고 부장에게 자리를 물려주고 간 사람이었다. 그런데도 고 팀장은 그 보스를 개인적으로 몹시 싫어했기 때문에 그를 멀리하고 있었다. 심리적으로 거리를 두다보니 바로 위층에서 일하는데도 그동안 단 한 번도 찾아가지 않았다.

고 팀장이 찾아가자 보스는 환하게 웃으면서 그를 맞아주었다. "많이 힘들지? 담당임원이 워낙 까다로운 사람이라서 힘이 좀 들 거다. 조금만 참아봐. 곧 적응될 거야." "죄송해요. 팀장님 마음을 제가 너무 몰라드렸던 것 같아요." 모처럼 고 팀장은 자기의 속마음을 털어놓고 있었다. 보스는 다 알고 있었다는 듯이 너털웃음을 웃으며 고 팀장을 위로해주었다. "누구나 다 그렇지 뭐. 괜찮아. 대신 한 가지만 충고할게. 팀장은 실적에 관한 한 절대로 양보해서는 안 돼. 팀장과 팀원은 근본적으로 입장이 다른 사람들이야. 엄밀하게 말해서 대립할 수밖에 없는 사이지. 그것만 알면 돼."고 팀장은 이제야 그 말의 의미를 충분히 이해할 수 있었다.

팀장은 일을 시키는 사람이고, 팀원은 실제로 일을 하는 사람이다. 쌍방이 심정적으로는 충분히 이해한다고 하지만, 상대방 입장이 되어 보기 전에는 절대로 알 수 없는 일이 있다. 시키는 사람은 직접 일하는 사람들이 얼마나 업무량이 많고 바쁜지 알 수 없고, 일하는 사람은 시키는 사람이 얼마나 긴급하면서도 중요한 업무를 지시하고 있는지 헤아리기 어렵다. 그럼에도 불구하고 팀장은 성과에 관련되는 업무는 절대로 쉽게 넘어가면 안 된다. 자신을 위해서도 그렇고, 팀 전체의 성과를 위해서도 그렇다.

나쁜 보스는 결코 평판에 흔들리지 않는다

모든 일이 그렇지만 처음 겪는 일이 가장 어렵고 고통스럽다. 처음부터 나를 이해해주고 받아주는 조직은 없다. 어떤 사람인지 두고 보겠다는 심리가 작동하기 때문에 나를 경계하고 의심하고 평가하려고 한다. 여기서 내 마음이 무너지면 모든 것이 뒤틀린다. 왜 나의 진심을 알아주지 않는지 모르겠다고 투덜대기 시작하면 이미 졌다는 티를 내고 마는 것이다. 사람들이 나의 장점보다는 단점을 보고 수군대는 것임을 인정하고 넘어가라. 잠시 시간을 벌면서 그들이 나를 받아들일 때까지 인내할 수 있어야 이겨낼 수 있다.

고 팀장이 팀장으로 발령 받은 후 가장 당황한 것은, 팀원들이 자기를 대하는 태도가 예전에 비해 싸늘해졌다는 느낌을 받을 때였다. 같이 장난도 치고 팀장 흉도 보고 하던 사람들이 어느 순간부터 그를 경계하기 시작했다. "나를 예전처럼 편한 사람으로 생각하고 대해주었으면 합니다. 잘 아는 선배처럼 대해주어야 나도 여러분에게 어려운 지시나 부탁을 할 수 있고, 여러분도 나에게 고충을 털어놓고 상담할 수 있는 겁니다. 서로 마음이 통하지 않으면 아무것도 해낼 수 없다고 합니다. 부디 예전처럼 친숙한 사이가 되는 것이 내가 여러분에게 바라는 전부입니다." 팀장이 되자마자 팀 회의에서 고 팀장이 팀원들에게 한 말이었다.

그때만 해도 아무런 경계심이 없던 사람들이 한 달 정도 지나자 표정이 완전히 변해갔다. 고 팀장이 실적보고에서 담당임원에게 한 번 얻어터지고 난 뒤로 팀원들은 '이 인간도 별 수 없군. 지가 살아야 되니까 인간이 변하는 거야.'라고 수군거리기 시작했다. 믿음이 없는 사람에게 자기 마음을 보여주는 사람은 없다.

어쩔 수 없는 벽을 느끼고 있던 차에 더욱 심각한 문제가 생겨났다. 회사에서는 해마다 6월말, 12월 말에 다면평가를 실시하고 있었다. 다면평가란 팀원들이 팀장의 리더십 능력을 평가하는 것인데 팀장의 품성, 대인관계 능력, 성과 집중력 등 5개 영역을 종합적으로 평가해 팀장들에게 알려주는 것이었다. 회사는 인사평가에 직접 반영하지는 않지만 참고자료로 활용한다는 미명 하에 팀장들 간에 은근히 서열을 매기고 있었다.

그해 6월 말에 집계된 고 팀장의 리더십 점수는 엉망으로 나왔다. 믿었던 팀원들이 점수를 완전히 긁어버렸던 것이다. 인사부서에서 리더십의 5개 전 영역에서 최하위를 기록했다고 귀띔해주면서 결과표를 내밀었다. 그것을 읽고 있는 고 팀장의 손이 부르르 떨리기 시작했다. '해도 해도 너무한다.' '내가 이 정도로 악랄하게 굴었던 적은 없다.' '그래도 내가 더 많이 참고 내가 더 많이 양보했다.'는 생각이 머릿속을 휘젓고 다녔다.

잠시 후에 담당임원이 호출한다는 전갈이 왔다. 상기된 얼굴로 임원실에 들어서니 담당임원이 차를 권하며 말했다. "이번에 나온 다면평가 결과표 받았어요?" "네." 창피해서 얼굴을 들지 못하는 고 팀장이 모기만 한 소리로 대답했다. "결과에 대해 어떻게 생각해요?" 난감한 질문이었다. 다 알고 있으면서 하는 질문이라 놀리거나 즐기고 있는 것처럼 느껴졌다. 언짢았지만 입 밖으로 내는 말은 진심이 아니었다. "제가 처음이라 많이 미숙했던 것 같습니다. 더 노력하겠습니다." 그는 정답만을 말하는 모범생이 되어가고 있었다. "그렇게 얘기해주니 놀랍군. 처음 당하는 사람은 상당히 분노하고 반발하는 편인데…." 의외라는 표정을 짓는 보스를 바라보며 고 팀장은 더 이상 아무 말도 하지 않았다.

임원실을 나오는데 갑자기 눈물이 핑 돌았다. '바로 이것이구나. 팀장이 되면 홀로 판단하고 홀로 행동해야 하는 순간이 많아진다고 하더니….' 지난번 찾아갔던 이전 보스가 했던 말이 떠올랐다. 몇 년 전 그도 첫 다면평가에서 작살이 났었다고 했다.

사람을 만족시킨다는 것은 어려운 일이다. 각자 다양한 입장을 갖고 있고 다양한 욕구를 가지고 있는데, 이것을 모두 충족시키려다가는 아무 일도 할 수가 없다. 그러다보면 주위에서 이런저런 불평이 터져나오고 거기에 쉽게 흔들릴 수도 있다. 위기는 이때 찾아온다. 하지만 모두를 만족시키려 들지 말고 팀 전체의 성과를 내는 데 주력하는 것이 낫다. 높은 성과를 내고 나서 그 결과물을 분배하는 것이 만족도를 높일 수 있는 더 좋은 방법이다.

부하를 잘 쪼는 3가지 원칙

성과를 내지 못하는 보스가 위기에 처하는 이유는 명백하다. 누구로부터도 지지를 받지 못하기 때문이다. 보스의 보스는 성과를 내지 못하는 사람을 인정하지 않는다. 이는 보스의 보스도 자신의 보스로부터 성과를 통해 평가를 받기 때문이다.

아무리 자신을 믿고 따르는 부하라 해도 업무 성과를 계속해서 내지 못하면 좋은 관계를 맺기 어렵다. 처음에는 능력이 좀 부족한 팀장이라고 해도 보스로서 자기가 보호해야 할 사람이라는 판단이 들면 이리저리 도움을 주고 감싸고돌기도 한다. 그런데도 영락없이 꼴찌를 면하지 못한다면 보스도 다른 방법이 없다. 다른 부서로 보내거나 아예 회사를 내보낼 수밖에. 그렇게 하지 않으면 자기 자리도 위태로워지기 때문이다.

성과를 내지 못하면 부하들도 외면한다. 처음에 부하들은 부드럽고 마음 착한 보스를 좋아한다. 일하기 편하고 웬만하면 넘어가기 때문에 귀찮은 일도 별로 발생하지 않기 때문이다. 그런데 팀 전체의 성과가 나오지 않는다고 상상해보자. 그 팀이 회사에서 차지하는 위상은 단번에 추락한다.

담당임원의 인정도 받지 못하고, 성과급은 제일 조금 받을 것이며, 무슨 일만 생기면 '저 팀만 없었더라면….'이라는 원성을 듣기 일쑤다. 거기서 그치지 않는다. 승진 인사시 팀 전체가 불이익을 받을 공산이 크다. 실적을 못 냈으니 진급 T/O를 가장 적게 받아야 한다는 논리가 작동한다. 반드시 올려줘야 할 사람이 아니면 대부분 진급에서 누락되고, 팀 전체의 인사적체는 불가피하다. 인사적체는 팀원들의 사기에 심각한 악영향을 미친다. 동기 부여가 안 되어서 열심히 뛰는 사람들이 줄어든다. 다시 팀 실적은 나빠지기 시작한다. 이런 악순환의 고리로부터 탈출하는 방법은 사실 단 하나밖에 없다. 남보란 듯이 성과를 내는 것이다.

팀 성과를 내기 위해서는 팀장이 악역을 맡지 않으면 안 된다. 처음부터 알아서 움직이는 조직은 거의 없다. 팀의 목표가 무엇인지 지속적으로 상기시켜주고, 매주, 매월, 매분기 꼼꼼히 챙기지 않으면 실적은 순식간에 곤두박질치기 시작한다. 목표로 한 업무 성과가 나오지 않으면 그 이유를 따지고 분석하고, 그 다음 누가 어떻게 할 것인지 관리하고 조정하고 통제하지 않으면 안 되는 일이다. 아랫사람들의 선의를 믿고 맡겨두면 될 거라고 믿는 보스가 있다면 그 사람은 보스로서의 자격이 없다. 속된 말로 '잘 쪼지 못하는 보스'는 보스가 아니라는 것을 배워둘 필요가 있다. 그러나 쪼는 데도 기술이 있다는 것을 알고 3가지 원칙만은 반드시 지키자.

우선 '사심이 들어간 쫌'은 안 먹힌다는 것을 명심해야 한다. 세상의 모든 사람들이 결국 자기 자신을 위해 일하는 것은 분명하지만, '사심이 잔뜩 들어간 보스'라는 인식을 심어주면 낭패를 당한다. 처음에는 잘나갈 수 있지만 오래가지 못한다. 자기 혼자 좋자고 팀원들을 닦달하고 쪼는 보스로 인식되는 순간, 아무도 협조하지 않는다. 어디까지나 회사를 위해서 어디까지나 팀의 성과를 내는 것이 모두에게 이익이라는 생각에 진실로 충실해야 한다. 말로만 해서는 누구도 믿지 않는다.

'유연함'은 두 번째로 중요한 덕목이다. 처음에 정한 목표가 있다고 해서 그것에만 지나치게 집착하는 모습을 보이면 사람들은 쉽게 지친다. 사업은 70퍼센트가 운이라고 한다. 일이 잘 풀리지 않는다고 해서 모든 책임을 팀원들에게 뒤집어씌우고 악랄하게 쫀다고 해도 업적은 개선되지 않는다. 초심을 잃지 않으면서도 안달복달하지 않으면서 유연하게 행동할 필요가 있다. 위로부터 내려오는 압박을 홀로 견뎌내면서 다음 분기를 기다릴 줄 아는 '맷집'이 반드시 필요하다.

마지막으로 사람들과의 '전략적 거리'를 유지할 줄 알아야 한다. 세상 인심은 날씨만큼이나 쉽게 변한다. 죽고 못 사는 '아삼육'처럼 지내는 사람들과도 언제 어떤 계기로 원수가 될지 알 수 없는 일이다. 보스와의 관계에서도 전략적 거리를 유지해야 하고, 부하들과의 관계에서도 전략적 거리를 유지해야 한다. 경기가 좋아서 업적이 개선되면 나쁜 관계는 눈

녹듯 사라지고, 그 반대가 되면 눈치를 보는 상황이 반복된다. 이것을 간과하고 무조건 쪼기만 하는 보스는 조만간 바보가 될 수밖에 없다.

우리는 결국 나쁜 보스가 된다.

우리 사회를 움직이는 경쟁의 메커니즘이 그러하고, 조직에서 위로 오르고 싶은 욕망이 멈추지 않는 한 대개 그렇게 살아가게 되어 있다. 자신의 욕망을 솔직하게 인정하고 자신의 내면을 바라보면 거기에 '나쁜 보스'가 들어 있음을 알게 된다.

나쁜 보스는 성과를 내기 위해서라면 절대 타협하지 않는다. 성과를 내야 내 존재를 인정받을 수 있고 결국 다른 사람들을 만족시킬 수 있다. 하지만 성과를 내는 과정은 그리 순탄치 못하다. 사람들의 입방아에 오르내릴 각오를 단단히 하고 흔들리지 말아야 한다. 여기서 흔들리면 한발도 앞으로 나아가지 못한다.

그러니 부하를 잘 쪼는 보스의 3가지 원칙을 지키며 나쁜 보스에 한발 더 다가가도록 하자. 사심 없는 마음을 갖고 유연하게 사고하며 사람들과 전략적 거리를 유지할 수 있다면, 나쁜 보스가 되는 것이 불가피한 상황에서 최소한 '이유 있는 나쁜 보스', '인정받는 나쁜 보스'가 될 수는 있다.

Epilogue

보스와의 전쟁은 계속된다

보스와의 만남은 직장인의 숙명이다. 그리고 언제나 보스는 부하직원의 지배자가 되어야 한다. 마찬가지로 부하직원은 보스의 지배를 받을 수밖에 없다. 다행히 과거처럼 한 보스와 평생을 같이 가는 경우는 거의 사라졌다. 잠깐 만났다가 헤어지거나, 한번 헤어지고 나면 다시는 만나지 않아도 좋은 세상에 우리는 살고 있다. 하지만 그렇다고 해서 보스와 부하직원의 본질적 관계가 완전히 사라진 것은 아니다. 보스에게는 보스의 특권이 있고 부하직원에게는 부하직원이 감당해야 할 의무가 존재한다. 어떤 종류의 조직이든지 간에 오늘날에도 모든 보스는 지시하고 명령할 권한을 보유하고 있고, 모든 부하직원은 그 지시를 수행해야 할 의무를 갖고 있다.

과거와 달라진 것이 있다면, 보스가 제재를 가할 수 있는 방법과 부하직원이 저항할 수 있는 수단이 다양해졌다는 점이다. 보스의 제압 방법으로는 부하직원의 인사고과를 낮게 매기는 것을 기본으로 전출, 권고사직 같은 강한 방법이 동원될 수 있고, 부하직원 또한 지각이나 결근 같은 소극적인 방법을 넘어서 다면평가 점수를 낮게 주어서 보스의 리더십에 흠집을 내는 적극적인 수단으로 저항할 수 있다.

세상이 아무리 좋아져도 보스와 부하직원은 절대 평등한 관계가 될 수 없다. 보스는 공식, 비공식 권한을 이용해 마음에 들지 않는 부하직원을 제압할 수 있는 오만 가지 방법을 터득하고 있기 때문이다. 그렇기 때문에 지금 이 순간에도 겉으로는 조직의 이름을 내세우며 실상은 자신의 성공과 출세를 위해 비윤리적이고 억압적인 방법을 동원하는 '나쁜 보스'들이 세계 도처에서 양산되고 있다. 앞으로도 결코 '나쁜 보스'들이 줄어들거나 없어지는 일은 발생하지 않을 것이다. 그러므로 보스와의 전쟁은 절대 끝나지 않는다고 단언할 수 있다.

　지금 취업을 준비하고 있는 사람이나, 입사한 지 10년이 넘어 직장생활의 혼란 속에 빠져서 허우적거리고 있는 직장인이라면, 끝나지 않는 전쟁에서 혼자만 손해 보는 어리석은 행위를 당장 중단해야 한다. 지금부터라도 지혜롭게 이 게임에 대처하는 방법을 터득해야 한다.

　우선 보스는 본질상 정말 '나쁜 사람'이라는 것을 분명히 인식해야 한다. 그런 '나쁜 보스'들과 더불어 공존하는 법을 터득하지 않으면 안 되며, '나쁜 보스'의 부당한 공격을 효과적으로 방어하는 법을 익히지 않으면 큰 상처를 입게 된다는 사실을 명심해야 한다. 그리고 마지막에는 '보스가 되는 법'마저 터득해야 한다. 시간이 흐르면 거저 주어지는 것이 삶이 아니라, 고통 속에서 스스로 쟁취하는 것이 삶임을 바로 인식해야 한다.

　배신의 상처와 버림의 고통 속에서 신음하는 수많은 직장인들에게 '나쁜 보스'와 함께 살아가는 법을 가르치는 것은 더 이상 미룰 수 없는 과제가 되어 버렸다. 그러나 미사여구로 가득한 한국의 '리더십 교육'으로는 한계가 너무도 많다. 현실은 실상 더럽고 무섭고 속임수로 가득 차 있는데도 불구하고, 그동안의 '리더십 교육'은 '착하게 살자' 수준을 벗어나지 못하고 있기 때문이다. 사실, 직장인들에게 현실을 냉철하게 인식하도록 도와주는 것보다 더 중요한 일은 없으며, 뒤이어 '보스와 효과적으로 싸우고 방어하고 공존하면서 자신도 진정한 보스로 성장하는 법'을 반드시 가르쳐주어야 한다. 인류가 존재하는 한, 앞으로도 '보스와의 전쟁'은 계속될 것이기 때문이다.

《나쁜 보스》를 먼저 읽은 독자들의 찬사!

이 책은 정말 모든 직장인의 필독서가 되어야 할 것 같다. 다양하고 풍부한 이야기들에 빠져서 일단 책을 읽기 시작하니 놓을 수가 없었다. 흡입력 있는 문체, 사내 정치에 대한 솔직하면서도 직설적인 조언들도 매력적이다. 나쁜 보스 때문에 힘들어하는 내 친구에게 이 책을 선물로 주고 싶다. 백수진 clickn

풍부한 예시와 상황에 따른 결과가 또렷이 나타나 있어서 비슷한 상황이 발생할 경우 실제로 이 책을 다시 꺼내서 읽고 싶을 정도다. 처세술을 익히고, 여러 가지 상황 대처 능력도 키우게 도와주는 매력이 있어서 읽는 동안 동기 유발 및 재미가 가득하다. 김은경 purpleeun

'좋은 보스는 없다.' 는 일침으로 시작하는 이 책은 직장인들이 으레 품는 나를 알아주는 좋은 상사를 바라는 마음을 단번에 무너뜨린다. 보스에 대한 환상을 버리고 현실을 직시하라고 이야기한다. 김영미 chulbugy

누구나 어렴풋이 깨닫고 있지만 차마 입 밖에 내어 알려주지 못했던 것들을 통쾌하게 썼다. 세이지 angelos

나의 어린 두 딸이 후에 사회인이 되기 전에 한번 읽어보라고 꼭 권해주고 싶다. 안경미 minidoll

앞으로 책임자로 승진할 경우 어떻게 처신해야 할지에 대해 깊이 생각해볼 수 있는 기회가 되었다. 직장인들의 고민거리 중 하나인 상사와의 관계를 어떻게 풀어나가느냐 하는 것에 대한 거의 완벽한 해답을 제시한다. 직장인들이라면 반드시 읽어두어야 할 좋은 책이다. 홍인표 agisaja

조직 생활에 임하는 자세를 사실적이고 노골적으로 알려주고 있어 둔감하고 눈치 없으며 스스로 생존 경쟁에 뒤쳐져 있다고 느끼는 이들에게 도움이 될 것 같다. 첫 단추를 잘 끼워야 하는 사회 초년생들에게 더 더욱 필요한 책이 아닐까 싶다. 배소현 bae8015

좋은 보스든 나쁜 보스든 어떤 보스를 만나느냐보다 내가 어떻게 대처하느냐가 더 중요하다는 사실을 깨닫게 해주었다. 회사가 가르쳐주지 않는 베테랑 직장인의 생존 노하우를 가르쳐주는 책이다. 김진숙 catos2000

조직 사회의 이치를 깨닫게 하고, 좀 더 지혜롭게 처신해야 오래도록 살아남을 수 있다는 것을 절실히 느끼게 해주는 책이다. 직장인들이 회사에서 겪을 수 있는 애환이나 상황들을 아주 적절한 주제로 부각시켜 조직생활에 큰 도움을 준다. 김석호 fbstory

이 책은 아무리 잘해도 부하직원이 일방적으로 당할 수밖에 없는 조직의 생리를 일깨우고, 나도 상사가 되면 이렇게 변하지 않을까 하는 두려움을 갖게 했다. 신랄한 현실을 읽고 상사를 상대할 때의 마음가짐을 다시 한 번 생각해볼 수 있는 기회가 되었다. 김현곤 paparoch

◆ (주)위즈덤하우스는 독자들의 경험과 지식을 공유하여 더 좋은 책을 만들고자 독자들과 커뮤니케이션할 수 있는 창구로 도서평가단을 운영하고 있습니다. 도서평가단은 책을 좋아하는 일반인을 중심으로 구성되며 설문조사, 모니터링, PR, 아이디어 제안 등 출판사의 기획, 편집, 마케팅 활동을 돕기 위한 다양한 프로젝트를 경험하게 됩니다.

《나쁜 보스》의 출간에 앞서 좋은 의견 주신 위즈덤피플 도서평가단 여러분께 감사드립니다.

국립중앙도서관 출판시도서목록(CIP)

나쁜 보스 = Bad boss : 나를 키우는 독종 / 지은이: 최경춘. — 고양 : 위즈덤하우스, 2010
  p. ;   cm

ISBN 978-89-6086-276-0 03320 : \12000

상사(직급)[上司]
직장 생활[職場生活]

325.3-KDC5
650.13-DDC21   CIP2010002364

나쁜 보스 나를 키우는 독종

초판1쇄 발행 2010년 7월 15일   초판5쇄 발행 2010년 8월 20일

지은이 최경춘 | **펴낸이** 연준혁

출판 6분사 편집장 이진영
편집 박지숙 | **디자인** 강홍주
제작 이재승 송현주

펴낸곳 (주)위즈덤하우스 | **출판등록** 2000년 5월 23일 제13-1071호
주소 경기도 고양시 일산동구 장항동 846번지 센트럴프라자 6층
전화 031-936-4000 | **팩스** 031-903-3895
홈페이지 www.wisdomhouse.co.kr | **전자우편** wisdom6@wisdomhouse.co.kr
출력 엔터 | **종이** 화인페이퍼 | **인쇄 · 제본** 영신사

값 12,000   ISBN 978-89-6086-276-0 (03320)

• 잘못된 책은 바꿔드립니다.
• 이 책의 전부 또는 일부 내용을 재사용하려면
  사전에 저작권자와 (주)위즈덤하우스의 동의를 받아야 합니다.